D0003801

# Hungarian

lonely planet

**phrasebooks**
and
**Christina Mayer**

**Hungarian phrasebook**
1st edition – March 2005

**Published by**
Lonely Planet Publications Pty Ltd  ABN 36 005 607 983
90 Maribyrnong St, Footscray, Victoria 3011, Australia

**Lonely Planet Offices**
Australia Locked Bag 1, Footscray, Victoria 3011
USA 150 Linden St, Oakland CA 94607
UK 72-82 Rosebery Ave, London, EC1R 4RW

**Cover illustration**
*The Blue Danube* by Daniel New

ISBN 1 74104 232 1

text © Lonely Planet Publications Pty Ltd 2005
cover illustration © Lonely Planet Publications Pty Ltd 2005

 10  9  8  7  6  5  4  3  1

Printed through the Bookmaker International Ltd
Printed in China

All rights reserved. No part of this publication may be reproduced, stored in a retrieval system or transmitted in any form by any means, electronic, mechanical, photocopying, recording or otherwise, except brief extracts for the purpose of review, without the written permission of the publisher.

Lonely Planet does not allow its name or logo to be appropriated by commercial establishments, such as retailers, restaurants or hotels. Please let us know of any misuses: www.lonelyplanet.com/ip

Lonely Planet and the Lonely Planet logo are trade marks of Lonely Planet and are registered in the U.S. Patent and Trademark Office and in other countries.

Although the authors and Lonely Planet have taken all reasonable care in preparing this book, we make no warranty about the accuracy or completeness of its content and, to the maximum extent permitted, disclaim all liability arising from its use.

# acknowledgments

Editors Jodie Martire and Piers Kelly would like to acknowledge the following people for their contributions to this phrasebook:

Christina Mayer for her thoroughness and precision in the translation of this book. Christina has completed degrees in Arabic, Turkish, Russian, Applied Linguistics and Arabic & Islamic Studies in Hungary and Australia, and spent 15 years as a teacher of Arabic language at the University of Melbourne. Most recently, she's been travelling in Hungary and working as a translator and interpreter.

Christina thanks her husband David Attenborough for his continuing help and support during this project. She would also like to thank her cousin János Peredi for computer assistance, and her students Péter Krusóczki, Edit Lázár and Edina Nagy for help with professional terms and the latest cool expressions.

Csanad Csutoros and Hunor Csutoros from Lonely Planet for language advice.

Fellow editor Francesca Coles for her proofing skills.

## Lonely Planet Language Products

**Publishing Manager:** Karin Vidstrup Monk

**Commissioning Editors:** Ben Handicott & Karina Coates

**Editors:** Jodie Martire, Piers Kelly & Francesca Coles

**Layout Designer:** Tamsin Wilson

**Project Managers:** Annelies Mertens & Fabrice Rocher

**Managing Editor:** Annelies Mertens

**Layout Manager:** Adriana Mammarella

**Series Designer:** Brendan Dempsey

**Cartographer:** Wayne Murphy

# make the most of this phrasebook ...

Anyone can speak another language! It's all about confidence. Don't worry if you can't remember your school language lessons or if you've never learnt a language before. Even if you learn the very basics (on the inside covers of this book), your travel experience will be the better for it. You have nothing to lose and everything to gain when the locals hear you making an effort.

## finding things in this book

For easy navigation, this book is in sections. The Tools chapters are the ones you'll thumb through time and again. The Practical section covers basic travel situations like catching transport and finding a bed. The Social section gives you conversational phrases, pick-up lines, the ability to express opinions – so you can get to know people. Food has a section all of its own: gourmets and vegetarians are covered and local dishes feature. Safe Travel equips you with health and police phrases, just in case. Remember the colours of each section and you'll find everything easily; or use the comprehensive Index. Otherwise, check the two-way traveller's Dictionary for the word you need.

## being understood

Throughout this book you'll see coloured phrases on each page. They're phonetic guides to help you pronounce the language. You don't even need to look at the language itself, but you'll get used to the way we've represented particular sounds. The pronunciation chapter in Tools will explain more, but you can feel confident that if you read the coloured phrase slowly, you'll be understood.

## communication tips

Body language, ways of doing things, sense of humour – all have a role to play in every culture. 'Local talk' boxes show you common ways of saying things, or everyday language to drop into conversation. 'Listen for ...' boxes supply the phrases you may hear. They start with the phonetic guide (because you'll hear it before you know what's being said) and then lead in to the language and the English translation.

# introduction ......................................................8

map .................................................. 8    introduction ................................... 9

# tools ....................................................................11

**pronunciation** ....................... 11
  vowel sounds .......................... 11
  consonant sounds................... 12
  reading & writing................... 13
  syllables & word stress......... 13
  plunge in! ................................ 14
**a–z phrasebuilder**................. 15
  a/an & the ............................... 15
  adjectives ...............................see
    *describing things*
  articles ..............see *a/an & the*
  be ............................................ 16
  case ............. see *me, myself & I*
  comparing things................... 17
  describing things................... 18
  doing things........................... 18
  have........................................ 21
  me, myself & I........................ 22
  more than one...................... 22
  my & your............................... 23
  negative................................. 24
  nouns......see *me, myself & I*
    and *more than one*
  personal pronouns................. 24
  plural......................................see
    *more than one*

  pointing things out.............see
    *this & that*
  possession................................see
    *have* and *my & your*
  prepositions ................. see *case*
    and *talking about location*
  questions................................ 25
  talking about location ......... 25
  the...................... see *a/an & the*
  this & that.............................. 26
  word order............................. 26
**language difficulties** ......... 27
**numbers & amounts** ........... 29
  cardinal numbers ................. 29
  ordinal numbers ................... 30
  fractions................................. 31
  decimals................................. 31
  useful amounts..................... 32
**time & dates** ......................... 33
  telling the time..................... 33
  the calendar.......................... 34
  present................................... 35
  past ........................................ 35
  future..................................... 36
  during the day...................... 36
**money**...................................... 37

# practical ............................................................39

**transport** ............................... 39
  getting around ...................... 39
  tickets..................................... 40
  luggage .................................. 42
  plane ...................................... 43
  bus & coach .......................... 44
  train ....................................... 46

  boat ........................................ 47
  taxi ......................................... 47
  car & motorbike.................... 48
  bicycle.................................... 52
**border crossing**.................... 53
  border crossing..................... 53
  at customs............................. 54

CONTENTS

5

directions ............................. 55
accommodation ..................... 57
  finding accommodation ..... 57
  booking ahead &
    checking in .......................... 58
  requests & queries ............. 59
  complaints .......................... 62
  checking out ...................... 62
  camping ............................... 64
  renting .................................. 65
  staying with locals ............. 65
shopping ............................... 67
  looking for ........................... 67
  making a purchase ............. 67
  bargaining ........................... 69
  clothes .................................. 69
  repairs .................................. 70
  hairdressing ......................... 70

books & reading ...................... 71
music ........................................ 72
photography ............................ 73
communications ................... 75
  post office ............................. 75
  phone .................................... 77
  mobile phone/cellphone .... 79
  the internet .......................... 80
banking ................................. 81
sightseeing ........................... 85
  getting in .............................. 86
  tours ...................................... 87
business ................................. 89
senior & disabled
  travellers .......................... 91
children ................................. 93
  travelling with children ..... 93
  talking with children ......... 95

## social ...........................................................97

meeting people .................... 97
  basics .................................... 97
  greetings & goodbyes ......... 97
  titles & addressing people ... 99
  making conversation ........ 100
  nationalities ...................... 103
  age ...................................... 103
  occupations & studies ...... 104
  family .................................. 105
  farewells ............................. 107
interests ............................... 109
  common interests ............. 109
  music ................................... 110
  cinema & theatre .............. 112
feelings & opinions ........... 115
  feelings ............................... 115
  opinions .............................. 116
  politics & social issues ..... 118
  the environment ............... 121

going out ............................. 123
  where to go ....................... 123
  invitations ......................... 125
  responding to invitations ... 126
  arranging to meet ............. 127
  drugs ................................... 128
romance ............................... 129
  asking someone out .......... 129
  pick-up lines ...................... 129
  rejections ........................... 131
  getting closer ..................... 132
  sex ....................................... 133
  love ..................................... 134
  problems ............................ 135
  leaving ................................ 136
beliefs & cultural
  differences ....................... 137
  religion ............................... 137
  cultural differences ........... 138

art.....................................139
sport ................................141
  sporting interests ................141
  going to a game.................142
  playing sport .....................143
  extreme sports ..................145
  fishing..............................146
  horse riding ......................147
  ice-skating.........................148

football ...............................149
soccer...................................149
tennis ...................................151
water sports...........................152
outdoors.............................153
  hiking................................153
  beach ...............................155
  weather ............................155
  flora & fauna ....................156

## food ...................................................................157

eating out...........................157
  key language.......................157
  finding a place to eat .........157
  at the restaurant ...............159
  at the table........................163
  talking food ......................164
  methods of preparation....164
  in the bar ..........................165

nonalcoholic drinks ............166
alcoholic drinks ..................166
drinking up .........................168
self-catering.......................169
vegetarian & special meals...171
  ordering food......................171
  special diets & allergies .....173
culinary reader...................175

## safe travel ............................................................183

essentials...........................183
  emergencies.......................183
  police ...............................184
health ...............................187
  doctor ..............................187
  symptoms & conditions.....189

women's health...................193
allergies ...............................194
parts of the body ................195
alternative treatments.......196
pharmacist ..........................196
dentist..................................197

## dictionaries ...........................................................199

english–hungarian
  dictionary ..............................199

hungarian–english
  dictionary ...................................229

## index ......................................................................251

# hungarian

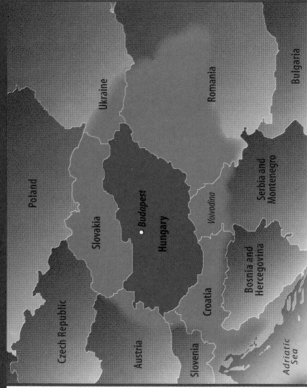

**official language**    **minority language**

Areas delineated as Hungarian minority language areas are approximate only. For more details, see the **introduction**.

# INTRODUCTION
## bevezetés

Hungarian is a unique language. Though distantly related to
Finnish, it has no significant similarities to any other language
in the world. If you have some background in European lan-
guages you'll be surprised at just how different Hungarian is.
English actually has more in common with Russian and Sinhala
(from Sri Lanka) than it does with Hungarian.

So how did such an unusual language end up in the heart of
the European continent? The answer lies somewhere beyond
the Ural mountains in western Siberia, where the nomadic an-
cestors of today's Hungarian speakers began a slow migration
west about 2000 years ago. At some point in the journey the
group began to split. One group turned towards Finland while
the other continued towards the Carpathian Basin, arriving in
the late 9th century. Calling themselves Magyars (derived from
the Finno-Ugric words for 'speak' and 'man') they cultivated
and developed the occupied lands. By 1000AD the Kingdom
of Hungary was officially established. Along the way Hungarian acquired words from other languages like Latin, Persian, Turkish and Bulgarian, yet today the language has changed remarkably little.

Hungarian is also spoken as a minority language in certain parts of Eastern Europe, such as Slovakia and much of Croatia, the region of Serbia and Montenegro known as Voivodina, and parts of Austria, Romania and the Ukraine. This is a

### at a glance ...

**language name:**
Hungarian

**name in language:**
*magyar mo·*dyor

**language family:**
Finno-Ugric

**approximate number of
speakers:** more than
14.5 million worldwide

**close relatives:**
Finnish

**donations to English:**
goulash, paprika, vampire

introduction

9

legacy of WWI. After their victory, the Allies redivided parts of Europe and formed new nations, with Hungary losing a third of its territory. A great deal of the fierce national pride felt by Hungarians can be traced back to this event.

Hungarian is a language rich with complexities of grammar and expression. These characteristics can be both alluring and intimidating to those who experience it. 'The Hungarian language is at one and the same time our softest cradle and our most solid coffin', lamented modern poet Gyula Illyés. Indeed, some have suggested that the flexibility of the tongue, combined with Hungary's linguistic isolation, has encouraged the culture's strong tradition of poetry and literature. Word order in Hungarian is fairly free, and it has been argued that this stimulates creative or experimental thinking. For this same reason, however, the language is resistant to translation and much of the nation's literary heritage is still unavailable to English speakers. Another theory holds that Hungary's extraordinary number of great scientists is also attributable to the language's versatile nature.

Whatever the case, Hungarian needn't be intimidating for visitors. This book gives you all the practical phrases you need to get by, as well as all the fun, spontaneous phrases that lead to a better understanding of Hungary and its people. Once you've got the hang of how to pronounce Hungarian words, the rest is just a matter of confidence. You won't need to look very far to discover the beauty of the language and you may even find yourself unlocking the poet or scientist within. Local knowledge, new relationships and a sense of satisfaction are on the tip of your tongue. So don't just stand there, say something!

## abbreviations used in this book

| | | | |
|---|---|---|---|
| a | adjective | n | noun |
| f | feminine | pl | plural |
| inf | informal | pol | polite |
| lit | literal translation | sg | singular |
| m | masculine | v | verb |

The Hungarian language may look daunting with its long words and unusual-looking accents, but it is surprisingly easy to pronounce. Like in English, Hungarian isn't always written the way it's pronounced, but just stick to the coloured phonetic guides that accompany each phrase or word and you can't go wrong.

## vowel sounds

Hungarian vowels sounds are similar to those found in the English words listed in the table below. The symbol ¯ over a vowel, like ā, means you say it as a long vowel sound. The letter y is always pronounced as in 'yes' (see **consonant sounds**).

| symbol | english equivalent | hungarian example(s) | transliteration |
|--------|--------------------|-----------------------|------------------|
| aa | father | *hátizsák* | *haa*·ti·zhaak |
| ay | tray (similar to **ai** in main) | *én* | ayn |
| e | bed | *zsebkés* | *zheb*·kaysh |
| ee | meet | *cím* | tseem |
| eu | her or French *neuf* | *zöld* | zeuld |
| i | hit | *rizs* | rizh |
| o | hot | *gazda* | *goz*·do |
| oy | boy | *megfojt,* *komoly* | *meg*·foyt, *kaw*·moy |
| aw | law but short | *kor* | kawr |
| u | pull | *utas* | *u*·tosh |
| ew | like **i** but with rounded lips, like **u** in French *tu* | *csütörtök* | *chew*·teur·teuk |

## consonant sounds

Remember, always pronounce y like the 'y' in 'yes', but without a vowel sound. We've also used the ' symbol to show this y sound when it's attached to n, d, and t and at the end of a syllable. You'll also see double consonants like **bb**, **dd** or **tt** – draw them out a little longer than you would in English.

| symbol | english equivalent | hungarian example(s) | transliteration |
|--------|--------------------|----------------------|-----------------|
| b | **b**ox | *bajusz* | *bo·yus* |
| ch | **ch**eese | *család* | *cho·laad* |
| d | **d**og | *dervis* | *der·vish* |
| d' | **d**une (British) | *poggyász* | *pawd'·dyaas* |
| f | **f**ox | *farok* | *fo·rawk* |
| g | **g**o | *gallér, igen* | *gol·layr, i·gen* |
| dy | **d**une (British) | *magyar* | *mo·**dy**or* |
| h | **h**at | *hát* | *haat* |
| j | **j**oke | *dzsem, hogy* | *jem, hawj* |
| k | **k**ing | *kacsa* | *ko·cho* |
| l | **l**et | *lakat* | *lo·kot* |
| m | **m**agic | *most* | *mawsht* |
| n | **n**o | *nem* | *nem* |
| n' | ca**ny**on | *hány, mennyi* | *haan', men'·nyi* |
| p | **p**ig | *pamut* | *po·mut* |
| r | **r**un (but rolled) | *piros* | *pi·rawsh* |
| s | **s**it | *kolbász* | *kawl·baas* |
| sh | **sh**ip | *tojást* | *taw·yaa**sh**t* |
| t | **t**in | *tag* | *tog* |
| t' | **tu**be (British) | *báty* | *baat'* |
| ts | ra**ts** | *koncert* | *kawn·**ts**ert* |
| ty | **tu**be (British) | *kártya* | *kaar·**ty**o* |
| v | **v**ent | *vajon* | *vo·yawn* |
| y | **y**es | *hajó, melyik* | *ho·yāw, me·**y**ik* |
| z | **z**ero | *zab* | *zob* |
| zh | plea**s**ure | *zsemle* | *zhem·le* |

# reading & writing

The Hungarian alphabet has 44 letters and is based on the Latin alphabet. It includes accented letters and consonant combinations. For spelling purposes (like when you spell your name to book into a hotel), the pronunciation of each letter is provided.

| alphabet | | | | | | | |
|---|---|---|---|---|---|---|---|
| *A a*<br>o | *Á á*<br>aa | *B b*<br>bay | *C c*<br>tsay | *Cs cs*<br>chay | *D d*<br>day | *Dz dz*<br>dzay | *Dzs dzs*<br>jay |
| *E e*<br>e | *É é*<br>ay | *F f*<br>ef | *G g*<br>gay | *Gy gy*<br>dyay | *H h*<br>haa | *I i*<br>i | *Í í*<br>ee |
| *J j*<br>yay | *K k*<br>kaa | *L l*<br>el | *Ly ly*<br>ay | *M m*<br>em | *N n*<br>en | *Ny ny*<br>en' | *O o*<br>aw |
| *Ó ó*<br>āw | *Ö ö*<br>eu | *Ő ő*<br>eū | *P p*<br>pay | *Q q*<br>ku | *R r*<br>er | *S s*<br>esh | *Sz sz*<br>es |
| *T t*<br>tay | *Ty ty*<br>tyay | *U u*<br>u | *Ú ú*<br>ū | *Ü ü*<br>ew | *Ű ű*<br>ēw | *V v*<br>vay | |
| *W w*<br>du·plo·vay | *X x*<br>iks | *Y y*<br>ip·sil·awn | | | *Z z*<br>zay | *Zs zs*<br>zhay | |

All vowels can take an acute accent ('), and both 'o' and 'u' can be written with an umlaut (¨) or a double acute (˝). The letters ö and ő, and ü and ű, are listed as separate pairs of letters in dictionaries (following *o, ó* and *u, ú* respectively). Consonant combinations like *cs* and *ny* also have separate entries. This order has been used in the **culinary reader** and **hungarian–english dictionary**.

# syllables & word stress

In this book, the syllables are separated by a dot (eg *kawn·*tsert) so you'll have no problem isolating each unit of sound. Accents don't influence word stress which always falls on the first syllable of the word. We've used italics to show stress.

13

# plunge in!

Don't worry if Hungarian seems difficult to pronounce at first. The trick is to stick to the coloured phonetic guides that accompany each phrase and have another go. If you're having trouble making yourself understood, simply point to the Hungarian phrase and show it to the person you're talking to. The most important thing is to laugh at your mistakes and keep on trying. Remember that communicating in a foreign language is, above all, great fun.

## vowel harmony

Word endings in Hungarian need to 'rhyme' with the vowels in the word they're attached to. This is called vowel harmony. In the examples below, both the endings *-on* on and *-en* en mean 'at'. The reason they have different forms is because they need to harmonise with the vowel sounds in the root words (in this case, Visegrád and Budapest). The rules of vowel harmony are quite complex, but with the endings we've given you, you'll be understood just fine.

**I'd like to get off at Visegrád.**

| | |
|---|---|
| *Visegrádon* | *vi·she·graad·on* |
| *szeretnék leszállni.* | *se·ret·nayk le·saall·ni* |

(lit: Visegrád-on like-would-I off-get-to)

**I'd like to get off at Budapest.**

| | |
|---|---|
| *Budapesten* | *bu·do·pesht·en* |
| *szeretnék leszállni.* | *se·ret·nayk le·saall·ni* |

(lit: Budapest-on like-would-I off-get-to)

This chapter is arranged alphabetically and is designed to help you create your own sentences. If you can't find the exact phrase you need in this book, try to combine the rules we give you here with the vocabulary in the **dictionary**. Hungarian grammar can be challenging for an outsider to master, but with a few gestures and a couple of well-chosen words, you'll generally get the message across. If you're really enthusiastic, get hold of a comprehensive grammar and take the plunge.

## a/an & the

The word for 'a/an' in Hungarian is *egy*. This is also the word for 'one', so *egy óra* ej *āw·ro* can mean both 'a watch' and 'one watch'.

**I'd like a cup of coffee.**
   *Kérek egy kávét.*            *kay·rek ej kaa·vayt*
   (lit: request-I a coffee)

The word for 'the' is *a* o before words beginning with a consonant, and *az* oz before words beginning with a vowel. So 'the hotel' is *a szálloda* o *saal·*law·do, while 'the office' is *az iroda* oz *i·*raw·do.

**Where is the bus stop?**
   *Hol a buszmegálló?*       *hawl o bus·meg·aal·lāw*
   (lit: where the bus-stop)

## adjectives see describing things

## articles see a/an & the

## be

The verb *lenni* (be) changes depending on who or what is the
subject (doer) of the sentence.

| present tense | | | | | |
|---|---|---|---|---|---|
| I | am | *én* | *vagyok* | ayn | *vo*·dyawk |
| you sg inf | are | *te* | *vagy* | te | voj |
| you sg pol | are | *ön* | *van* | eun | von |
| he/she | is | *ő* | *van* | ēū | von |
| it | is | *az* | *van* | oz | von |
| we | are | *mi* | *vagyunk* | mi | *vo*·dyunk |
| you pl inf | are | *ti* | *vagytok* | ti | *voj*·tawk |
| you pl pol | are | *önök* | *vannak* | eu·neuk | *von*·nok |
| they (people) | are | *ők* | *vannak* | ēūk | *von*·nok |
| they (things) | are | *azok* | *vannak* | o·zawk | *von*·nok |

Note that personal pronouns (like 'I' and 'you') are not usually
used in Hungarian. See **personal pronouns** for more details.

**Are you thirsty?** sg inf
   *Szomjas vagy?*              *sawm*·yosh voj
   (lit: thirsty are-you)

TOOLS

When you want to say that 'he/she/it', 'they', or 'you' (singular and plural, but only in the polite form) is a type of thing, or has a certain characteristic, you don't need the verb 'be' as you do in English. Instead, you only need the subject (doer) and the description, as in the next example:

**The children are hungry.**
> *A gyerekek éhesek.*      o *dye*·re·kek *ay*·he·shek
> (lit: the children hungry)

The present tense form of 'be' is only used in these cases if the subject is followed by an adverb of some sort:

**Zsuzsa is sick.**
> *Zsuzsa rosszul van.*      zhu·zho *raws*·sul von
> (lit: Zsuzsa badly is)

**case** see me, myself & I

## comparing things

The simplest way to compare things in Hungarian is with the construction … *olyan* …, *mint* … which more or less corresponds to the English construction '… is as … as …'.

**The shirt is as expensive as the pants.**
> *Az ing olyan drága,*      oz ing *aw*·yon *draa*·go
> *mint a nadrág.*      mint o *nod*·raag
> (lit: the shirt so expensive as the pants)

To say '… is bigger, faster, better (and so on) than …', you need to say … *nagyobb, gyorsabb, jobb* (etc), *mint* …

**The train is faster than the bus.**
> *A vonat gyorsabb,*      o *vaw*·not *dyawr*·shobb
> *mint a busz.*      mint o bus
> (lit: the train faster than the bus)

## describing things

Adjectives can change their form depending on where they are in relation to the noun. The adjective normally appears before the noun, and in that case stays in the singular form (as in the first three examples). It changes to the plural form only if it follows the noun, like in the last example. Note that when the adjective follows the noun in the present tense of the verb 'be', in the singular and plural of the second person polite form and third person, the words 'is' and 'are' aren't used in Hungarian.

**a short journey**
*egy rövid út*                 ej *reu*·vid ūt
(lit: a short journey)

**The journey is short.**
*Az út rövid.*                 oz ūt *reu*·vid
(lit: the journey short)

**the short journeys**
*a rövid utak*                 o *reu*·vid *u*·tok
(lit: the short journeys)

**The journeys are short.**
*Az utak rövidek.*             oz *u*·tok *reu*·vi·dek
(lit: the journeys short)

See also **be**, and take a look at the boxes in **interests**, page 111 and **feelings & opinions**, page 121.

## doing things

Learning the basic patterns of Hungarian verbs is not difficult. The challenge is trying to learn all of the patterns plus all of the exceptions. For the present tense of most verbs, use the next table to help you. The dictionary form of the verb will be the same as the 'he/she/it' form below. To make the different forms, simply add the endings to the dictionary form as they are shown.

|  |  | the vowel in the word's last syllable is … | | |
| --- | --- | --- | --- | --- |
| pronoun | | a, á, i, í, o, ó, u, ú (eg *vár* 'wait') | e, é (eg *fizet* 'pay') | ö, ő, ü, ű (eg *ül* 'sit') |
| I | *én* | -ok *várok* | -ek *fizetek* | -ök *ülök* |
| you sg inf | *te* | -sz *vársz* | -sz *fizetsz* | -sz *ülsz* |
| you sg pol | *ön* | (no ending) *vár* | (no ending) *fizet* | (no ending) *ül* |
| he/she | *ő* | (no ending) *vár* | (no ending) *fizet* | (no ending) *ül* |
| it | *az* | (no ending) *vár* | (no ending) *fizet* | (no ending) *ül* |
| we | *mi* | -unk *várunk* | -ünk *fizetünk* | -ünk *ülünk* |
| you pl inf | *ti* | -tok *vártok* | -tek *fizettek* | -tök *ültök* |
| you pl pol | *önök* | -nak *várnak* | -nek *fizetnek* | -nek *ülnek* |
| they (people) | *ők* | -nak *várnak* | -nek *fizetnek* | -nek *ülnek* |
| they (things) | *ők* | -nak *várnak* | -nek *fizetnek* | -nek *ülnek* |

Some common verbs don't follow these rules. The verbs *jönni* (come), *menni* (go), *enni* (eat) and *inni* (drink) are laid out in the next table. For other irregular verb forms, check out a comprehensive grammar or text book.

| present tense | | | | | |
|---|---|---|---|---|---|
| **I** | come | én | jövök | ayn | *yeu·veuk* |
| | go | | megyek | | *me·dyek* |
| | eat | | eszem | | *e·sem* |
| | drink | | iszom | | *i·sawm* |
| **you** sg inf | come | te | jössz | te | *yeuss* |
| | go | | mész | | *mays* |
| | eat | | eszel | | *e·sel* |
| | drink | | iszol | | *i·sawl* |
| **you** sg pol | come | ön | jön | eun | *yeun* |
| | go | | megy | | *mej* |
| | eat | | eszik | | *e·sik* |
| | drink | | iszik | | *i·sik* |
| **he/she** | comes | ő | jön | ēū | *yeun* |
| | goes | | megy | | *mej* |
| | eats | | eszik | | *e·sik* |
| | drinks | | iszik | | *i·sik* |
| **it** | comes | az | jön | oz | *yeun* |
| | goes | | megy | | *mej* |
| | eats | | eszik | | *e·sik* |
| | drinks | | iszik | | *i·sik* |
| **we** | come | mi | jövünk | m | *yeu·vewnk* |
| | go | | megyünk | | *me·dyewnk* |
| | eat | | eszünk | | *e·sewnk* |
| | drink | | iszunk | | *i·sunk* |
| **you** pl inf | come | ti | jöttök | ti | *yeut·teuk* |
| | go | | mentek | | *men·tek* |
| | eat | | esztek | | *es·tek* |
| | drink | | isztok | | *is·tawk* |
| **you** pl pol | come | önök | jönnek | eu·neuk | *yeun·nek* |
| | go | | mennek | | *men·nek* |
| | eat | | esznek | | *es·nek* |
| | drink | | isznak | | *is·nok* |
| **they (people)** | come | ők | jönnek | ēūk | *yeun·nek* |
| | go | | mennek | | *men·nek* |
| | eat | | esznek | | *es·nek* |
| | drink | | isznak | | *is·nok* |
| **they (things)** | come | azok | jönnek | o·zawk | *yeun·nek* |
| | go | | mennek | | *men·nek* |
| | eat | | esznek | | *es·nek* |
| | drink | | isznak | | *is·nok* |

See also **be** and **have**.

TOOLS

The easiest way to talk about the future is to use the present tense of the verb and a word referring to a future time:

**Tomorrow we are going to the cinema.**
*Holnap moziba megyük.*      hawl·nop maw·zi·bo me·dyewnk
(lit: tomorrow cinema-to go-we)

**I'm leaving on Saturday.**
*Szombaton elutazom.*      sawm·bo·tawn el·u·to·zawm
(lit: Saturday-on away-travel-I)

To describe the way you do things (adverbs), see the box in **feelings & opinions**, page 121.

## have

There is no direct equivalent to the English verb 'have' in Hungarian. Possession is expressed with the word *van* (is) or *vannak* (are), followed by the name of the thing owned plus a possessive ending (my, your, his, her etc). For example:

**I have bags.**
*Vannak táskáim.*      von·nok taash·kaa·im
(lit: there-are bags-my)

If you drop the *vannak* part, the remaining word will just mean 'my bags'.

To express 'don't have', substitute the words *nincs* (there isn't) or *nincsenek* (there aren't) for *van* and *vannak* respectively:

**I don't have a ticket.**
*Nincs jegyem.*      ninch ye·dyem
(lit: there-isn't ticket-my)

For a list of possessive endings see **my & your** and also take a look at **vowel harmony**, page 14.

## me, myself & I

In Hungarian, the endings of words may change depending on their 'case'. The case of a word conveys grammatical information such as number, possession, location and the relationship between the noun and other parts of the sentence. It's formed by adding word endings (suffixes) to the nouns.

There are 22 cases in Hungarian, most of which have equivalents in English prepositions such as 'with', 'by', 'from', 'into', 'in', 'to' and so on. The *inessive* case, for example, is used to express the concept of 'in'. By adding *-ban* (in) to the end of the word *mozi* 'cinema', you get the prepositional phrase *moziban* 'in a cinema' (lit: cinema-in).

Hungarian cases and their endings are too numerous to list here, so if you'd like to know more you can refer to a comprehensive grammar guide. Don't worry about it too much, though – in this book we've already chosen the appropriate case for the nouns in each phrase.

## more than one

Make something plural by adding *-k* to the end of the word. If the word already ends in a consonant you need to put a vowel before the *-k* first. The vowel that goes before it should 'harmonise' with the noun (see **vowel harmony**, page 14). For example:

| the ticket | *a jegy* | o yej |
| the tickets | *a jegyek* | o *ye*·dyek |

Note that the plural form is never needed after numbers or words of quantity:

| 200 forints | *kétszáz forint* | kayt·saaz *faw*·rint |
| | (lit: 200 forint) | |
| some flowers | *néhány virág* | nay·haan' ... *vi*·raag |
| | (lit: some flower) | |

See also **describing things** and **me, myself & I**, as well as the chapter **numbers & amounts**, page 29.

# my & your

There are no separate words for 'my', 'your', 'her' and so on in Hungarian. To show belonging you need to add a word ending (suffix) to the thing that is owned.

| a book | egy könyv | (lit: a book) | ej keun'v |
|---|---|---|---|
| Béla's book | Béla könyve | (lit: Béla book-his) | bay-lo keun'-ve |
| his book | a könyve | (lit: the book-his) | o keun'-ve |
| | az ő könyve | (lit: the he book-his) | oz ēū keun'-ve |

As the last example shows, if the owner's name is not mentioned the word will be preceded by 'the': a or az. For special emphasis, the pronoun (in this case 'he') can be inserted between a/az and the noun. The simplest way to express belonging is to say a/az, then the noun plus the correct ending from the table below.

| | many nouns with the vowels ... in their last syllable | | nouns ending with a or e (a becomes á, e becomes é) (eg táska 'bag') |
|---|---|---|---|
| | a, á, i, o, ó, u, ú (eg vonat 'train') | e, é, i, ö, ü (eg könyv 'book') | |
| my | -om vonatom | -em könyvem | -m táskám |
| your sg inf | -od vonatod | -ed könyved | -d táskád |
| your sg pol | -ja vonatja | -e könyve | -ja táskája |
| his/her/its | -ja vonatja | -e könyve | -ja táskája |
| our | -unk vonatunk | -ünk könyvünk | -nk táskánk |
| your pl inf | -otok vonatotok | -etek könyvetek | -tok táskátok |
| your pl pol | -ja vonatja | -e könyve | -ja táskája |
| their | -juk vonatjuk | -vük könyvük | -juk táskájuk |

See also **a/an & the**, **have** and **vowel harmony**, on page 14.

# negative

To convey the sense of 'not', place the word *nem* just before the part of the sentence you want to negate and you'll make yourself understood.

**The ticket isn't expensive.**
   *A jegy nem drága.*        o yed' nem *draa*·go
   (lit: the ticket not expensive)

**I don't like fish.**
   *Nem szeretem a halat.*       nem *se*·re·tem o *ho*·lot
   (lit: not like-I the fish)

**nouns** see me, myself & I and more than one

# personal pronouns

Hungarian pronouns always vary according to their case (see me, myself, & I).

| I | | | we | | |
|---|---|---|---|---|---|
| **I** | *én* | ayn | **we** | *mi* | mi |
| **you** sg inf | *te* | te | **you** pl inf | *ti* | ti |
| **you** sg pol | *ön* | eun | **you** pl pol | *önök* | *eu*·neuk |
| **he/she** | *ő* | ēū | **they** (people) | *ők* | ēūk |
| **it** | *az* | oz | **they** (things) | *azok* | *o*·zawk |

Note that in sentences containing a verb, a separate word for 'I', 'he' or 'she' isn't needed, as in the example below. This is because the verb form already indicates the subject (doer). The personal pronoun is only used to put special emphasis on the subject.

**They're standing there.**
   *Ott állnak.*       awtt *aall*·nok
   (lit: there stand-they)

See also **me, myself & I** and **my & your**, and take a look at the box on formality in **feelings & opinions**, page 117.

TOOLS

**plural** see more than one

**pointing things out** see this & that

**possession** see have and my & your

**prepositions** see case and talking about location

## questions

Form questions by using a question word:

| How many? | Hány? | haan' |
| How much? | Mennyi? | men'·nyi |
| What? | Mi? | mi |
| What kind? | Milyen? | mi·yen |
| Where? | Hol? | hawl |
| When? | Mikor? | mi·kawr |
| Which? | Melyik? | me·yik |
| Who? | Ki? | ki |
| Why? | Miért? | mi·ayrt |

## talking about location

Indicating the location of something in Hungarian is usually done by adding endings (suffixes) to words. These equate to prepositions like 'in', 'at' or 'on' in English. For more details, see **me, myself & I**. Postpositions can also be used to describe location. As you can see in this example, a postposition is a separate word following the noun, instead of being attached to it.

**in front of the cinema**
   *a mozi előtt*          o *maw·zi e·lēütt*
   (lit: the cinema in-front-of)

For other location words, see the **dictionary**.

**the** see a, an & the

## this & that

To point something out in Hungarian, use one of the words below:

| this | ez | ez |
|------|-----|------|
| that | az | oz |
| these | ezek | e·zek |
| those | azok | o·zawk |

You'll need to use a word from this table, plus *a/az* (depending on whether the noun starts with a consonant or a vowel) and then the noun itself. For example:

**This dish is very good!**
　　*Ez az étel nagyon jó!*　　ez oz *ay*·tel *no*·dyawn yāw
　　(lit: this the dish very good)

**That man has stolen my bag.**
　　*Az az ember ellopta*　　oz oz *em*·ber *el*·lawp·to
　　*a táskámat.*　　o *taash*·kaa·mot
　　(lit: that the man stole the bag-my)

## word order

In Hungarian, the order of words in a sentence is more flexible than in English, but it's not entirely arbitrary. English emphasises words by putting stress on them in pronunciation, while Hungarian emphasises words by bringing them forward to the beginning of the sentence:

**I buy *apples* in the shop, not bananas.**
　　*Almát veszek a közértben*　　*ol*·maat *ve*·sek o *keu*·zayrt·ben
　　*nem banánt.*　　nem *bo*·naant
　　(lit: apple buy-I the shop-in not banana)

**Do you speak (English)?**
*Beszél (angolul)?* pol — be·sayl (on·gaw·lul)
*Beszélsz (angolul)?* inf — be·sayls (on·gaw·lul)

**Does anyone speak (English)?**
*Beszél valaki (angolul)?* — be·sayl vo·lo·ki (on·gaw·lul)

**Do you understand?**
*Érti?* pol — ayr·ti
*Érted?* inf — ayr·ted

**Yes, I understand.**
*Igen, értem.* — i·gen ayr·tem

**No, I don't understand.**
*Nem, nem értem.* — nem nem ayr·tem

**I (don't) understand.**
*(Nem) Értem.* — (nem) ayr·tem

**I speak (English).**
*Beszélek (angolul).* — be·say·lek (on·gaw·lul)

**I don't speak (Hungarian).**
*Nem beszélek (magyarul).* — nem be·say·lek (mo·dyo·rul)

**I speak a little.**
*Egy kicsit beszélek.* — ej ki·chit be·say·lek

**What does 'lángos' mean?**
*Mit jelent az, hogy 'lángos'?* — mit ye·lent oz hawj laan·gawsh

| How do you …? | *Hogyan …?* | *haw·dyon …* |
|---|---|---|
| pronounce this | *mondja ki ezt* | *mawnd·yo ki ezt* |
| write *'útlevél'* | *írja azt, hogy* | *eer·yo ozt hawj* |
| | *'útlevél'* | *üt·le·vayl* |
| Could you please …? | *…, kérem.* | *… kay·rem.* |
| repeat that | *Megismételné ezt* | *meg·ish·may·tel·nay ezt* |
| speak more slowly | *Tudna lassabban beszélni* | *tud·no losh·shob·bon be·sayl·ni* |
| write it down | *Leírná* | *le·eer·naa* |

## tongue in cheek

So you've got the hang of Hungarian, huh? Then take the tongue twister challenge!

Start off easy:

*fiaiéi*
*fi·o·i·ay·i*
More things of her more sons.

You're still feeling confident? What about …

*Mit sütsz, kis szűcs? Sós húst sütsz, kis szűcs?*
mit shewts kish sēwch shāwsh hüsht shewts kish sēwch
What are you grilling, little furrier? Are you grilling salty meat, little furrier?

Or this one, which is a bit of a doozie even in English …

*A tarka szarka farka tarka. De nem minden szarka farka tarka csak a tarka szarka farka tarka.*
o *tor·ko sor·ko for·ko tor·ko* de nem *min·den sor·ko for·ko tor·ko* chok o *tor·ko sor·ko for·ko tor·ko*
The multicoloured mockingbird's tail is multicoloured. But not every mockingbird's tail is multicoloured, only the multicoloured mockingbird's tail is multicoloured.

# numbers & amounts

## cardinal numbers

tőszámnevek

| | | |
|---|---|---|
| 0 | *nulla* | *nul·lo* |
| 1 | *egy* | ej |
| 2 | *kettő* | *ket·tēū* |
| 3 | *három* | *haa·rawm* |
| 4 | *négy* | nayj |
| 5 | *öt* | eut |
| 6 | *hat* | hot |
| 7 | *hét* | hayt |
| 8 | *nyolc* | nyawlts |
| 9 | *kilenc* | *ki·lents* |
| 10 | *tíz* | teez |
| 11 | *tizenegy* | *ti·zen·ej* |
| 12 | *tizenkettő* | *ti·zen·ket·tēū* |
| 13 | *tizenhárom* | *ti·zen·haa·rawm* |
| 14 | *tizennégy* | *ti·zen·nayj* |
| 15 | *tizenöt* | *ti·zen·eut* |
| 16 | *tizenhat* | *ti·zen·hot* |
| 17 | *tizenhét* | *ti·zen·hayt* |
| 18 | *tizennyolc* | *ti·zen·nyawlts* |
| 19 | *tizenkilenc* | *ti·zen·ki·lents* |
| 20 | *húsz* | hūs |
| 21 | *huszonegy* | *hu·sawn·ej* |
| 22 | *huszonkettő* | *hu·sawn·ket·tēū* |
| 30 | *harminc* | *hor·mints* |
| 31 | *harmincegy* | *hor·mints·ej* |
| 32 | *harminckettő* | *hor·mints·ket·tēū* |
| 40 | *negyven* | *nej·ven* |
| 41 | *negyvenegy* | *nej·ven·ej* |
| 42 | *negyvenkettő* | *nej·ven·ket·tēū* |
| 50 | *ötven* | *eut·ven* |

| | | |
|---|---|---|
| 60 | *hatvan* | *hot·von* |
| 70 | *hetven* | *het·ven* |
| 80 | *nyolcvan* | *nyawlts·von* |
| 90 | *kilencven* | *ki·lents·ven* |
| 100 | *száz* | *saaz* |
| 200 | *kétszáz* | *kayt·saaz* |
| 1,000 | *ezer* | *e·zer* |
| 1,000,000 | *millió* | *mil·li·āw* |

## ordinal numbers

| | | |
|---|---|---|
| 1st | *első* | *el·shēū* |
| 2nd | *második* | *maa·shaw·dik* |
| 3rd | *harmadik* | *hor·mo·dik* |
| 4th | *negyedik* | *ne·dye·dik* |
| 5th | *ötödik* | *eu·teu·dik* |

---

### two's company

Hungarian has two ways of expressing the number 'two'. The word *kettő* ket·tēū is used when the number is given on its own, or when the object is not mentioned. For example, the answer to the question *Hány forintod van?* haan' faw·rin·tawd von (How many forints do you have?) would be *Kettő. –* Two. The word *két* kayt, on the other hand, is used when 'two' is followed by the counted noun, as in *két forint* kayt faw·rint (two forints).

Both *kettő* and *két* appear in all numerals containing 'two'. So 12 is *tizenkettő* ti·zen·ket·tēū or *tizenkét* ti·zen·kayt, 22 is *huszonkettő* hu·sawn·ket·tēū or *huszonkét* hu·sawn·kayt, and so on.

It's easy to mistake *két* kayt (two) for *hét* hayt (seven). Be sure to pronounce the k as distinctly as you can so you don't end up getting seven pancakes instead of two!

# fractions

| a quarter | egynegyed | ej·ne·dyed |
| a third | egyharmad | ej·hor·mod |
| a half | fél | fayl |
| three-quarters | háromnegyed | haa·rawm·ne·dyed |
| all | mind | mind |
| none | egyik sem | e·dyik shem |

# decimals

*Egész e·gays* means 'whole' not 'point', and the numbers after it aren't said one by one. In the first example, you literally say 'three-whole-fourteen', not 'three-point-one-four'.

| 3.14 | három egész | haa·rawm e·gays |
| | tizennégy | ti·zen·nayj |
| 4.2 | négy egész kettő | nayj e·gays ket·tēū |
| 5.1 | öt egész egy | eut e·gays ej |

---

### numbers with dots & commas

Numbers in Hungarian use the opposite punctuation to English, so make sure you get it right when it counts.

3.456 = three thousand, four hundred and fifty-six
3,456 = three point four five six

---

numbers & amounts

31

# useful amounts

**hasznos mennyiségek**

Quantities are calculated in decagrams as opposed to grams or kilograms. A decagram is equivalent to ten grams.

| How much? | *Mennyi?* | men'·nyi |
| How many? | *Hány?* | haan' |

| Please give me ... | *Kérem, adjon nekem ...* | kay·rem od·yawn ne·kem ... |
| (10) decagrams | *(tíz) deka* | (teez) de·ko |
| half a dozen | *fél tucat* | fayl tu·tsot |
| a dozen | *egy tucat* | ej tu·tsot |
| half a kilo | *fél kiló* | fayl ki·lāw |
| a kilo | *egy kiló* | ej ki·lāw |
| a bottle/jar | *egy üveg* | ej ew·veg |
| a packet | *egy csomag* | ej chaw·mog |
| a slice | *egy szelet* | ej se·let |
| a tin | *egy doboz* | ej daw·bawz |
| a few | *egy kevés* | ej ke·vaysh |
| less | *kevesebb* | ke·ve·shebb |
| (just) a little | *(csak) egy kicsi* | (chok) ej ki·chi |
| a lot/many | *sok* | shawk |
| more | *több* | teubb |
| some | *néhány* | nay·haan' |

---

### thumbs up

To show the number one, Hungarians hold up their thumb instead of their index finger. For two, you need to show both thumb and index finger, and so on. If you want one item and you only hold up your index finger (your 'number two' finger), you may end up with twice what you asked for ...

TOOLS

32

## telling the time

**hogyan mondjuk meg, mennyi az idő**

Hungarians are forward thinkers. To express the time 10.15 they say *negyed tizenegy* ne·dyed ti·zen·ej, which means 'a quarter of eleven'. Likewise, 10.30 is *fél tizenegy* fayl ti·zen·ej or 'half of eleven'. This isn't the case when stating times that aren't 'a quarter' or 'a half' past the hour in English. For example, 10.05 is simply *öt perccel múlt tíz* eut perts·tsel múlt teez or 'five minutes past ten'. Don't get too confused by this. For the most part, telling the time in Hungarian is very straightforward. The phrases below will point you in the right direction.

| | | |
|---|---|---|
| What time is it? | *Hány óra?* | haan' āw·ra |
| It's (one) o'clock. | *(Egy) óra van.* | (ej) āw·ra von |
| It's (ten) o'clock. | *(Tíz) óra van.* | (teez) āw·ra von |
| Five past (ten). | *Öt perccel múlt (tíz).* | eut perts·tsel múlt (teez) |
| Quarter past (ten). | *Negyed (tizenegy).* | ne·dyed (ti·zen·ej) |
| Half past (ten). | *Fél (tizenegy).* | fayl (ti·zen·ej) |
| Twenty to (eleven). | *Húsz perc múlva (tizenegy).* | hūs perts mūl·vo (ti·zen·ej) |
| Quarter to (eleven). | *Háromnegyed (tizenegy).* | haa·rawm·ne·dyed (ti·zen·ej) |

### night & day

Hungarians don't think of time in 'am' and 'pm'. They use two words to refer to the morning: *reggel* reg·gel shows times before 9am, and *délelőtt* dayl·e·lēütt indicates 9am–12pm. After midday, you use *délután* dayl·u·taan for 12–6pm, *este* esh·te for 6–10pm, and *éjjel* ay·yel for times after 10pm.

TOOLS

**all day long**

In Hungary, time is written in the 24-hour clock. Six o'clock in the morning will be written as 6.00, 06.00 or 6:00. You'll see 6pm as 18.00 or 18:00.

**At what time ...?**
*Hány órakor ...?*        haan' *āw*·ro·kawr ...

**At (ten).**
*(Tíz)kor.*        (*teez*)·kawr

**At 7.57pm.**
*Este hét óra*        *esh*·te hayt *āw*·ro
*ötvenhét perckor.*        *eut*·ven·hayt *perts*·kawr
(lit: evening seven o'clock fifty-seven minutes-at)

## the calendar

a naptár

### days

| Monday | hétfő | hayt·fēū |
|---|---|---|
| Tuesday | kedd | kedd |
| Wednesday | szerda | ser·do |
| Thursday | csütörtök | chew·teur·teuk |
| Friday | péntek | payn·tek |
| Saturday | szombat | sawm·bot |
| Sunday | vasárnap | vo·shaar·nop |

### months

| January | január | yo·nu·aar |
|---|---|---|
| February | február | feb·ru·aar |
| March | március | maar·tsi·ush |
| April | április | aap·ri·lish |
| May | május | maa·yush |
| June | június | yū·ni·ush |
| July | július | yū·li·ush |
| August | augusztus | o·u·gus·tush |
| September | szeptember | sep·tem·ber |
| October | október | awk·tāw·ber |
| November | november | naw·vem·ber |
| December | december | de·tsem·ber |

## dates

**What date is it today?**
   *Hányadika van ma?*        haa·nyo·di·ko von mo

**It's (18 October).**
   *(Október*        *(awk·tāw·ber*
   *tizennyolcadika) van.*     ti·zen·nyawl·tso·di·ko) von

## seasons

| | | |
|---|---|---|
| spring | *tavasz* | to·vos |
| summer | *nyár* | nyaar |
| autumn/fall | *ősz* | ēūs |
| winter | *tél* | tayl |

# present

jelen

| | | |
|---|---|---|
| this ... | | |
|   morning | *ma reggel* | mo reg·gel |
|   afternoon | *ma délután* | mo dayl·u·taan |
|   week | *ezen a héten* | e·zen o hay·ten |
|   month | *ebben a hónapban* | eb·ben o hāw·nop·bon |
|   year | *ebben az évben* | eb·ben oz ayv·ben |
| now | *most* | mawsht |
| today | *ma* | mo |
| tonight | *ma este* | mo esh·te |

# past

múlt

| | | |
|---|---|---|
| last night | *tegnap éjjel* | teg·nop ay·yel |
| yesterday | *tegnap* | teg·nop |
| day before yesterday | *tegnapelőtt* | teg·nop·e·lēūtt |
| (three days) ago | *(három nappal) ezelőtt* | (haa·rawm nop·pol) ez·e·lēūtt |
| since (May) | *(május) óta* | (maa·yush) āw·to |

| last ... | a múlt ... | o mūlt ... |
|---|---|---|
| week | héten | *hay*·ten |
| month | hónapban | *hāw*·nop·bon |
| year | évben | *ayv*·ben |
| yesterday ... | tegnap ... | *teg*·nop ... |
| morning | reggel | *reg*·gel |
| afternoon | délután | *dayl*·u·taan |
| evening | este | *esh*·te |

## future

jövő

| tomorrow | holnap | *hawl*·nop |
|---|---|---|
| day after tomorrow | holnapután | *hawl*·nop·u·taan |
| in (six) days | (hat) nap múlva | (hot) nop *mūl*·vo |
| until (June) | (június)ig | (*yū*·ni·ush)·ig |
| next ... | a jövő ... | o *yeu*·vēū ... |
| week | héten | *hay*·ten |
| month | hónapban | *hāw*·nop·bon |
| year | évben | *ayv*·ben |
| tomorrow ... | holnap ... | *hawl*·nop ... |
| morning | reggel | *reg*·gel |
| afternoon | délután | *dayl*·u·taan |
| evening | este | *esh*·te |

## during the day

napközben

| afternoon | délután | *dayl*·u·taan |
|---|---|---|
| dawn | hajnal | *hoy*·nol |
| day | nappal | *nop*·pol |
| evening | este | *esh*·te |
| midday | dél | dayl |
| midnight | éjfél | *ay*·fayl |
| morning | reggel | *reg*·gel |
| night | éjszaka | *ay*·so·ko |
| sunrise | napkelte | *nop*·kel·te |
| sunset | napnyugta | *nop*·nyug·to |

# money
pénz

Hungary became a member of the European Union in 2004, and is aiming to convert its currency to the euro by 2010. Most of the examples in this phrasebook are in forints, but we've also included euros in the **dictionary** and in this chapter.

**How much is it/this?**
*Mennyibe kerül?* — men'·nyi·be ke·rewl

**It's free.**
*Ingyen van.* — in·dyen von

**It's (500) forints.**
*(Ötszáz) forint.* — (eut·saaz) faw·rint

**It's (300) euros.**
*(Háromszáz) euró.* — (haa·rawm·saaz) e·u·raw

**Could you write down the price?**
*Le tudná írni az árat?* — le tud·naa eer·ni oz aa·rot

**Do you change money here?**
*Váltanak itt pénzt?* — vaal·to·nok itt paynzt

| Do you accept …? | Elfogadnak …? | el·faw·god·nok … |
|---|---|---|
| credit cards | hitelkártyát | hi·tel·kaar·tyaat |
| debit cards | bankkártyát | bonk·kaar·tyaat |
| travellers cheques | utazási csekket | u·to·zaa·shi chek·ket |

| I'd like to … | Szeretnék … | se·ret·nayk … |
|---|---|---|
| cash a cheque | beváltani egy csekket | be·vaal·to·ni ej chek·ket |
| change a travellers cheque | beváltani egy utazási csekket | be·vaal·to·ni ej u·to·zaa·shi chek·ket |
| change money | pénzt váltani | paynzt vaal·to·ni |
| withdraw money | pénzt kivenni | paynzt ki·ven·ni |

money

37

| What's the ...? | Mennyi ...? | men'·nyi ... |
|---|---|---|
| charge | a díj | o dee·y |
| buying rate | a vételi árfolyam | o vay·te·li aar·faw·yom |
| exchange rate | a valutaárfolyam | o vo·lu·to·aar·faw·yom |
| selling rate | az eladási árfolyam · | oz el·o·daa·shi aar·faw·yom |

**Do I need to pay upfront?**
*Előre kell fizetnem?*   e·lēū·re kell fi·zet·nem

**Could I have a receipt, please?**
*Kaphatnék egy nyugtát, kérem?*   kop·hot·nayk ej nyug·taat kay·rem

**Could I have my change, please?**
*Megkaphatnám a visszajáró pénzt?*   meg·kop·hot·naam o vis·so·yaa·rāw paynzt

**I'd like a refund, please.**
*Vissza szeretném kapni a pénzemet, kérem.*   vis·so se·ret·naym kop·ni o payn·ze·met kay·rem

**I've already paid for this.**
*Már kifizettem.*   maar ki·fi·zet·tem

**There's a mistake in the bill.**
*Valami nem stimmel a számlával.*   vo·lo·mi nem shtim·mel o saam·laa·vol

**I don't want to pay the full price.**
*Nem akarom kifizetni a teljes árat.*   nem o·ko·rawm ki·fi·zet·ni o tel·yesh aa·rot

**Where's the nearest automated teller machine?**
*Hol van a legközelebbi bankautomata?*   hawl von o leg·keu·ze·leb·bi bonk·o·u·taw·mo·to

## getting around

utazgatás

| Which ... goes to (Budapest)? | Melyik ... megy (Budapest)re? | me·yik ... mej (bu·do·pesht)·re |
|---|---|---|
| boat | hajó | ho·yāw |
| bus | busz | bus |
| train | vonat | vaw·not |

| Which ... goes to (the parliament)? | Melyik ... megy (a Parlament)hez? | me·yik ... mej (o por·lo·ment)·hez |
|---|---|---|
| bus | busz | bus |
| tram | villamos | vil·lo·mawsh |
| trolleybus | troli | traw·li |
| metro line | metró | met·rāw |

| When's the ... (bus)? | Mikor megy ... (busz)? | mi·kawr mej ... (bus) |
|---|---|---|
| first | az első | oz el·shēū |
| last | az utolsó | oz u·tawl·shāw |
| next | a következő | o keu·vet·ke·zēū |

**What time does it leave?**
*Mikor indul?*  mi·kawr in·dul

**What time does it get to (Eger)?**
*Mikor ér (Eger)be?*  mi·kawr ayr (e·ger)·be

**How long will it be delayed?**
*Mennyit késik?*  men'·nyit kay·shik

transport

39

**Is this seat free?**
*Szabad ez a hely?*      so·bod ez o *he*·y

**That's my seat.**
*Az az én helyem.*      oz oz ayn *he*·yem

**Please tell me when we get to (Eger).**
*Kérem, szóljon, amikor*      kay·rem sāwl·yawn o·mi·kawr
*(Eger)be érünk.*      (e·ger)·be *ay*·rewnk

**Please stop here.**
*Kérem, álljon meg itt.*      kay·rem aall·yawn meg itt

**How long do we stop here?**
*Mennyi ideig állunk itt?*      men'·nyi *i*·de·ig aal·lunk itt

| **I'd like to** | *Le szeretnék* | le se·ret·nayk |
| **get off …** | *szállni …* | saall·ni … |
|   **at the next stop** | *a következőnél* | o keu·vet·ke·zēū·nayl |
|   **here** | *itt* | itt |

## tickets

*jegyek*

**Where do I buy a ticket?**
*Hol kapok jegyet?*      hawl *ko*·pawk *ye*·dyet

| **Where's the …** | *Hol a …* | hawl o … |
| **ticket office?** | *jegypénztár?* | *yej*·paynz·taar |
|   **domestic** | *belföldi* | *bel*·feul·di |
|   **international** | *nemzetközi* | *nem*·zet·keu·zi |

| **A … ticket** | *Egy … jegy* | ej … yej |
| **to (Eger).** | *(Eger)be.* | (e·ger)·be |
|   **1st-class** | *első osztályú* | *el*·shēū aws·taa·yū |
|   **2nd-class** | *másodosztályú* | *maa*·shawd·aws·taa·yū |
|   **one-way** | *csak oda* | chok *aw*·do |
|   **return** | *oda-vissza* | *aw*·do·vis·so |

| **A … ticket** | *Egy … (Eger)be.* | ej … (e·ger)·be |
| **to (Eger).** | | |
|   **child's** | *gyerekjegy* | *dye*·rek·yej |
|   **student** | *diákjegy* | *di*·aak·yej |

| I'd like | … helyet | … he·yet |
| a/an … seat. | szeretnék. | se·ret·nayk |
| aisle | Folyosó felőli | faw·yaw·shāw fe·lēū·li |
| nonsmoking | Nemdohányzó | nem·daw·haan'·zāw |
| smoking | Dohányzó | daw·haan'·zāw |
| window | Ablak melletti | ob·lok mel·let·ti |

| I need a … | … kérek. | … kay·rek |
| 30-day pass | Harmincnapos bérletet | hor·mints·no·pawsh bayr·le·tet |
| block of 10 single tickets | Tízdarabos gyűjtőjegyet | teez·do·ro·bawsh dyēw·y·tēū·ye·dyet |
| block of 20 single tickets | Húszdarabos gyűjtőjegyet | hūs·do·ro·bawsh dyēw·y·tēū·ye·dyet |
| daily ticket | Napijegyet | no·pi·ye·dyet |
| fortnightly pass | Kétheti bérletet | kayt·he·ti bayr·le·tet |
| monthly pass | Havibérletet | ho·vi·bayr·le·tet |
| single ticket | Vonaljegyet | vaw·nol·ye·dyet |
| three-day tourist ticket | Háromnapos turistajegyet | haa·rawm·no·pawsh tu·rish·to·ye·dyet |
| weekly ticket | Hetijegyet | he·ti·ye·dyet |

### listen for …

| ez | ez | this one |
| kay·shik | késik | delayed |
| me·net·rend | menetrend | timetable |
| nem in·dul | nem indul | not running |
| oz | az | that one |
| straa·yk | sztrájk | strike |
| te·le von | tele van | full |
| teu·reul·ve | törölve | cancelled |
| u·to·zaa·shi ewj·neuk | utazási ügynök | travel agent |
| u·to·zaa·shi i·raw·do | utazási iroda | travel agency |
| vaa·gaan' | vágány | platform |
| yej·paynz·taar | jegypénztár | ticket window |

| Is there (a) ...? | Van ...? | von ... |
|---|---|---|
| air- | lég- | layg· |
| conditioning | kondicionálás | kawn·di·tsi·aw·naa·laash |
| blanket | takaró | to·ko·rāw |
| sick bag | hányózacskó | haa·nyāw·zoch·kāw |
| toilet | vécé | vay·tsay |

**Do I need to book?**
*Kell helyjegyet váltanom?*     kell *he*·ye·dyet *vaal*·ta·nawm

**How much is it?**
*Mennyibe kerül?*     men'·nyi·be *ke*·rewl

**How long does the trip take?**
*Mennyi ideig tart az út?*     men'·nyi *i*·de·ig tort oz űt

**Is it a direct route?**
*Ez közvetlen járat?*     ez *keuz*·vet·len *yaa*·rot

**Can I get a stand-by ticket?**
*Kaphatok egy*     *kop*·ho·tawk ej
*készenléti jegyet?*     *kay*·sen·lay·ti *ye*·dyet

**Can I get a sleeping berth?**
*Kaphatok egy fekvőhelyet?*     *kop*·ho·tawk ej *fek*·vēū·he·yet

**What time should I check in?**
*Mikor kell bejelentkeznem?*     *mi*·kawr kell*be*·ye·lent·kez·nem

| I'd like to ... my | Szeretném ... | se·ret·naym ... |
|---|---|---|
| ticket, please. | a jegyemet. | o ye·dye·met |
| cancel | törölni | teu·reul·ni |
| change | megváltoztatni | meg·vaal·tawz·tot·ni |
| confirm | megerősíteni | meg·e·rēū·shee·te·ni |

## luggage

**My luggage has been stolen.**
*Ellopták a*     el·lawp·taak o
*poggyászomat.*     pawd'·dyaa·saw·mot

**That's (not) mine.**
*Az (nem) az enyém.*     oz (nem) oz e·nyaym

| | | |
|---|---|---|
| kay·zi· pawd'·dyaas | *kézipoggyász* | **carry-on baggage** |
| pawd'·dyaas·tūl·shū·y | *poggyásztúlsúly* | **excess baggage** |

| | | |
|---|---|---|
| **Where can I find the ...?** | *Hol találom ...?* | hawl to·laa·lawm ... |
| baggage claim | *a poggyász-kiadót* | o pawd'·dyaas·ki·o·dāwt |
| left-luggage office | *a poggyász-megőrzőt* | o pawd'·dyaas·meg·ēūr·zēūt |
| **Where can I find a ...?** | *Hol találok egy ...?* | hawl to·laa·lawk ej ... |
| luggage locker | *poggyász-megőrző automatát* | pawd'·dyaas·meg·ēūr·zēū o·u·taw·mo·taat |
| trolley | *poggyász-kocsit* | pawd'·dyaas·kaw·chit |
| **My luggage has been ...** | *A poggyászom ...* | o pawd'·dyaa·sawm ... |
| damaged | *megsérült* | meg·shay·rewlt |
| lost | *elveszett* | el·ve·sett |
| **Can I have some ...?** | *Kaphatok néhány ...?* | kop·ho·tawk nay·haan'... |
| coins | *pénzérmét* | paynz·ayr·mayt |
| 20-forint coins | *húszforintost* | hūs·faw·rin·tawsht |
| 100-forint coins | *százforintost* | saaz·faw·rin·tawsht |

## plane

repülőgép

**At which gate does flight (BA15) arrive?**
*Hova érkezik a (BA tizenötös) számú járat?*
haw·vo ayr·ke·zik a (bay o ti·zen·eu·teush) saa·mū yaa·rot

**At which gate does flight (BA26) depart?**
*Honnan indul a (BA huszonhatos) számú járat?*
hawn·non in·dul a (bay o hu·sawn·ho·tawsh) saa·mū yaa·rot

transport

43

| | | |
|---|---|---|
| *aat*·saal·laash | *átszállás* | **transfer** |
| *be*·saal·*lāw*·kaar·tyo | *beszállókártya* | **boarding pass** |
| *tron*·zit | *tranzit* | **transit** |
| *üt*·le·vayl | *útlevél* | **passport** |

| **Where's (the) ...?** | *Hol van ...?* | hawl von ... |
|---|---|---|
| airport shuttle | *a repülőtéri busz* | o re·pew·lēū·tay·ri bus |
| arrivals hall | *az érkezési csarnok* | oz ayr·ke·zay·shi chor·nawk |
| departures hall | *az indulási csarnok* | oz in·du·laa·shi chor·nawk |
| duty-free shop | *a vámmentes üzlet* | o vaam·men·tesh ewz·let |
| gate (5) | *az (ötös) kapu* | oz (eu·teush) ko·pu |

## bus & coach

busz

**How often do buses come?**
*Milyen gyakran jönnek a buszok?*
mi·yen dyok·ron yeun·nek o bu·sawk

**Does it stop at (Visegrád)?**
*Megáll (Visegrád)on?*
meg·aall (vi·she·graad)·on

**What's the next stop?**
*Mi a következő megálló?*
mi o keu·vet·ke·zēū meg·aal·lāw

**I'd like to get off at (Visegrád).**
*(Visegrád)on szeretnék leszállni.*
(vi·she·graad)·on se·ret·nayk le·saall·ni

### transport etiquette

On public transport children, young people and men are supposed to vacate seats for old, disabled or sick people, pregnant women and women with small children. Public displays of affection between lovers are very common in Hungary and you'll notice that people often hug and kiss in the street or in the bus.

| | | |
|---|---|---|
| **city** a | *város* | *vaa·rawsh* |
| **departure bay** | *állás* | *aal·laash* |
| **inter-city** a | *városközi* | *vaa·rawsh·keu·zi* |
| **local** a | *helyi* | *he·yi* |
| **local bus station** | *helyi buszállamás* | *he·yi bus·aal·law·maash* |
| **long-distance** | *távolsági* | *taa·vawl·shaa·gi* |
| **bus station** | *autóbusz-* | *o·u·tāw·bus* |
| | *államás* | *aal·law·maash·* |
| **timetable display** | *menetrend* | *me·net·rend* |

# train

vonat

All trains are speedy in Hungary, though some are speedier than others... From fastest to slowest they are *expressz* (express), *gyorsvonat* (fast) and *sebesvonat* (swift).

**What station is this?**
*Ez milyen állomás?* ez *mi*·yen *aal*·law·maash

**What's the next station?**
*Mi a következő* mi o *keu*·vet·ke·zēū
*állomás?* *aal*·law·maash

**Do I need to change?**
*Át kell szállnom?* aat kell *saall*·nawm

| | | |
|---|---|---|
| **Is it ...?** | *Ez ... járat?* | ez ... *yaa*·rot |
| direct | *közvetlen* | *keuz*·vet·len |
| express | *expressz* | *eks*·press |

**Which carriage** *Melyik kocsi ...?* *me*·yik *kaw*·chi ...
**is (for) ...?**
  **(Eger)** *megy (Eger)be?* mej (*e*·ger)·be
  **1st class** *első osztályú* *el*·shēū *aws*·taa·yū

**Which carriage is for dining?**
*Melyik az étkezőkocsi?* *me*·yik oz *ayt*·ke·zēū·kaw·chi

## signs

| | | |
|---|---|---|
| *Érkező vonatok* | *ayr*·ke·zēū *vaw*·no·tawk | **Arrivals** |
| *Gőzmozdony* | *gēūz*·mawz·dawn' | **Steam Train** |
| *Gyorsvonat* | *dyorsh*·vaw·not | **Fast Train** |
| *Induló vonatok* | *in*·du·lāw *vaw*·no·tawk | **Departures** |
| *InterCity Expressz* | *in*·ter·si·ti *eks*·press | **Intercity Express** |
| *InterCity Gyors* | *in*·ter·si·ti dyorsh | **Intercity Rapid** |
| *Keskeny nyomtávú* | *kesh*·ken' *nyawm*·taa·vū | **Narrow-gauge** |
| *Sebesvonat* | *she*·besh·vaw·not | **Swift Train** |
| *Személyvonat* | *se*·may·vaw·not | **Passenger Train** |
| *Vágány* | *vaa*·gaan' | **Platform** |

PRACTICAL

46

# boat

hajó

**What's the lake like today?**
*Milyen ma a tó?*     mi·yen mo o tāw

**Are there life jackets?**
*Vannak mentőmellények?*     von·nok men·tēū·mel·lay·nyek

**I feel seasick.**
*Tengeribeteg vagyok.*     ten·ge·ri·be·teg vo·dyawk

# taxi

taxi

| I'd like | *Szeretnék egy* | se·ret·nayk ej |
|---|---|---|
| a taxi ... | *taxit ...* | tok·sit ... |
| at (9am) | *(reggel kilenc)re* | (reg·gel ki·lents)·re |
| now | *most* | mawsht |
| tomorrow | *holnapra* | hawl·nop·ro |

**Where's the taxi rank?**
*Hol a taxiállomás?*     hawl o tok·si·aal·law·maash

**Is this taxi available?**
*Szabad ez a taxi?*     so·bod ez o tok·si

**Please put the meter on.**
*Kérem, kapcsolja be*     kay·rem kop·chawl·yo be
*az órát.*     oz āw·raat

**How much is it to ...?**
*Mennyibe kerül ...ba?*     men'·nyi·be ke·rewl ...bo

**How much is the flag fall/hiring charge?**
*Mennyi az alapdíj?*     men'·nyi oz o·lop·dee·y

**Please take me to (this address).**
*Kérem, vigyen el*     kay·rem vi·dyen el
*(erre a címre).*     (er·re o tseem·re)

**How much is it?**
*Mennyit fizetek?*     men'·nyit fi·ze·tek

**That's too much.**
*Ez túl sok.*      ez tūl shawk

**I'll only give you (500) forints.**
*Csak (ötszáz) forintot*      chok (eut·saaz) faw·rin·tawt
*adok.*      o·dawk

| **Please ...** | *Kérem, ...* | *kay·rem ...* |
|---|---|---|
| **slow down** | *lassítson* | *losh·sheet·shawn* |
| **stop here** | *álljon meg itt* | *aall·yawn meg itt* |
| **wait here** | *várjon itt* | *vaar·yawn itt* |

## car & motorbike

autó és motor

### car & motorbike hire

| **I'd like to hire a/an ...** | *Szeretnék egy ... bérelni.* | *se·ret·nayk ej ... bay·rel·ni* |
|---|---|---|
| **4WD** | *négykerék- meghajtású autót* | *nayj·ke·rayk· meg·hoy·taa·shū o·u·tāwt* |
| **automatic** | *automata sebességváltós autót* | *o·u·taw·mo·to she·besh·shayg·vaal·tāwsh o·u·tāwt* |
| **manual** | *kézi sebességváltós autót* | *kay·zi she·besh·shayg·vaal·tāwsh o·u·tāwt* |
| **motorbike** | *motort* | *maw·tawrt* |

---

**listen for ...**

| | | |
|---|---|---|
| *in·dyen* | *ingyen* | **free** |
| *ki·law·may·ter* | *kilométer* | **kilometres** |
| *o·u·tāw·paa·yo· mot·ri·tso* | *autópálya- matrica* | **motorway pass** |
| *por·kaw·lāw·āw·ro* | *parkolóóra* | **parking meter** |
| *yaw·gaw·sheet·vaan'* | *jogosítvány* | **drivers licence** |

| with air-conditioning | *lég-kondicionálóval* | *layg·kawn·di·tsi·aw·naa·lāw·vol* |
|---|---|---|
| with a driver | *sofőrrel* | *shaw·fēūr·rel* |

| How much for ... hire? | *Mennyibe kerül a kölcsönzés ...?* | *men'·nyi·be ke·rewl o keul·cheun·zaysh ...* |
|---|---|---|
| daily | *egy napra* | ej *nop·ro* |
| weekly | *egy hétre* | ej *hayt·re* |

**Does that include insurance/mileage?**
| *Ebben benne van a biztosítás/ kilométerdíj?* | *eb·ben ben·ne von o biz·taw·shee·taash/ ki·law·may·ter·dee·y* |
|---|---|

**Do you have a road map?**
| *Van autóstérképük?* | von *o·u·tāwsh·tayr·kay·pewk* |
|---|---|

### signs

|  |  |  |
|---|---|---|
| *Autópálya kijárat* | *o·u·tāw·paa·yo ki·yaa·rot* | **Exit Freeway** |
| *Autópályadíj* | *o·u·tāw·paa·yo·dee·y* | **Toll** |
| *Behajtani tilos* | *be·ho·y·to·ni ti·lawsh* | **No Entry** |
| *Bejárat* | *be·yaa·rot* | **Entrance** |
| *Egyirányú* | *ej·i·raa·nyū* | **One-way** |
| *Elsőbbségadás kötelező* | *el·shēūbb·shayg·o·daash keu·te·le·zēū* | **Give Way** |
| *Fizető autópálya* | *fi·ze·tēū o·u·tāw·paa·yo* | **Toll Road** |
| *Körforgalom* | *keur·fawr·go·lawm* | **Roundabout** |
| *Megállni tilos* | *meg·aall·ni ti·lawsh* | **No Standing** |
| *Stop* | *shtawp* | **Stop** |
| *Terelőút* | *te·re·lēū·ūt* | **Detour** |
| *Útépítés* | *ūt·ay·pee·taysh* | **Road Work Ahead** |
| *Várakozni tilos* | *vaa·ro·kawz·ni ti·lawsh* | **No Parking** |
| *Vasúti átjáró* | *vosh·ū·ti aat·yaa·rāw* | **Railway Crossing** |

## on the road

Petrol in Hungary isn't usually categorised into 'leaded' and 'unleaded'. Both kinds are available, but normally you'll see *normál benzin nawr*·maal *ben*·zin (86-octane), *szuper su·*per (92-octane) and *extra ek*·stro (98-octane).

**What's the speed limit?**
*Mennyi a megengedett sebesség?*  men'·nyi o *meg*·en·ge·dett she·besh·shayg

**Is this the road to (Sopron)?**
*Ez az út vezet (Sopron)ba?*  ez oz üt *ve·*zet (*shawp*·rawn)·bo

**Where's a petrol station?**
*Hol van egy benzinkút?*  hawl von ej *ben*·zin·küt

**Please fill it up.**
*Kérem, töltse tele.*  kay·rem *teult·*she *te·*le

**I'd like … litres.**
*… litert kérek.*  … *li·*tert *kay·*rek

| | | |
|---|---|---|
| diesel | dízel | dee·zel |
| leaded | ólmozott | āwl·maw·zawtt |
| LPG | folyékony autógáz | faw·yay·kawn' o·u·tāw·gaaz |
| regular | normál | nawr·maal |
| premium unleaded | ólommentes szuper | āw·lawm·men·tesh su·per |
| unleaded | ólommentes | āw·lawm·men·tesh |

| Can you check the …? | Ellenőrizné …? | el·len·ēū·riz·nay … |
|---|---|---|
| oil | az olajat | oz aw·lo·yot |
| tyre pressure | a guminyomást | o gu·mi·nyo·maasht |
| water | a vizet | o vi·zet |

**(How long) Can I park here?**
*(Meddig) Parkolhatok itt?*  (med·dig) por·kawl·ho·tawk itt

**Do I have to pay?**
*Kell érte fizetni?*  kell ayr·te fi·zet·ni

# problems

**I need a mechanic.**
   *Szükségem van egy*     sewk·shay·gem von ej
   *autószerelőre.*     o·u·tāw·se·re·leū·re

**I've had an accident.**
   *Balesetem volt.*     bol·e·she·tem vawlt

**The car/motorbike has broken down (at Sopron).**
   *Az autó/motor*     oz o·u·tāw/maw·tawr
   *elromlott (Sopronnál).*     el·rawm·lawtt (shawp·rawn·naal)

**The car/motorbike won't start.**
   *Az autó/motor nem indul.*     oz o·u·tāw/maw·tawr nem in·dul

**I have a flat tyre.**
   *Defektem van.*     de·fek·tem von

**I've lost my car keys.**
   *Elvesztettem az*     el·ves·tet·tem oz
   *autókulcsaimat.*     o·u·tāw·kul·cho·i·mot

**I've locked the keys inside.**
   *Bezártam a kulcsokat*     be·zaar·tom o kul·chaw·kot
   *az autóba.*     oz o·u·tāw·bo

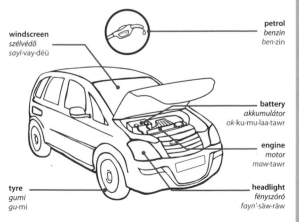

**petrol**
*benzin*
ben·zin

**windscreen**
*szélvédő*
sayl·vay·dēū

**battery**
*akkumulátor*
ok·ku·mu·laa·tawr

**engine**
*motor*
maw·tawr

**tyre**
*gumi*
gu·mi

**headlight**
*fényszóró*
fayn'·sāw·rāw

**I've run out of petrol.**
*Kifogyott a benzinem.*   *ki·*faw·dyawtt o *ben·*zi·nem

**Can you fix it (today)?**
*Meg tudja csinálni (ma)?*   meg *tud·*yo *chi·*naal·ni (mo)

**How long will it take?**
*Mennyi ideig tart?*   *men'·*nyi *i·*de·ig tort

# bicycle

bicikli

| | | |
|---|---|---|
| **I'd like to ...** | *Szeretnék ...* | *se·*ret·nayk ... |
| **buy a bicycle** | *venni egy biciklit* | *ven·*ni ej *bi·*tsik·lit |
| **hire a bicycle** | *biciklit bérelni* | *bi·*tsik·lit *bay·*rel·ni |
| | | |
| **I'd like a ... bike.** | *... szeretnék.* | *... se·*ret·nayk |
| **mountain** | *Hegyikerékpárt* | *he·*dyi·ke·rayk·paart |
| **racing** | *Versenybiciklit* | *ver·*shen'·bi·tsik·lit |
| **second-hand** | *Használt biciklit* | *hos·*naalt *bi·*tsik·lit |
| | | |
| **How much is** | *Mennyibe kerül* | *men'·*nyi·be *ke·*rewl |
| **it per ...?** | *egy ...?* | ej ... |
| **day** | *napra* | *nop·*ro |
| **hour** | *órára* | *āw·*raa·ro |

**Do I need a helmet?**
*Kell bukósisak?*   kell *bu·*kāw·shi·shok

**Are there bicycle paths?**
*Vannak bicikliutak?*   *von·*nok *bi·*tsik·li·u·tok

**Is there a bicycle-path map?**
*Van kerékpárút-térkép?*   von *ke·*rayk·paar·ūt·tayr·kayp

**I have a puncture.**
*Kilukadt a gumim.*   *ki·*lu·kott o *gu·*mim

**I'd like my bicycle repaired.**
*Szeretném megjavíttatni*   *se·*ret·naym *meg·*yo·veet·tot·ni
*a biciklimet.*   o *bi·*tsik·li·met

# border crossing

## border crossing

| I'm ... | ... vagyok. | ... vo·dyawk |
|---|---|---|
| in transit | Átutazóban | aat·u·to·zāw·bon |
| on business | Üzleti úton | ewz·le·ti ū·tawn |
| on holiday | Szabadságon | so·bod·shaa·gawn |

| I'm here for ... | ... vagyok itt. | ... vo·dyawk itt |
|---|---|---|
| (10) days | (Tíz) napig | (teez) no·pig |
| (two) months | (Két) hónapig | (kayt) hāw·no·pig |
| (three) weeks | (Három) hétig | (haa·rawm) hay·tig |

| I'd like | ... belépésre szóló | ... be·lay·paysh·re sāw·lāw |
|---|---|---|
| a ... visa. | vízumot szeretnék. | vee·zu·mawt se·ret·nayk |
| single-entry | Egyszeri | ej·se·ri |
| double-entry | Kétszeri | kayt·se·ri |
| multiple-entry | Többszöri | teubb·seu·ri |

**I'm going to (Szeged).**
(Szeged)re megyek.        (se·ged)·re me·dyek

**I'm staying at (the Gellért Hotel).**
A (Gellért)ben fogok lakni.        o (gel·layrt)·ben faw·gawk lok·ni

**The children are on this passport.**
A gyerekek ebben az        o dye·re·kek eb·ben oz
útlevélben vannak.        ūt·le·vayl·ben von·nok

### listen for ...

| chaw·pawrt | csoport | group |
|---|---|---|
| cho·laad | család | family |
| e·dye·dewl | egyedül | alone |
| ūt·le·vayl | útlevél | passport |
| vee·zum | vízum | visa |

border crossing

53

# at customs

**I have nothing to declare.**
*Nincs elvámolnivalóm.*　　　ninch el·vaa·mawl·ni·vo·lāwm

**I have something to declare.**
*Van valami*　　　　　　　　von vo·lo·mi
*elvámolnivalóm.*　　　　　　el·vaa·mawl·ni·vo·lāwm

**Do I have to declare this?**
*Ezt be kell jelentenem?*　　ezt be kell ye·len·te·nem

**That's (not) mine.**
*Az (nem) az enyém.*　　　　oz (nem) oz e·nyaym

**I didn't know I had to declare it.**
*Nem tudtam, hogy be*　　　nem tud·tom hawj be
*kell jelenteni.*　　　　　　kell ye·len·te·ni

| signs | | |
|---|---|---|
| *Bevándorlás* | be·vaan·dawr·laash | **Immigration** |
| *Karantén* | ko·ron·tayn | **Quarantine** |
| *Útlevélvizsgálat* | üt·le·vayl·vizh·gaa·lot | **Passport Control** |
| *Vám* | vaam | **Customs** |
| *Vámmentes* | vaam·men·tesh | **Duty-free** |

PRACTICAL

54

**Where's (the market)?**
*Hol van (a piac)?*  hawl von (o *pi*·ots)

**What's the address?**
*Mi a cím?*  mi o tseem

**How do I get there?**
*Hogyan jutok oda?*  *haw*·dyon *yu*·tawk *aw*·do

**How far is it?**
*Milyen messze van?*  *mi*·yen *mes*·se von

**Can you show me (on the map)?**
*Meg tudja mutatni nekem*  meg *tud*·yo *mu*·tot·ni *ne*·kem
*(a térképen)?*  (o *tayr*·kay·pen)

| Turn ... | *Forduljon ...* | *fawr*·dul·yawn ... |
|---|---|---|
| at the corner | *be a saroknál* | be o *sho*·rawk·naal |
| at the traffic | *be a közlekedési* | be o *keuz*·le·ke·day·shi |
| lights | *lámpánál* | *laam*·paa·naal |
| left/right | *balra/jobbra* | *bol*·ro/*yawbb*·ro |

| It's ... | *... van.* | ... von |
|---|---|---|
| behind ... | *... mögött* | ... *meu*·geutt |
| here | *itt* | itt |
| in front of ... | *... előtt* | ... e·*lēūtt* |
| near ... | *... közelében* | ... *keu*·ze·lay·ben |
| next to ... | *... mellett* | ... *mel*·lett |
| on the corner | *a sarkon* | o *shor*·kawn |
| opposite ... | *...val szemben* | ...vol *sem*·ben |
| straight | *egyenesen* | e·dye·ne·shen |
| ahead | *előttünk* | e·*lēūt*·tewnk |
| there | *ott* | ott |

### listen for ...

| | | |
|---|---|---|
| ... *ki*·law·may·ter | ... *kilométer* | ... **kilometres** |
| ... *may*·ter | ... *méter* | ... **metres** |
| ... perts | ... *perc* | ... **minutes** |

| north | észak | ay·sok |
| south | dél | dayl |
| east | kelet | ke·let |
| west | nyugat | nyu·got |

| by ... | | |
| bus | busszal | bus·sol |
| foot | gyalog | dyo·lawg |
| metro | metróval | met·rāw·vol |
| taxi | taxival | tok·si·vol |
| tram | villamossal | vil·lo·mawsh·shol |
| train | vonattal | vaw·not·tol |

| What ... is this? | Milyen ... ez? | mi·yen ... ez |
| avenue | fasor | fo·shawr |
| lane | köz | keuz |
| road | út | ūt |
| square | tér | tayr |
| street | utca | ut·tso |
| village | falu | fo·lu |

traffic lights
*közlekedési lámpa*
keuz·le·ke·day·shi laam·po

shop
*üzlet*
ewz·let

pedestrian crossing
*zebra*
zeb·ro

bus
*busz*
bus

intersection
*kereszteződés*
ke·res·te·zēū·daysh

corner
*sarok*
sho·rawk

taxi
*taxi*
tok·si

## finding accommodation

| Where's a …? | Hol van egy …? | hawl von ej … |
|---|---|---|
| camping ground | kemping | kem·ping |
| guesthouse | panzió | pon·zi·āw |
| hotel | szálloda | saal·law·do |
| room in a private home | fizetővendég-szoba | fi·ze·tēū·ven·dayg·saw·bo |
| university dormitory | egyetemi kollégium | e·dye·te·mi kawl·lay·gi·um |
| youth hostel | ifjúsági szálló | if·yū·shaa·gi saal·lāw |

| Can you recommend somewhere …? | Tud ajánlani egy … helyet? | tud o·yaan·lo·ni ej … he·yet |
|---|---|---|
| cheap | olcsó | awl·chāw |
| good | jó | yāw |
| luxurious | luxus | luk·sush |
| nearby | közeli | keu·ze·li |
| romantic | romantikus | raw·mon·ti·kush |

| What's the address? | Mi a cím? | mi o tseem |
|---|---|---|

For responses, see **directions**, page 55.

accommodation

# booking ahead & checking in

## előzetes szobafoglalás és bejelentkezés

| I'd like to book a ... room, please. | Szeretnék egy ... szobát foglalni. | se·ret·nayk ej ... saw·baat fawg·lol·ni |
|---|---|---|
| single | egyágyas | ej·aa·dyosh |
| double | duplaágyas | dup·lo·aa·dyosh |
| twin | kétágyas | kayt·aa·dyosh |
| triple | háromágyas | haa·rawm·aa·dyosh |

| How much is it per ...? | Mennyibe kerül egy ...? | men'·nyi·be ke·rewl ej ... |
|---|---|---|
| night | éjszakára | ay·so·kaa·ro |
| person | főre | feū·re |
| week | hétre | hayt·re |

**I have a reservation.**
*Van foglalásom.* — von *fawg*·lo·laa·shawm

**My name's ...**
*A nevem ...* — o *ne*·vem ...

**For (three) nights/weeks.**
*(Három) éjszakára/hétre.* — (*haa*·rawm) *ay*·so·kaa·ro/*hayt*·re

**From (July 2) to (July 6).**
*(Július kettő)től* — (*yū*·li·ush *ket*·tēū)·tēūl
*(július hat)ig.* — (*yū*·li·ush *hot*)·ig

**Can I see it?**
*Megnézhetem?* — *meg*·nayz·he·tem

**I'll take it.**
*Kiveszem.* — *ki*·ve·sem

**Do I need to pay upfront?**
*Előre kell fizetnem?* — e·lēū·re kell *fi*·zet·nem

---

### listen for ...

| | | |
|---|---|---|
| haan' *ay*·so·kaa·ro | *Hány éjszakára?* | **How many nights?** |
| kulch | *kulcs* | **key** |
| *te*·le | *tele* | **full** |
| ūt·le·vayl | *útlevél* | **passport** |

PRACTICAL

58

| Can I pay by ...? | Fizethetek ...? | fi·zet·he·tek ... |
|---|---|---|
| credit card | hitelkártyával | hi·tel·kaar·tyaa·vol |
| travellers cheque | utazási csekkel | u·to·zaa·shi chek·kel |

For other methods of payment, see **shopping**, page 68.

## requests & queries

kérések és kérdések

**When/Where is breakfast served?**
| | | |
|---|---|---|
| Mikor/Hol van a reggeli? | mi·kawr/hawl von o reg·ge·li |

**Please wake me at (seven).**
| | |
|---|---|
| Kérem, ébresszen fel | kay·rem ayb·res·sen fel |
| (hét)kor. | (hayt)·kawr |

| Can I use the ...? | Használhatom a ...? | hos·naal·ho·tawm o ... |
|---|---|---|
| kitchen | konyhát | kawn'·haat |
| laundry | mosodát | maw·shaw·daat |
| telephone | telefont | te·le·fawnt |
| washing machine | mosógépet | maw·shāw·gay·pet |

| Do you have a/an ...? | Van Önöknél ...? | von eu·neuk·nayl ... |
|---|---|---|
| elevator | lift | lift |
| message board | hirdetőtábla | hir·de·tēū·taab·lo |
| safe | széf | sayf |
| swimming pool | uszoda | u·saw·do |

### signs

| | | |
|---|---|---|
| Fürdőszoba | fewr·dēū·saw·bo | **Bathroom** |
| Minden szoba foglalt. | min·den saw·bo fawg·lolt | **No Vacancy** |
| Szoba kiadó. | saw·bo ki·o·dāw | **Private Room** |
| Van üres szoba. | von ew·resh saw·bo | **Vacancy** |

accommodation

| Do you ... here? | Önök ...? | eu·neuk ... |
| --- | --- | --- |
| arrange tours | szerveznek | ser·vez·nek |
| | itt túrákat | itt tū·raa·kot |
| change money | váltanak itt | vaal·to·nok itt |
| | pénzt | paynzt |
| Could I have | Kaphatnék | kop·hot·nayk |
| a/an ..., please? | egy ..., kérem? | ej ... kay·rem |
| mosquito net | szúnyoghálót | sū·nyawg·haa·lāwt |
| receipt | nyugtát | nyug·taat |
| official receipt | ÁFÁ-s | aa·faash |
| with VAT | számlát | saam·laat |

**Do you have a laundry service?**
Lehet Önöknél     *le·het eu·neuk·nayl*
mosatni?     *maw·shot·ni*

**Can I get another (blanket)?**
Kaphatok egy másik     *kop·ho·tawk ej maa·shik*
(takaró)t?     *(to·ko·rāw)t*

**Could I have my key, please?**
Megkaphatnám a     *meg·kop·hot·naam o*
kulcsomat, kérem?     *kul·chaw·mot kay·rem*

**Is there a message for me?**
Van számomra     *von saa·mawm·ro*
valami üzenet?     *vo·lo·mi ew·ze·net*

**Can I leave a message for someone?**
Hagyhatok üzenetet     *hoj·ho·tawk ew·ze·ne·tet*
valakinek?     *vo·lo·ki·nek*

**I'm locked out of my room.**
Kizártam magam a     *ki·zaar·tom mo·gom o*
szobámból.     *saw·baam·bāwl*

## a knock at the door ...

**Who is it?**
*Ki az?*                          ki oz

**Just a moment.**
*Egy pillanat.*                   ej *pil*·lo·not

**Come in.**
*Jöjjön be.*                      *yeu*·y·yeun be

**Come back later, please.**
*Kérem, jöjjön vissza*            kay·rem *yeu*·y·yeun *vis*·so
*később.*                         kay·shēūbb

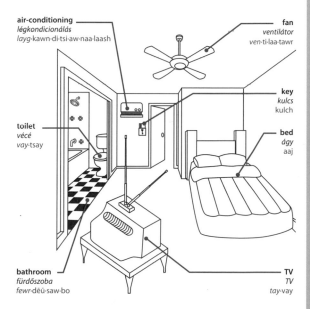

**air-conditioning**
*légkondicionálás*
layg·kawn·di·tsi·aw·naa·laash

**fan**
*ventilátor*
ven·ti·laa·tawr

**toilet**
*vécé*
*vay*·tsay

**key**
*kulcs*
kulch

**bed**
*ágy*
aaj

**bathroom**
*fürdőszoba*
fewr·dēū·saw·bo

**TV**
*TV*
tay·vay

# complaints

**This (pillow) isn't clean.**
*Ez a (párna) nem tiszta.*     ez o (*paar*·no) nem *tis*·to

| It's too … | *Túl …* | tūl … |
|---|---|---|
| bright | *világos* | *vi*·laa·gawsh |
| cold | *hideg* | *hi*·deg |
| dark | *sötét* | *sheu*·tayt |
| expensive | *drága* | *draa*·go |
| noisy | *zajos* | *zo*·yawsh |
| small | *kicsi* | *ki*·chi |

| The … doesn't work. | *A … nem működik.* | o … nem *mēw*·keu·dik |
|---|---|---|
| air-conditioning | *lég-kondicionáló* | *layg*·kawn·di·tsi·aw·naa·lāw |
| fan | *ventilátor* | *ven*·ti·laa·tawr |
| toilet | *vécé* | *vay*·tsay |

# checking out

**What time is checkout?**
*Mikor kell kijelentkezni?*     *mi*·kawr kell *ki*·ye·lent·kez·ni

**Can I have a late checkout?**
*Kijelentkezhetek*     *ki*·ye·lent·kez·he·tek
*később is?*     *kay*·shēūbb ish

**Can you call a taxi for me (for 11 o'clock)?**
*Tud hívni nekem egy taxit*     tud *heev*·ni *ne*·kem ej *tok*·sit
*(tizenegy órára)?*     (*ti*·zen·ej *āw*·raa·ro)

**I'm leaving now.**
*Most elutazom.*     mawsht *el*·u·to·zawm

**Can I leave my bags here?**
*Itt hagyhatom a*     itt *hoj*·ho·tawm o
*csomagjaimat?*     *chaw*·mog·yo·i·mot

**There's a mistake in the bill.**
*Valami nem stimmel
a számlával.*
vo·lo·mi nem *shtim*·mel
o *saam*·laa·vol

**This is too expensive.**
*Ez túl sok.*
ez tūl shawk

**I didn't have anything from the minibar.**
*Nem ittam semmit
a minibárból.*
nem *it*·tom·*shem*·mit
o *mi*·ni·baar·bāwl

**I didn't call (Australia).**
*Nem hívtam fel
(Ausztráliá)t.*
nem *heev*·tom fel
(o·ust·raa·li·aa)t

**I didn't use the phone.**
*Nem telefonáltam.*
nem *te*·le·faw·naal·tom

| | | |
|---|---|---|
| **Could I have my ..., please?** | *Visszakaphatnám ..., kérem?* | vis·so·kop·hot·naam ... *kay*·rem |
| deposit | *a letétemet* | o *le*·tay·te·met |
| passport | *az útlevelemet* | oz ūt·le·ve·le·met |
| valuables | *az értékeimet* | oz *ayr*·tay·ke·i·met |
| **I'll be back ...** | *... visszajövök.* | ... *vis*·so·yeu·veuk |
| in (three) days | *(Három) nap múlva* | (*haa*·rawm) nop mūl·vo |
| on (Tuesday) | *(Kedd)en* | (*ked*)·en |

**I had a great stay, thank you.**
*Nagyon jól éreztem
magam, köszönöm.*
no·dyawn yāwl ay·rez·tem
mo·gom keu·seu·neum

**I'll recommend it to my friends.**
*Ajánlani fogom a
barátaimnak.*
o·yaan·lo·ni *faw*·gawm o
bo·raa·to·im·nok

# camping

| Do you have (a) ...? | *Van Önöknél ...?* | von *eu*·neuk·nayl ... |
|---|---|---|
| bungalow/cabin | *faház* | fo·haaz |
| caravan | *lakókocsi* | lo·kāw·kaw·chi |
| electricity | *villany* | vil·lon' |
| hot water | *meleg víz* | me·leg veez |
| laundry | *mosoda* | maw·shaw·do |
| shower facilities | *zuhanyozó* | zu·ho·nyaw·zāw |
| site | *hely* | he·y |
| tents for hire | *bérelhető sátor* | bay·rel·he·tēū shaa·tawr |

| How much is it per ...? | *Mennyibe kerül ...?* | men'·nyi·be ke·rewl ... |
|---|---|---|
| caravan | *lakókocsinként* | lo·kāw·kaw·chin·kaynt |
| person | *személyenként* | se·may·yen·kaynt |
| tent | *sátranként* | shaat·ron·kaynt |
| vehicle | *járművenként* | yaar·mēw·ven·kaynt |

**Can I camp here?**
*Táborozhatok itt?*   taa·baw·rawz·ho·tawk itt

**Can I park next to my tent?**
*Parkolhatok a sátram mellett?*   por·kawl·ho·tawk o *shaat*·rom mel·lett

**Who do I ask to stay here?**
*Kitől kell megkérdeznem, hogy ittmaradhatok-e?*   ki·tēūl kell meg·kayr·dez·nem hawj itt·mo·rod·ho·tawk·e

**Is the water drinkable?**
*Iható a víz?*   i·ho·tāw o veez

**Is it coin-operated?**
*Pénzérmével működik?*   paynz·ayr·may·vel mēw·keu·dik

**Could I borrow a ...?**
*Kölcsönkérhetnék egy ...?*   keul·cheun·kayr·het·nayk ej ...

For other camping phrases, see **outdoors**, page 153.

# renting

**bérlés**

| | | |
|---|---|---|
| I'm here about the ... for rent. | A kiadó ... miatt vagyok itt. | o ki·o·dāw ... mi·ott vo·dyawk itt |
| Do you have a/an ... for rent? | Van Önöknél kiadó ...? | von eu·neuk·nayl ki·o·dāw ... |
| apartment | lakás | lo·kaash |
| bungalow/cabin | faház | fo·haaz |
| house | ház | haaz |
| room | szoba | saw·bo |
| villa | villa | vil·lo |
| furnished | bútorozott | bū·taw·raw·zawtt |
| partly furnished | részben bútorozott | rays·ben bū·taw·raw·zawtt |
| unfurnished | bútorozatlan | bū·taw·raw·zot·lon |

# staying with locals

**helyieknél lakva**

**Can I stay at your place?**
*Lakhatok Önnél?* pol — lok·ho·tawk eun·nayl
*Lakhatok nálad?* inf — lok·ho·tawk naa·lod

**Is there anything I can do to help?**
*Van bármi, amiben segíthetek?* — von baar·mi o·mi·ben she·geet·he·tek

| I have my own ... | Van saját ... | von sho·yaat ... |
|---|---|---|
| mattress | matracom | mot·ro·tsawm |
| sleeping bag | hálózsákom | haa·lāw·zhaa·kawm |
| towel | törülközőm | teu·rewl·keu·zēūm |

accommodation

65

**Can I do the dishes?**
    *Elmosogathatok?*                 el·maw·shaw·got·ho·tawk

**Can I set/clear the table?**
    *Megteríthetem/*               meg·te·reet·he·tem/
    *Leszedhetem az asztalt?*    le·sed·he·tem oz os·tolt

**Can I take out the rubbish?**
    *Kivihetem a szemetet?*       ki·vi·he·tem o se·me·tet

**Thanks for your hospitality.**
    *Köszönöm a*                    keu·seu·neum o
    *vendéglátást.*                 ven·dayg·laa·taasht

If you're dining with your hosts, see **eating out**, page 157, for additional phrases.

---

### dining etiquette

Traditionally, a Hungarian meal begins with the guest of honour saying *Jó étvágyat!* yāw ayt·vaa·dyot (I wish you bon appétit) and ends with the guests thanking the host for the meal. The hostess will wish her guests a hearty appetite at the start of each course, though you shouldn't start eating until she does. You'll probably be offered seconds, but it's also acceptable to ask for a second helping yourself. Hospitality is generally measured by the amount and variety of food served, so sample everything that your hosts have prepared.

Don't rest your elbows on the table as you eat, but do keep your hands visible at all times. If you're taking a break between those hearty Hungarian dishes, show that you're still eating by crossing your knife and fork across your plate. Once you've finished, lay your cutlery on the right side of your plate.

Take care when you make the most accepted Hungarian toast *Egészségedre!* e·gays·shay·ged·re. It literally means 'to your health', but if you mispronounce it the way English speakers often do you could wind up saying 'to your arse'. Ask a Hungarian for advice on pronunciation.

## looking for ...

| Where's ...? | *Hol van ...?* | hawl von ... |
|---|---|---|
| a department store | *egy áruház* | ej *aa*·ru·haaz |
| the market | *a piac* | o *pi*·ots |
| a shopping centre | *egy bevásárló-központ* | ej *be*·vaa·shaar·lāw·keuz·pawnt |
| a supermarket | *egy élelmiszer-áruház* | ej *ay*·lel·mi·ser·aa·ru·haaz |

**Where can I buy (a padlock)?**
*Hol tudok venni (egy lakatot)?*
hawl *tu*·dawk *ven*·ni (ej *lo*·ko·tawt)

For phrases on directions, see **directions**, page 55.
For more shops and services, see the **dictionary**.

## making a purchase

**I'm just looking.**
*Csak nézegetek.*
chok *nay*·ze·ge·tek

**I'd like to buy (an adaptor plug).**
*Szeretnék venni (egy adapter dugót).*
se·ret·nayk *ven*·ni (ej o·*dop*·ter *du*·gāwt)

**How much is it?**
*Mennyibe kerül?*
men'·nyi·be *ke*·rewl

**Could you write down the price?**
*Le tudná írni az árat?*
le *tud*·naa *eer*·ni oz *aa*·rot

**Do you have any others?**
*Van másmilyen is?* von *maash*·mi·yen ish

**Can I look at it?**
*Megnézhetem?* *meg*·nayz·he·tem

**Could I have it wrapped?**
*Be lehetne csomagolni?* be le·het·ne *chaw*·mo·gawl·ni

**Does it have a guarantee?**
*Van rajta garancia?* von *ro*·y·to *go*·ron·tsi·o

**Can I have it sent abroad?**
*El lehet küldetni külföldre?* el le·het *kewl*·det·ni *kewl*·feuld·re

**Can you order it for me?**
*Meg tudja rendelni nekem?* meg *tud*·yo *ren*·del·ni *ne*·kem

| | | |
|---|---|---|
| **Do you accept …?** | *Elfogadnak …?* | el·faw·god·nok … |
| credit cards | *hitelkártyát* | *hi*·tel·kaar·tyaat |
| debit cards | *bankkártyát* | *bonk*·kaar·tyaat |
| travellers cheques | *utazási csekket* | *u*·to·zaa·shi chek·ket |
| **Could I have a …, please?** | *Kaphatnék egy …, kérem?* | *kop*·hot·nayk ej … *kay*·rem |
| bag | *zacskót* | *zoch*·kawt |
| receipt | *nyugtát* | *nyug*·taat |
| **I'd like …, please.** | *Szeretném …, kérem.* | *se*·ret·naym … *kay*·rem |
| my change | *megkapni a visszajáró pénzt* | *meg*·kop·ni o vis·so·yaa·rāw paynzt |
| to return this | *visszaadni ezt* | *vis*·so·od·ni ezt |

### local talk

| | | |
|---|---|---|
| bargain | *olcsó vétel* | *awl*·chāw vay·tel |
| rip-off | *rablás* | *rob*·laash |
| sale | *árleszállítás* | *aar*·le·saal·lee·taash |
| specials | *kedvezményes áron adott áruk* | *ked*·vez·may·nyesh *aa*·rawn o·dawtt *aa*·ruk |

PRACTICAL

**Can I pick it up later?**
*Bejöhetek érte később?*     be·yeu·he·tek *ayr*·te *kay*·shēübb

**It's faulty.**
*Hibás.*     hi·baash

**I'd like a refund, please.**
*Vissza szeretném kapni a*     *vis*·so se·ret·naym *kop*·ni o
*pénzemet, kérem.*     *payn*·ze·met *kay*·rem

# bargaining

alkudozás

**That's too expensive.**
*Ez túl drága.*     ez tūl *draa*·go

**Do you have something cheaper?**
*Van valami olcsóbb?*     von vo·lo·ml *awl*·chãwbb

**I'll give you (500 forints).**
*Adok Önnek (ötszáz*     o·dawk eun·nek (*eut*·saaz
*forintot).*     *faw*·rin·tawt)

# clothes

ruhák

| **My size is …** | *A méretem …* | o *may*·re·tem … |
|---|---|---|
| **(40)** | *(negyvenes)* | (*nej*·ve·nesh) |
| **large** | *nagy* | noj |
| **medium** | *közepes* | *keu*·ze·pesh |
| **small** | *kicsi* | *ki*·chi |

**Can I try it on?**
*Felpróbálhatom?*     fel·prāw·baal·ho·tawm

**It doesn't fit.**
*Nem jó.*     nem yāw

For clothing items, see the **dictionary**.

# repairs

| Can I have my ... repaired here? | Megjavíttat-hatnám itt ...? | meg·yo·veet·tot·hot·naam itt ... |
|---|---|---|
| bag | a táskámat | o taash·kaa·mot |
| camera | a fényképező-gépemet | o fayn'·kay·pe·zēū·gay·pe·met |
| shoes | a cipőmet | o tsi·pēū·met |
| suitcase | a bőröndömet | o bēū·reun·deu·met |
| watch | az órámat | oz āw·raa·mot |
| When will my ... be ready? | Mikor lesz kész a ...? | mi·kawr les kays o ... |
| backpack | hátizsákom | haa·ti·zhaa·kawm |
| camera | fényképező-gépem | fayn'·kay·pe·zēū·gay·pem |
| glasses | szemüvegem | se·mew·ve·gem |
| shoes | cipőm | tsi·pēūm |
| sunglasses | napszemüvegem | nop·se·mew·ve·gem |

# hairdressing

| I'd like (a) ... | Szeretnék egy ... | se·ret·nayk ej ... |
|---|---|---|
| blow wave | mosást és szárítást | maw·shaasht aysh saa·ree·taasht |
| colour | hajfestést | hoy·fesh·taysht |
| haircut | hajvágást | hoy·vaa·gaasht |
| my beard trimmed | szakálligazítást | so·kaall·i·go·zee·taasht |
| shave | borotválást | baw·rawt·vaa·laasht |
| trim | igazítást | i·go·zee·taasht |

**Don't cut it too short.**
*Ne vágja túl rövidre.*
ne *vaag*·yo tūl *reu*·vid·re

**Please use a new blade.**
*Kérem, használjon*
*új pengét.*
*kay*·rem *hos*·naal·yawn
ū·y pen·gayt

**Shave it all off!**
*Borotválja le az egészet!*
*baw*·rawt·vaal·yo le oz e·gay·set

**I don't want this!**
*Ezt nem kérem!*
ezt nem *kay*·rem

# books & reading

**Do you have ...?**       *Van ...?*                von ...
    a book by              *könyvük*                 *keun'*·vewk
    (György                *(Moldova*               (*mawl*·daw·vo
    Moldova)               *Györgytől)*              *dyeurj*·tēūl)
    an entertainment       *program-*               *prawg*·rom·
    guide                  *füzetük*                 few·ze·tewk
    a *PestiEst*           *Pesti Estjük*           *pesh*·ti *esht*·yewk

**Is there an English-**   *Van valahol egy*        von *vo*·lo·hawl ej
**language ...?**          *angol nyelvű ...?*      *on*·gawl *nyel*·vēw ...
    bookshop              *könyvesbolt*             *keun'*·vesh·bawlt
    section               *részleg*                 *rays*·leg

---

### pestiest & pesti műsor

A *PestiEst* *pesh*·ti·esht is your best source of information
about what's going on in Budapest. It's published weekly,
and you can pick it up for free in bars, cinemas and fast-food
places. You can also buy the *Pesti Műsor* *pesh*·ti *mēw*·shawr
from newsstands. It's a more comprehensive guide, cover-
ing everything from art exhibitions to dance clubs.

| I'd like a ... | Szeretnék egy ... | se·ret·nayk ej ... |
|---|---|---|
| **dictionary** | *szótárt* | *sāw·taart* |
| **newspaper** | *(angol)* | *(on·gawl)* |
| **(in English)** | *újságot* | *ūy·shaa·gawt* |
| **notepad** | *jegyzetfüzetet* | *yej·zet·few·ze·tet* |

**Could you recommend a book for me?**
*Tudna ajánlani nekem*      tud·no o·yaan·lo·ni *ne*·kem
*egy könyvet?*      ej *keun'*·vet

**Do you have Lonely Planet guidebooks?**
*Vannak Lonely Planet*      von·nok *lāwn*·li *plo*·net
*útikönyveik?*      ū·ti·keun'·ve·ik

## music

**I'm looking for something by (Zsuzsa Koncz).**
*(Koncz Zsuzsá)tól*      (konts *zhu*·zhaa)·tāwl
*keresek valamit.*      ke·re·shek *vo*·lo·mit

**What's their best recording?**
*Melyik a legjobb*      me·yik o *leg*·yawbb
*lemezük?*      *le*·me·zewk

**Can I listen to this?**
*Meghallgathatom ezt?*      meg·holl·got·ho·tawm ezt

### listen for ...

| | |
|---|---|
| she·*geet*·he·tek *Segíthetek?* | **Can I help you?** |
| *vo*·lo·mi maasht *Valami mást?* | **Anything else?** |
| nem *sho*·y·nawsh ninch *Nem, sajnos nincs.* | **Sorry, we don't have any.** |

# photography

| I need ... film. | ... filmet szeretnék. | ... fil·met se·ret·nayk |
|---|---|---|
| APS | APS | o·pay·esh |
| B&W | fekete-fehér | fe·ke·te·fe·hayr |
| colour | színes | see·nesh |
| slide | dia | di·o |

**Can you load my film?**
*Bele tudják tenni a filmet*   be·le tud·yaak ten·ni o fil·met
*a gépembe?*   o gay·pem·be

**Can you develop this film?**
*Elő tudják hívni ezt a filmet?*   e·lēū tud·yaak heev·ni ezt o fil·met

**Can you develop digital photos?**
*Elő tudnak hívni*   e·lēū tud·nok heev·ni
*digitális fényképeket?*   di·gi·taa·lish fayn'·kay·pe·ket

**When will it be ready?**
*Mikor lesz kész?*   mi·kawr les kays

**I need (200) speed film.**
*(Kétszáz)as*   (kayt·saaz)·osh
*fényérzékenységű*   fayn'·ayr·zay·ken'·shay·gēw
*filmet szeretnék.*   fil·met se·ret·nayk

**I need a passport photo taken.**
*Útlevélképet szeretnék*   ūt·le·vayl·kay·pet se·ret·nayk
*csináltatni.*   chi·naal·tot·ni

**Can you recharge the battery for my digital camera?**
*Fel tudják tölteni*   fel tud·yaak teul·te·ni
*a digitális fényképező-*   o di·gi·taa·lish fayn'·kay·pe·zēū-
*gépem elemét?*   gay·pem e·le·mayt

**Can you transfer photos from my camera to CD?**
*Át tudják vinni a képeket*   aat tud·yaak vin·ni o kay·pe·ket
*a fényképezőgépemről*   o fayn'·kay·pe·zēū·gay·pem·rēül
*CD-re?*   tsay·day·re

**Do you sell memory cards for this camera?**
> Árulnak
> memóriakártyát ehhez
> a fényképezőgéphez?

> aa·rul·nok
> me·māw·ri·o·kaar·tyaat *eh·*hez
> o fayn'·kay·pe·zēū·gayp·hez

**Do you sell batteries for this camera?**
> Árulnak elemet ehhez
> a fényképezőgéphez?

> aa·rul·nok e·le·met *eh·*hez
> o fayn'·kay·pe·zēū·gayp·hez

**I need a cable to connect my camera to a computer.**
> Szükségem van egy
> vezetékre, hogy hozzá
> tudjam kapcsolni a
> fényképezőgépemet
> egy komputerhez.

> sewk·shay·gem von ej
> ve·ze·tayk·re hawj *hawz·*zaa
> tud·yom kop·chawl·ni o
> fayn'·kay·pe·zēū·gay·pe·met
> ej kawmp·yū·ter·hez

**I need a cable to recharge this battery.**
> Szükségem van egy
> vezetékre, hogy fel tudjam
> tölteni ezt az elemet.

> sewk·shay·gem von ej
> ve·ze·tayk·re hawj fel *tud·*yom
> teul·te·ni ezt oz e·le·met

**I'm not happy with these photos.**
> Nem tetszenek ezek a képek.

> nem *tet·*se·nek e·zek o *kay·*pek

**I don't want to pay the full price.**
> Nem akarom kifizetni a
> teljes árat.

> nem o·ko·rawm ki·fi·zet·ni o
> *tel·*yesh aa·rot

---

### souvenirs

Traditional Hungarian items that make great gifts include
wooden toys and boxes, *matyó* dolls dressed in folk cos-
tumes, lace and wine.

| I'd like to buy ... | ... szeretnék venni. | ... se·ret·nayk ven·ni |
|---|---|---|
| a carved | Faragott | fo·ro·gawtt |
|   chess set | sakk-készletet | shokk·kays·le·tet |
| a carved | Faragott | fo·ro·gawtt |
|   wooden box | fadobozt | fo·daw·bawzt |
| good Hungarian | Jó magyar | yāw mo·dyor |
|   wine | bort | bawrt |
| lace cover | Csipketerítőt | chip·ke·te·ree·tēūt |
| a *matyó* doll | Matyó babát | mo·tyāw bo·baat |

## post office

postahivatal

| I want to send a ... | ... szeretnék küldeni. | ... se·ret·nayk kewl·de·ni |
|---|---|---|
| fax | Faxot | fok·sawt |
| letter | Levelet | le·ve·let |
| parcel | Csomagot | chaw·mo·gawt |
| postcard | Képeslapot | kay·pesh·lo·pawt |

| I want to buy a/an... | ... szeretnék venni. | ... se·ret·nayk ven·ni |
|---|---|---|
| airmail envelope | Légipostai borítékot | lay·gi·pawsh·to·i baw·ree·tay·kawt |
| ordinary envelope | Sima borítékot | shi·mo baw·ree·tay·kawt |
| stamp | Bélyeget | bay·ye·get |

**Please send it by air/surface mail to (Australia).**
*Kérem, küldje légipostán/simán (Ausztráliá)ba.*
kay·rem kewld·ye lay·gi·pawsh·taan/shi·maan (o·ust·raa·li·aa)·bo

**It contains (souvenirs).**
*(Emléktárgyak) vannak benne.*
(em·layk·taar·dyok) von·nok ben·ne

### listen for ...

itt *eer·yo o·laa*
*Itt írja alá.*
**Sign here, please.**

*od·yo i·de oz üt·le·ve·layt*
*Adja ide az útlevelét.*
**Your passport, please.**

| customs declaration | vámnyilatkozat | vaam·nyi·lot·kaw·zot |
| domestic | belföldi | bel·feul·di |
| envelope | boríték | baw·ree·tayk |
| fragile | törékeny | teu·ray·ken' |
| international | nemzetközi | nem·zet·keu·zi |
| mail | posta | pawsh·to |
| mailbox | postaláda | pawsh·to·laa·do |
| PO box | postafiók | pawsh·to·fi·āwk |
| postcode | postai | pawsh·to·i |
| | irányítószám | i·raa·nyee·tāw·saam |

**Where's the poste restante section?**

| Hol a poste restante | hawl o pawst res·tont |
| részleg? | rays·leg |

**I want to rent a PO box.**

| Postafiókot | pawsh·to·fi·āw·kawt |
| szeretnék bérelni. | se·ret·nayk bay·rel·ni |

**Is there any mail for me?**

| Van levelem? | von le·ve·lem |

### snail mail

| airmail | légiposta | lay·gi·pawsh·to |
| express mail | expressz | eks·press |
| registered mail | ajánlott | o·yaan·lawtt |
| sea mail | hajóval | ho·yāw·vol |
| | szállított posta | saal·lee·tawtt pawsh·to |
| surface mail | szárazföldön | saa·roz·feul·deun |
| | szállított posta | saal·lee·tawtt pawsh·to |

# phone

**What's your phone number?**

| | |
|---|---|
| *Mi a telefonszáma?* pol | mi o *te*·le·fawn·saa·ma |
| *Mi a telefonszámod?* inf | mi o *te*·le·fawn·saa·mawd |

**Where's the nearest public phone?**

| | |
|---|---|
| *Hol a legközelebbi* | hawl o *leg*·keu·ze·leb·bi |
| *nyilvános telefon?* | nyil·vaa·nawsh *te*·le·fawn |

**Do you have a phone book?**

| | |
|---|---|
| *Van telefonkönyvük?* | von *te*·le·fawn·keun'·vewk |

| I want to ... | *Szeretnék ...* | *se*·ret·nayk ... |
|---|---|---|
| buy a phonecard | *telefonkártyát venni* | *te*·le·fawn·kaar·tyaat *ven*·ni |
| call (Singapore) | *(Szingapúr)ba telefonálni* | *(sin*·go·pūr)·bo *te*·le·faw·naal·ni |
| make a (local) call | *(helyi) telefonbeszélgetést folytatni* | *(he*·yi) *te*·le·fawn·be·sayl·ge·taysht *faw*·y·tot·ni |
| speak for (three) minutes | *(három) percig beszélni* | *(haa*·rawm) *per*·tsig be·sayl·ni |

| How much does ... cost? | *Mennyibe kerül ...?* | *men'*·nyi·be *ke*·rewl ... |
|---|---|---|
| a (three)-minute call | *egy (három)perces beszélgetés* | ej *(haa*·rawm)·per·tsesh be·sayl·ge·taysh |
| each extra minute | *minden további perc* | *min*·den *taw*·vaab·bi perts |

**I want to make a collect/reverse-charge call.**

| | |
|---|---|
| *'R' beszélgetést* | *er*·be·sayl·ge·taysht |
| *szeretnék kérni.* | *se*·ret·nayk *kayr*·ni |

**The number is ...**

| | |
|---|---|
| *A szám ...* | o saam ... |

**What's the code for (New Zealand)?**

| | |
|---|---|
| *Mi (Új-Zéland) hívószáma?* | mi *(ūy*·zay·lond) *hee*·vāw·saa·mo |

communications

77

**It's engaged.**
*Foglalt.*                          fawg·lolt

**The connection's bad.**
*Rossz az összeköttetés.*            rawss oz eus·se·keut·te·taysh

**I've been cut off.**
*Megszakadt a*                       meg·so·kott o
*beszélgetés.*                       be·sayl·ge·taysh

**Hello.**
*Halló!*                             hol·lāw

**Can I speak to …?**
*Beszélhetek …val?*                  be·sayl·he·tek …·vol

**It's …**
*… vagyok.*                          … vo·dyawk

**Is … there?**
*… ott van?*                         … awtt von

**Can I leave a message?**
*Hagyhatok egy üzenetet?*            hoj·ho·tawk ej ew·ze·ne·tet

---

### listen for …

ej *pil*·lo·not
  *Egy pillanat.*              **One moment.**

ki *be*·sayl
  *Ki beszél?*                 **Who's calling?**

*ki*·vel o·kor be·sayl·ni
  *Kivel akar beszélni?*       **Who do you want to speak to?**

ninch itt
  *Nincs itt.*                 **He/She isn't here.**

ninch *itt*·hawn
  *Nincs itthon.*              **He/She isn't home.**

ninch bent
  *Nincs bent.*                **He/She isn't at work.**

*tay*·vesh
  *Téves.*                     **Wrong number.**

**Please tell him/her I called.**
*Kérem, mondja meg neki,*    kay·rem *mawnd*·yo meg *ne*·ki
*hogy hívtam.*    hawj *heev*·tom

**My number is …**
*A telefonszámom …*    o te·le·fawn·saa·mawm …

**I don't have a contact number.**
*Nincs telefonom.*    ninch te·le·faw·nawm

**I'll call back later.**
*Később visszahívom.*    kay·shēūbb *vis*·so·hee·vawm

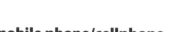

## mobile phone/cellphone

mobiltelefon

| | | |
|---|---|---|
| **I'd like a …** | *Szeretnék egy …* | se·ret·nayk ej … |
| **charger for** | *töltőt a* | *teul*·tēūt o |
| **my phone** | *telefonomhoz* | te·le·faw·nawm·hawz |
| **mobile phone/** | *mobiltelefont* | *maw*·bil·te·le·fawnt |
| **cellphone** | *bérelni* | *bay*·rel·ni |
| **for hire** | | |
| **(prepaid)** | *(előre kifizetett)* | (e·lēū·re *ki*·fi·ze·tett) |
| **SIM card** | *SIM-kártyát* | sim·kaar·tyaat |

**What are the rates?**
*Milyen díjak vannak?*    mi·yen *dee*·yok *von*·nok

**(30) forints per (30) seconds.**
*(Harminc)*    (*hor*·mints)
*másodpercenként*    maa·shawd·per·tsen·kaynt
*(harminc) forint.*    (*hor*·mints) *faw*·rint

communications

# the internet

**Where's the local Internet café?**
Hol van a legközelebbi    hawl von o *leg*·keu·ze·leb·bi
internet kávézó?    *in*·ter·net *kaa*·vay·zāw

| | | |
|---|---|---|
| **I'd like to ...** | Szeretném ... | se·ret·naym ... |
| **check my** | megnézni az | *meg*·nayz·ni oz |
| **email** | e-mailjeimet | *ee*·mayl·ye·i·met |
| **get Internet** | rámenni az | *raa*·men·ni oz |
| **access** | internetre | *in*·ter·net·re |
| **use a printer** | használni egy | *hos*·naal·ni ej |
| | nyomtatót | *nyawm*·to·tāwt |
| **use a scanner** | használni egy | *hos*·naal·ni ej |
| | szkennert | *sken*·nert |

| | | |
|---|---|---|
| **Do you have ...?** | Van ...? | von ... |
| **Macs** | Macintosh | *me*·kin·tawsh |
| | számítógépük | *saa*·mee·tāw·gay·pewk |
| **PCs** | PC-jük | *pay*·tsay·yewk |
| **a Zip drive** | Zip-meghajtójuk | *zip*·meg·hoy·tāw·yuk |

| | | |
|---|---|---|
| **How much** | Mennyibe | *men'*·nyi·be |
| **per ...?** | kerül ...? | *ke*·rewl ... |
| **hour** | óránként | *āw*·raan·kaynt |
| **(five) minutes** | (öt) percenként | (eut) *per*·tsen·kaynt |
| **page** | oldalanként | *awl*·do·lon·kaynt |

**How do I log on?**
Hogyan kell bejelentkezni?    haw·dyon kell *be*·ye·lent·kez·ni

**Please change it to the English-language setting.**
Kérem, változtassa át    *kay*·rem *vaal*·tawz·tosh·sho aat
a beállításokat angol    o *be*·aal·lee·taa·shaw·kot *on*·gawl
nyelvűre.    *nyel*·vēw·re

**It's crashed.**
Összeomlott.    *eus*·se·awm·lawtt

**I've finished.**
Készen vagyok.    *kay*·sen *vo*·dyawk

Credit cards are widely accepted in Hungary and travellers cheques are accepted in banks, foreign exchange offices and major hotels. Look for a PostaBank ATM (automated teller machine) which lets you select your preferred language.

**Where's a/an ...?** *Hol van egy ...?*   hawl von ej ...
  ATM                *bankautomata*      bonk·o·u·taw·mo·to
  foreign            *valutaváltó*       vo·lu·to·vaal·tāw
    exchange office  *ügynökség*         ewj·neuk·shayg

**What time does the bank open?**
  *Mikor nyit a bank?*        *mi*·kawr nyit o bonk

**Can I use my credit card to withdraw money?**
  *Vehetek fel pénzt a*       *ve*·he·tek fel paynzt o
  *hitelkártyámmal?*          *hi*·tel·kaar·tyaam·mal

---

### listen for ...

| | |
|---|---|
| *i*·go·zawl·vaan' *igazolvány* | **identification** |
| *ūt*·le·vayl *útlevél* | **passport** |
| ezt *teult*·she ki *Ezt töltse ki.* | **Please fill out this form.** |
| itt *eer*·yo o·laa *Itt írja alá.* | **Sign here, please.** |
| ej kish *prawb*·lay·mo von *Egy kis probléma van.* | **There's a problem.** |
| ezt nem *tud*·yuk *el*·in·tayz·ni *Ezt nem tudjuk elintézni.* | **Sorry, we can't do that.** |
| nem *tu*·dunk *she*·gee·te·ni *Nem tudunk segíteni.* | **Sorry, we can't help you.** |

banking

81

| Where can I ...? | Hol tudok ...? | hawl *tu*·dawk ... |
|---|---|---|
| I'd like to ... | Szeretnék ... | *se*·ret·nayk ... |
| cash a cheque | beváltani egy csekket | *be*·vaal·to·ni ej chek·ket |
| change a travellers cheque | beváltani egy utazási csekket | *be*·vaal·to·ni ej u·to·zaa·shi chek·ket |
| change money | pénzt váltani | paynzt *vaal*·to·ni |
| get a cash advance | készpénz-előleget felvenni | kays·paynz·e·lēū·le·get fel·ven·ni |
| open an account | számlát nyitni | saam·laat nyit·ni |
| transfer money | pénzt átutalni | paynzt aat·u·tol·ni |
| withdraw money | pénzt kivenni | paynzt ki·ven·ni |

| What's the ...? | Mennyi ...? | men'·nyi ... |
|---|---|---|
| buying rate | a vételi árfolyam | o *vay*·te·li aar·faw·yom |
| charge | a díj | o dee·y |
| exchange rate | a valutaárfolyam | o vo·lu·to·aar·faw·yom |
| selling rate | az eladási árfolyam | oz el·o·daa·shi aar·faw·yom |
| withdrawal fee | a készpénzfelvétel díja | o kays·paynz·fel·vay·tel dee·yo |

**Has my money arrived yet?**
*Megérkezett
már a pénzem?*
meg·ayr·ke·zett maar
o payn·zem

**How long will it take to arrive?**
*Mennyi idő múlva
érkezik meg?*
men'·nyi i·dēū mūl·vo
ayr·ke·zik meg

## that's the ticket

When you enter a bank, first find the ticket dispenser.

**Where's the ticket dispenser?**
*Hol van sorszámkiadó*    hawl von *shawr*·saam·ki·o·däw
*automata?*    o·u·taw·mo·to

Select the service you want, take a ticket, then wait for your number to be called. These are some of the phrases that the ticket dispenser might flash at you:

**Válasszon feladatot!**    vaa·los·sawn *fel*·o·do·tawt
   Select a task.

**Várja meg, míg**    *vaar*·yo meg meeg
**kijön a jegy!**    *ki*·yeun o yej
   Wait for the ticket to pop out.

**Vegye el a jegyét!**    ve·dye el o ye·dyayt
   Take your ticket.

**Várjon, míg**    *vaar*·yawn meeg
**szólítják a számát!**    *säw*·leet·yaak o *saa*·maat
   Wait until your number Is called.

Here are signs you're likely to find on the tellers' windows.

**2.000.000 forint**    kayt·mil·li·äw *faw*·rint
**felettibe- és kifizetés**    fe·let·ti·be aysh ki·fi· ze·taysh
   Deposits & Withdrawals Exceeding
   2,000,000 Forints

**Forint be- és kifizetés**    *faw*·rint be aysh ki·fi·ze·taysh
   Forint Deposits & Withdrawals

**Lakossági**    lo·kawsh·shaa·gi
**számlavezetés**    saam·lo·ve·ze·taysh
   Personal Accounts

**Vállalkozói**    vaal·lol·kaw·zäw·i
**számlavezetés**    saam·lo·ve·ze·taysh
   Business Accounts

**Valuta be- és kifizetés,**    vo·lu·to be aysh ki·fi·ze·taysh
**Utasbiztosítás**    u·tosh·biz·taw·shee·taash
   Foreign Currency Deposits & Withdrawals,
   Travel Insurance

**The ATM took my card.**

*A bankautomata
lenyelte a kártyámat.*

o *bonk*·o·u·taw·mo·to
*le*·nyel·te o *kaar*·tyaa·mot

**I've forgotten my PIN.**

*Elfelejtettem az
azonosító kódomat.*

*el*·fe·le·y·tet·tem oz
o·zaw·naw·shee·tāw *kāw*·daw·mot

## general signs

| | | |
|---|---|---|
| *Bejárat* | e·yaa·rot | Entrance |
| *Belépés ingyenes* | be·lay·paysh in·dye·nesh | Free Admission |
| *Belépni tilos* | be·layp·ni ti·lawsh | No Entry |
| *Dohányzás* | daw·haan'·zaash | Smoking |
| *Felvonó* | fel·vaw·nāw | Elevator |
| *Férfiak* | fayr·fi·ok | Men |
| *Foglalt* | fawg·lolt | Reserved |
| *Hideg* | hi·deg | Cold |
| *Hozzányúlni tilos* | hawz·zaa·nyūl·ni ti·lawsh | Do Not Touch |
| *Információ* | in·fawr·maa·tsi·āw | Information |
| *Kijárat* | ki·yaa·rot | Exit |
| *Meleg* | me·leg | Hot |
| *Mosdó* | mawsh·dāw | Toilets |
| *Nők* | nēŭk | Women |
| *Nyitva* | nyit·vo | Open |
| *Tilos* | ti·lawsh | Prohibited |
| *Tilos a dohányzás* | ti·lawsh o daw·haan'·zaash | No Smoking |
| *Véskijárat* | vays·ki·yaa·rot | Emergency Exit |
| *Veszély* | ve·say·y | Danger |
| *WC* | vay·tsay | Toilets |
| *Zárva* | zaar·vo | Closed |

| I'd like a/an ... | Szeretnék egy ... | se·ret·nayk ej ... |
|---|---|---|
| audio set | fejhallgatót | fe·y·holl·go·tāwt |
| catalogue | katalógust | ko·to·lāw·gusht |
| guide | idegenvezetőt | i·de·gen·ve·ze·tēūt |
| guidebook | angol nyelvű | on·gawl nyel·vēw |
| in English | útikönyvet | ū·ti·keun'·vet |
| (local) map | (itteni) térképet | (it·te·ni) tayr·kay·pet |

| Do you have | Van | von |
|---|---|---|
| information | információja a ... | in·fawr·maa·tsi·āw·yo o ... |
| on ... sights? | nevezetességekről? | ne·ve·ze·tesh·shay·gek·rēūl |
| cultural | kulturális | kul·tu·raa·lish |
| historical | történelmi | teur·tay·nel·mi |
| religious | vallási | vol·laa·shi |

**I'd like to see ...**
*Szeretnék látni ...*          se·ret·nayk *laat*·ni ...

**What's that?**
*Az mi?*          oz mi

**Who built/made it?**
*Ki építette/készítette?*          ki ay·pee·tet·te/kay·see·tet·te

**How old is it?**
*Hány éves?*          haan' ay·vesh

**Could you take a photograph of me?**
*Le tudna fényképezni*          le *tud*·no fayn'·kay·pez·ni
*engem?*          en·gem

**Can I take a photograph?**
*Fényképezhetek?*          fayn'·kay·pez·he·tek

**Can I take a photograph of you?**
*Lefényképezhetem Önt?*          le·fayn'·kay·pez·he·tem eunt

**I'll send you the photograph.**
*Majd elküldöm Önnek*          moyd el·kewl·deum eun·nek
*a képet.*          o kay·pet

# getting in

**What time does it open/close?**
*Mikor nyit/zár?*     mi·kawr nyit/zaar

**What's the admission charge?**
*Mennyibe kerül a*     men'·nyi·be ke·rewl o
*belépőjegy?*     be·lay·pēū·yej

| **Is there a discount for …?** | *Van kedvezmény … számára?* | von ked·vez·mayn' … saa·maa·ro |
|---|---|---|
| children | *gyerekek* | dye·re·kek |
| families | *családok* | cho·laa·dawk |
| groups | *csoportok* | chaw·pawr·tawk |
| older people | *idős emberek* | i·dēūsh em·be·rek |
| pensioners | *nyugdíjasok* | nyug·dee·yo·shawk |
| students | *diákok* | di·aa·kawk |

## listen for …

ezt nem *vi*·he·ti be
*Ezt nem viheti be.*     **You can't take this in.**

nem *so*·bod *fayn'*·kay·pez·ni
*Nem szabad fényképezni.*     **Photographs aren't allowed.**

o *taash*·kaat o *ru*·ho·taar·bon kell *hoj*·ni
*A táskát a ruhatárban kell hagyni.*     **You must leave the bag in the cloakroom.**

# tours

túrák

| Can you recommend a ...? | *Tud ajánlani egy ...?* | tud o·yaan·lo·ni ej ... |
|---|---|---|
| boat-trip | *hajókirándulást* | ho·yāw·ki·raan·du·laasht |
| day trip | *egynapos kirándulást* | ej·no·pawsh ki·raan·du·laasht |
| sightseeing tour | *városnéző túrát* | vaa·rawsh·nay·zēū tū·raat |
| tour | *túrát* | tū·raat |
| When's the next ...? | *Mikor van a következő ...?* | mi·kawr von o keu·vet·ke·zēū ... |
| boat-trip | *hajókirándulás* | ho·yāw·ki·raan·du·laash |
| day trip | *egynapos kirándulás* | ej·no·pawsh ki·raan·du·laaşh |
| sightseeing tour | *városnéző túra* | vaa·rawsh·nay·zēū tū·ro |
| tour | *túra* | tū·ro |

sightseeing

87

**Is ... included?**     *Benne van az*     *ben·ne von oz*
                      *árban ...?*     *aar·bon ...*

| | | |
|---|---|---|
| **accommodation** | *a szállás* | o *saal·laash* |
| **food** | *az enniváló* | oz *en·ni·vo·láw* |
| **transport** | *a közlekedés* | o *keuz·le·ke·daysh* |

**Are meals included?**
    *Benne vannak az árban*     *ben·ne von·nok oz aar·bon*
    *az étkezések?*     oz *ayt·ke·zay·shek*

**The guide will pay.**
    *Az idegenvezető fog*     oz *i·de·gen·ve·ze·tēū fawg*
    *fizetni.*     *fi·zet·ni*

**The guide has paid.**
    *Az idegenvezető már*     oz *i·de·gen·ve·ze·tēū maar*
    *fizetett.*     *fi·ze·tett*

**How long is the tour?**
    *Mennyi ideig tart a túra?*     *men'·nyi i·de·ig tort o tū·ra*

**What time should we be back?**
    *Mikorra érünk vissza?*     *mi·kawr·ro ay·rewnk vis·so*

**I'm with them.**
    *Velük vagyok.*     *ve·lewk vo·dyawk*

**I've lost my group.**
    *Elvesztettem a*     *el·ves·tet·tem o*
    *csoportomat.*     *chaw·pawr·taw·mot*

---

### talk to the animals

Just in case you've ever wondered, Hungarian cats speak the same language as English cats: they both say *miau mi·aa·u*. Cows are bilingual, since they say both *mú mū* and *bú bū*. A dog, however, says *vau-vau vo·u vo·u*, not 'woof-woof' and a horse says *nyihaha nyi·ho·ho*. Mice are finally given the power of speech and squeak *cin-cin-cin tsin·tsin·tsin*, but if you were stuck in a conversation with a Hungarian pig it could only say *röf-röf-röf reuf·reuf·reuf*

| I'm attending a ... | Egy ...veszek részt. | ej ... ve·sek rayst |
|---|---|---|
| conference | konferencián | kawn·fe·ren·tsi·aan |
| course | tanfolyamon | ton·faw·yo·mawn |
| meeting | értekezleten | ayr·te·kez·le·ten |
| trade fair | vásáron | vaa·shaa·rawn |

| I'm with ... | ... vagyok. | ... vo·dyawk |
|---|---|---|
| (EasTron) | (Az EasTronnal) | (oz eest·rawn·nol) |
| my colleague | A kollégámmal | o kawl·lay·gaam·mol |
| my colleagues | A kollégáimmal | o kawl·lay·gaa·im·mol |
| a group | Másokkal | maa·shawk·kol |

**I'm alone.**
*Egyedül vagyok.*          e·dye·dewl vo·dyawk

**I have an appointment with ...**
*Megbeszélésem van ...val.*    meg·be·say·lay·shem von ...vol

**I'm staying at ..., room ...**
*A ...ban lakom, a ... számú*    o ....bon lo·kawm o ... saa·mū
*szobában.*                      saw·baa·bon

**I'm here for (two) days/weeks.**
*(Két) napig/hétig vagyok itt.*  (kayt) no·pig/hay·tig vo·dyawk itt

| Here's my ... | Itt van ... | itt von ... |
|---|---|---|
| address | a címem | o tsee·mem |
| business card | a névjegyem | o nayv·ye·dyem |
| email address | az e-mail címem | oz ee·mayl tsee·mem |
| fax number | a faxszámom | o foks·saa·mawm |
| mobile/cell number | a mobilszámom | o maw·bil·saa·mawm |
| phone number | a telefonszámom | o te·le·fawn·saa·mawm |
| work number | a munkahelyi telefonszámom | o mun·ko·he·yi te·le·fawn·saa·mawm |

| What's your …? | Mi …? | mi … |
|---|---|---|
| address | a címe | o tsee·me |
| email address | az e-mail címe | oz ee·mayl tsee·me |
| fax number | a faxszáma | o foks·saa·ma |
| mobile/cell number | a mobilszáma | o maw·bil·saa·ma |
| phone number | a telefonszáma | o te·le·fawn·saa·ma |
| work number | a munkahelyi telefonszáma | o mun·ko·he·yi te·le·fawn·saa·ma |

| Where's the …? | Hol van …? | hawl von …? |
|---|---|---|
| business centre | a business centre | o biz·nis tsen·ter |
| conference | a konferencia | o kawn·fe·ren·tsi·o |
| meeting | az értekezlet | oz ayr·te·kez·let |

| I need (a/an) … | … van szükségem. | … von sewk·shay·gem |
|---|---|---|
| computer | Egy komputerre | ej kawmp·yū·ter·re |
| Internet | Egy Internet | ej in·ter·net |
| connection | kapcsolatra | kop·chaw·lot·ro |
| interpreter | Tolmácsra | tawl·maach·ro |
| more business cards | Több névjegyre | teubb nayv·yej·re |

**I need some space to set up.**
Szükségem van egy kis helyre, hogy be tudjak rendezkedni.
sewk·shay·gem von ej kish he·y·re hawj be tud·yok ren·dez·ked·ni

**I need to send a fax.**
Faxot kell küldenem.
fok·sawt kell kewl·de·nem

**That went very well.**
Ez nagyon jól ment.
ez no·dyawn yāwl ment

**Shall we go for a drink/meal?**
Elmenjünk inni/enni valamit?
el·men·yewnk in·ni/en·ni vo·lo·mit

**It's on me.**
Én fizetek.
ayn fi·ze·tek

# senior & disabled travellers
## idősebb és fogyatékos utazók

**I have a disability.**
Fogyatékos vagyok.
*faw·dyo·tay·kawsh vo·dyawk*

**I need assistance.**
Segítségre van
szükségem.
*she·geet·shayg·re von
sewk·shay·gem*

**What services do you have for people with a disability?**
Milyen szolgáltatásaik
vannak fogyatékosok
számára?
*mi·yen sawl·gaal·to·taa·sho·ik
von·nok faw·dyo·tay·kaw·shawk
saa·maa·ro*

**Are there disabled toilets?**
Van itt fogyatékosok
számára kialakított
vécé?
*vön itt faw·dyo·tay·kaw·shawk
saa·maa·ro ki·o·lo·kee·tawtt
vay·tsay*

**Are there disabled parking spaces?**
Vannak fogyatékosok
számára fenntartott
parkolóhelyek?
*von·nok faw·dyo·tay·kaw·shawk
saa·maa·ro fenn·tor·tawtt
por·kaw·lāw·he·yek*

**Is there wheelchair access?**
Oda lehet jutni
tolókocsival?
*aw·do le·het yut·ni
taw·lāw·kaw·chi·vol*

**How wide is the entrance?**
Milyen széles a bejárat?
*mi·yen say·lesh o be·yaa·rot*

**I'm deaf.**
Süket vagyok.
*shew·ket vo·dyawk*

**I have a hearing aid.**
Hallókészülékem van.
*hol·lāw·kay·sew·lay·kem von*

**I can't see well.**
Nem látok jól.
nem *laa·*tawk yāwl

**I'm blind.**
Vak vagyok.
vok *vo·*dyawk

**Are guide dogs permitted?**
*Beengedik a vakvezető kutyákat?*    be·en·ge·dik o vok·ve·ze·tēū ku·tyaa·kot

**How many steps are there?**
*Hány lépcső van?*    haan' layp·chēū von

**Is there a lift/elevator?**
*Van lift?*    von lift

**Are there rails in the bathroom?**
*Vannak fogódzók a fürdőszobában?*    von·nok faw·gāwd·zāwk o fewr·dēū·saw·baa·bon

**Could you call me a disabled taxi?**
*Tudna hívni nekem egy mozgássérültek számára átalakított taxit?*    tud·no heev·ni ne·kem ej mawz·gaash·shay·rewl·tek saa·maa·ro aat·o·lo·kee·tawtt tok·sit

**Could you help me cross the street safely?**
*Segítene biztonságosan átmenni az úttesten?*    she·gee·te·ne biz·tawn·shaa·gaw·shon aat·men·ni oz üt·tesh·ten

**Is there somewhere I can sit down?**
*Leülhetek valahol?*    le·ewl·he·tek vo·lo·hawl

| | | |
|---|---|---|
| guide dog | *vakvezető kutya* | vok·ve·ze·tēū ku·tyo |
| older person | *idős ember* | i·dēūsh em·ber |
| person with a disability | *fogyatékos* | faw·dyo·tay·kawsh |
| person with a physical disability | *mozgássérült* | mawz·gaash·shay·rewlt |
| ramp | *rámpa* | raam·po |
| walking frame | *járókeret* | yaa·rāw·ke·ret |
| walking stick | *bot* | bawt |
| wheelchair | *tolókocsi* | taw·lāw·kaw·chi |

PRACTICAL

92

## travelling with children

utazás gyerekekkel

| | | |
|---|---|---|
| Is there a ...? | Van ...? | von ... |
| baby change room | babapelenkázó szoba | bo·bo·pe·len·kaa·zāw saw·bo |
| child-minding service | gyermekmegőrző | dyer·mek·meg·ēūr·zēū |
| child-sized portion | gyerekadag | dye·rek·o·dog |
| children's menu | gyerekmenü | dye·rek·me·new |
| crèche | bölcsőde | beul·chēū·de |
| discount for children | kedvezmény gyermekek számára | ked·vez·mayn' dyer·me·kek saa·maa·ro |
| family ticket | családi jegy | cho·laa·di yej |
| I need a/an ... | Szükségem van egy ... | sewk·shay·gem von ej ... |
| baby seat | babaülésre | bo·bo·ew·laysh·re |
| (English-speaking) babysitter | (angolul beszélő) bébiszitterre | (on·gaw·lul be·say·lēū) bay·bi·sit·ter·re |
| booster seat | gyerekülésre | dye·rek·ew·laysh·re |
| cot | gyerekágyra | dye·rek·aaj·ro |
| highchair | etetőszékre | e·te·tēū·sayk·re |
| potty | bilire | bi·li·re |
| pram | fekvő babakocsira | fek·vēū bo·bo·kaw·chi·ro |
| sick bag | hányózacskóra | haa·nyāw·zoch·kāw·ro |
| stroller | ülő gyerekkocsira | ew·lēū dye·rek·kaw·chi·ro |

| Where's the nearest …? | Hol van a legközelebbi …? | hawl von o leg·keu·ze·leb·bi … |
|---|---|---|
| amusement/ theme park | vidám park | vi·daam pork |
| drinking fountain | ivókút | i·vāw·kūt |
| park | park | pork |
| playground | játszótér | yaat·sāw·tayr |
| swimming pool | uszoda | u·saw·do |
| tap | vízcsap | veez·chop |
| toy shop | játékbolt | yaa·tayk·bawlt |

| Do you sell …? | Kapható Önöknél …? | kop·ho·tāw eu·neuk·nayl … |
|---|---|---|
| baby wipes | babatörlőkendő | bo·bo·teur·lēū·ken·dēū |
| disposable nappies/ diapers | eldobható pelenka | el·dawb·ho·tāw pe·len·ko |
| painkillers for infants | fájdalom- csillapító csecsemők számára | faa·y·do·lawm· chil·lo·pee·tāw che·che·mēūk saa·maa·ro |
| tissues | papírzsebkendő | po·peer·zheb·ken·dēū |

**Do you hire out (prams)?**
Lehet Önöknél (babakocsit) bérelni?  le·het eu·neuk·nayl (bo·bo·kaw·chit) bay·rel·ni

**Are there any good places to take children around here?**
Vannak itt a közelben olyan helyek, ahova érdemes a gyerekeket elvinni?  von·nok itt o keu·zel·ben aw·yon he·yek o·haw·vo ayr·de·mesh a dye·re·ke·ket el·vin·ni

**Is there space for a pram?**
Van hely a babakocsinak?  von he·y o bo·bo·kaw·chi·nok

**Are children allowed?**
Beengedik a gyerekeket?  be·en·ge·dik o dye·re·ke·ket

**Where can I change a nappy/diaper?**
Hol cserélhetek pelenkát?  hawl che·rayl·he·tek pe·len·kaat

PRACTICAL

**Do you mind if I breast-feed here?**

*Megengedi, hogy itt*     meg·en·ge·di hawj itt
*szoptassak?*     sawp·tosh·shok

**Could I have some paper and pencils, please?**

*Kaphatnék néhány*     kop·hot·nayk *nay*·haan'
*papírlapot és ceruzát?*     po·peer·lo·pawt aysh *tse*·ru·zaat

**Is this suitable for (five)-year-old children?**

*Ez megfelelő (öt)éves*     ez *meg*·fe·le·lēū (eut)·ay·vesh
*gyerekek számára?*     *dye*·rek·ek *saa*·maa·ro

**Do you know a dentist who's good with children?**

*Ismer olyan fogorvost,*     ish·mer *aw*·yon *fawg*·awr·vawsht
*aki jól ért a gyerekekhez?*     o·ki yāwl ayrt o *dye*·re·kek·hez

**Do you know a doctor who's good with children?**

*Ismer olyan orvost,*     ish·mer *aw*·yon *awr*·vawsht
*aki jól ért a gyerekekhez?*     o·ki yāwl ayrt o *dye*·re·kek·hez

If your child is sick, see **health**, page 187.

# talking with children

**beszélgetés gyerekekkel**

**How old are you?**

*Hány éves vagy?*     haan' *ay*·vesh voj

**What's your name?**

*Hogy hívnak?*     hawj *heev*·nok

**When's your birthday?**

*Mikor van a*     *mi*·kawr von o
*születésnapod?*     sew·le·taysh·no·pawd

**Do you go to school/kindergarten?**

*Jársz iskolába/*     yaars *ish*·kaw·laa·bo/
*óvodába?*     *āw*·vaw·daa·bo

**What grade are you in?**

*Hányadikos vagy?*     *haa*·nyo·di·kawsh voj

children

| Do you like ...? | Szeretsz ...? | se·rets ... |
|---|---|---|
| school | iskolába járni | ish·kaw·laa·bo yaar·ni |
| sport | sportolni | shpawr·tawl·ni |

**Do you like your teacher? (kindergarten)**
Szereted az óvó nénit?  se·re·ted oz āw·vāw nay·nit

**Do you like your teacher? (primary school, grades 1-4)**
Szereted a tanító  se·re·ted o ta·nee·tāw
bácsit/nénit? m/f  baa·chit/nay·nit

**Do you like your teachers? (all grades above grade 4)**
Szereted a tanáraidat?  se·re·ted o to·naa·ro·i·dot

**What do you do after school?**
Mit csinálsz tanítás után?  mit chi·naals to·nee·taash u·taan

**Do you learn English?**
Tanulsz angolul?  to·nuls on·gaw·lul

**I come from very far away.**
Én nagyon messziről  ayn no·dyawn mes·si·rēūl
jövök.  yeu·veuk

PRACTICAL

96

### speaking like a little kid

Children are addressed in the informal *te* te form, and always use it among themselves. When they are talking to adults, kids will typically use the words *néni* nay·ni (auntie) and *bácsi* baa·chi (uncle). So mum's friend at the thermal baths would be *Mária néni* maa·ri·o nay·ni (Auntie Mária), and dad's chess partner would be *János bácsi* yaa·nawsh baa·chi (Uncle János). Primary teachers can be called 'auntie' and 'uncle' in just the same way. Younger school students will also address them as *Tanító néni* ta·nee·tāw nay·ni (Auntie Teacher) or *Tanító bácsi* ta·nee·tāw baa·chi (Uncle Teacher), but as they get older they're more likely to use the more official *Tanár úr* to·naar ūr (Mr Teacher) and *Tanárnő* to·naar·nēū (Madame Teacher).

## basics

alapvető kifejezések

| | | |
|---|---|---|
| Yes. | *Igen.* | *i·gen* |
| No. | *Nem.* | nem |
| Please. | *Kérem.* pol | *kay·rem* |
| | *Kérlek.* inf | *kayr·lek* |
| Thank you | *(Nagyon)* | *(no·dyawn)* |
| (very much). | *Köszönöm.* | *keu·seu·neum* |
| You're welcome. | *Szívesen.* | *see·ve·shen* |
| Excuse me. | *Elnézést kérek.* | *el·nay·zaysht kay·rek* |
| (to get attention) | | |
| Excuse me. | *Bocsánat.* | *baw·chaa·not* |
| (to get past) | | |
| Sorry. | *Sajnálom.* | *shoy·naa·lawm* |

## greetings & goodbyes

üdvözlések és búcsúzások

On first introduction, Hungarians usually shake hands and say their full names. The family name is said first followed by the first name. As you become more familiar with people, they may suggest you call them by their first name.

Note that when you want to say 'Hello', 'Hi', or 'Bye', the word will change depending on whether you are speaking to one person or more than one. Look for the symbols sg (singular) or pl (plural) to determine which word to use.

### between friends

These two names are used between male friends:

| | | |
|---|---|---|
| **mate/pal** | *haver* | *ho·ver* |
| **my old man** | *öregem* | *eu·re·gem* |

**listen for ...**

*sāw·leet·shawn/sāw·leetsh (zhu·zhaa·nok)*
   *Szólítson/Szólíts*     **Please, call me**
   *(Zsuzsának).* pol/inf    **(Zsuzsának).**

| | | |
|---|---|---|
| **Hello.** | *Szervusz.* sg | *ser·vus* |
| | *Szervusztok.* pl | *ser·vus·tawk* |
| **Hi.** | *Szia/Sziasztok.* sg/pl | *si·o/si·os·tawk* |
| **Good ...** | *Jó ... kívánok.* | *yāw ... kee·vaa·nawk* |
|   **afternoon/day** | *napot* | *no·pawt* |
|   **evening** | *estét* | *esh·tayt* |
|   **morning** | *reggelt* | *reg·gelt* |
| **How are you?** | | |
|   *Hogy van?* pol | | hawj von |
|   *Hogy vagy?* inf | | hawj voj |
| **Fine. And you?** | | |
|   *Jól. És Ön/te?* pol/inf | | yāwl aysh eun/te |
| **What's your name?** | | |
|   *Mi a neve/neved?* pol/inf | | mi o *ne*·ve/*ne*·ved |
| **My name is ...** | | |
|   *A nevem ...* | | o *ne*·vem ... |
| **I'd like to introduce you to ...** | | |
|   *Szeretném/Szeretnélek* | | *se·*ret·naym/*se·*ret·nay·lek |
|   *bemutatni ...nak.* pol/inf | | *be·*mu·tot·ni ...·nok |
| **This is my ...** | *Ez a ...* | ez o ... |
|   **colleague** | *kollégám* m | *kawl·*lay·gaam |
| | *kolléganőm* f | *kawl·*lay·go·nēūm |
|   **daughter** | *lányom* | *laa·*nyawm |
|   **friend** | *barátom* m | *bo·*raa·tawm |
| | *barátnőm* f | *bo·*raat·nēūm |
|   **husband** | *férjem* | *fayr·*yem |
|   **partner** | *barátom* m | *bo·*raa·tawm |
|   **(intimate)** | *barátnőm* f | *bo·*raat·nēūm |
|   **son** | *fiam* | *fi·*om |
|   **wife** | *feleségem* | *fe·*le·shay·gem |

For other family members, see **family**, page 105.

### kissy kissy

When two female friends or a man and a woman meet they may give each other a kiss on both cheeks. Relatives also frequently kiss upon meeting one other. Men, however, normally shake hands. If your hosts or friends go to kiss you, remember to present your left cheek first. A polite greeting from children to adults, or men to women is:

**I kiss your hand.**
*Kezét csókolom.*      ke·zayt *chāw*·kaw·lawm

While this is common to hear, you're not actually expected to kiss the person's hand as you say this.

| | | |
|---|---|---|
| I'm pleased to meet you. | *Örvendek.* | eur·ven·dek |
| See you later. | *Viszontlátásra.* | vi·sawnt·laa·taash·ro |
| Bye. | *Viszlát.* pol | vis·laat |
| | *Szia/Sziasztok.* inf sg/pl | si·o/si·os·tawk |
| Good night. | *Jó éjszakát.* | yāw ay·y·so·kaat |

## titles & addressing people

titulusok és megszólítások

| | | |
|---|---|---|
| Mr | *Úr* | ūr |
| Mrs/Miss | *Asszony/Kisasszony* | os·sawn'/kish·os·sawn' |
| Sir/Madam | *Uram/Asszonyom* | u·rom/os·saw·nyawm |
| Doctor (medical) | *Doktor úr* m | dawk·tawr ūr |
| | *Doktornő* f | dawk·tawr·nēū |
| Teacher | *Tanár úr* m | to·naar ūr |
| | *Tanárnő* f | to·naar·nēū |

## who's your missus?

Your best option for addressing a married woman is to call her *Asszonyom* os·saw·nyawm which is similar to the term 'Ma'am' in the US. Use the term *Kisasszony* kish·os·sawn for a woman who is either unmarried or under 30. Note that there is no term for 'Ms' in Hungarian.

The correct way to address a married woman in Hungarian is a thorny question. Before World War II there used to be precise titles which reflected a person's social rank. After the war, everyone was addressed as 'comrade' – *elvtársnő* elv·taarsh·nēŭ for women and *elvtárs* elv·taarsh for men. So Mrs Kovács would be called *Kovács elvtársnő* kaw·vaach elv·taarsh·nēŭ (lit: Kovács comrade).

These forms are obsolete, but while men may now be referred to as *Úr* ūr (Mr), there is no truly satisfactory term for 'Mrs'. Mrs Kovács might be called *Kovácsné* kaw·vaach·nay, which is her husband's surname plus *-né* ·nay, but this could be considered impolite. Or she could be called *Kovácsné asszony* kaw·vaach·nay os·sawn' (lit: Kovács-Mrs married-woman) although this is often far too formal.

## making conversation

társalgás

Hungarians are fairly open and direct people and like to talk about just about everything. Work, religion, love and politics are popular topics for discussion, but be aware that conversations about Hungarian politics can become very heated. Money is also a touchy subject. Hungarians will rarely discuss how much they earn or even talk about the price they paid for something. As a visitor you might find yourself doing most of the talking, since curious locals like to quiz foreigners all about their country of origin.

**What a beautiful day!**
*Milyen szép nap van!*   mi·yen sayp nop von

**Nice/Awful weather, isn't it?**
*Szép/Szörnyű idő van, nem?*   sayp/*seur*·nyēw *i*·dēū von nem

**What's new?**
*Mi újság?*   mi ūy·shaag

**Where are you going?**
*Hova megy/mész?* pol/inf   *haw*·vo mej/mays

**What are you doing?**
*Mit csinál/csinálsz?* pol/inf   mit *chi*·naal/*chi*·naals

**Do you like it here?**
*Tetszik Önnek/*   *tet*·sik *eun*·nek/
*neked itt?* pol/inf   *ne*·ked itt

### local talk

| | | |
|---|---|---|
| Hey! | *Hé!* | hay |
| Great! | *Nagyszerű!* | *noj*·se·rēw |
| Sure. | *Persze, biztosan.* | *per*·se *biz*·taw·shon |
| Maybe. | *Talán.* | *to*·laan |
| No way! | *Szó sem lehet róla!* | sāw shem *le*·het *rāw*·lo |
| Just joking. | *Csak vicceltem.* | chok *vits*·tsel·tem |
| Just a minute. | *Egy pillanat.* | ej *pil*·lo·not |
| It's OK. | *Oké.* | *o*·kay |
| No problem. | *Nem probléma.* | nem *prawb*·lay·mo |
| I understand. | *Világos.* | *vi*·laa·gawsh |
| I'm ready. | *Kész vagyok.* | kays *vo*·dyawk |

**Are you ready?**
*Kész van/vagy?* pol/inf   kays von/voj

**Listen up!**
*Figyeljen/Figyelj!* pol/inf   *fi*·dyel·yen/*fi*·dyel·y

**Take a look at this!**
*Ezt nézze/nézd meg!* pol/inf   ezt *nayz*·ze/nayzd meg

**I don't want any.**
*Nem kérek.*   nem *kay*·rek

**Leave me alone!**
*Hagyjon/Hagyj békén!* pol/inf   *hoj*·yawn/*hoj*·y bay·kayn

meeting people

**I love it here.**
*Nagyon tetszik nekem itt.*    no·dyawn *tet*·sik *ne*·kem itt

**What's this called?**
*Ezt hogy hívják?*    ezt hawj *heev*·yaak

**That's (beautiful), isn't it!**
*Ugye (szép)!*    *u*·dye (sayp)

**Do you live here?**
*Ön itt lakik?* pol    eun itt *lo*·kik
*Te itt laksz?* inf    te itt loks

**Are you here on holiday?**
*Ön szabadságon van itt?* pol    eun so·bod·shaa·gawn von itt
*Te szabadságon vagy itt?* inf    te so·bod·shaa·gawn voj itt

| **I'm here ...** | ... *vagyok itt.* | ... *vo*·dyawk itt |
|---|---|---|
| **for a holiday** | *Szabadságon* | so·bod·shaa·gawn |
| **on business** | *Üzleti ügyben* | ewz·le·ti *ewj*·ben |
| **to study** | *Tanulás céljából* | to·nu·laash *tsayl*·yaa·bāwl |

**How long are you here for?**
*Mennyi ideig marad/*    *men*'·nyi *i*·de·ig mo·rod/
*maradsz itt?* pol/inf    mo·rods itt

**I'm here for (four) weeks/days.**
*(Négy) hétig/napig*    (nayj) hay·tig/no·pig
*maradok itt.*    mo·ro·dawk itt

---

### out for drinks

When choosing wine, look for the words *minőségi bor* mi·nēū·shay·gi bawr, or 'quality wine'. This is the closest thing to quality labelling in Hungary. The first word on the label indicates where the wine is from and the second tells you which grape variety you're buying, eg Tokaji Aszú *taw*·ko·yi o·sū.

An empty glass is always refilled straightaway, so if you've had enough you should leave your glass half full. Don't clink glasses if you are drinking beer.

# nationalities

**Where are you from?**
> *Ön honnan jön?* pol      eun *hawn*·non yeun
> *Te honnan jössz?* inf      te *hawn*·non yeuss

| **I'm from …** | *Én … jövök.* | ayn … *yeu*·veuk |
|---|---|---|
| **Australia** | *Ausztráliából* | o·ust·raa·li·aa·bāwl |
| **Canada** | *Kanadából* | ko·no·daa·bāwl |
| **Singapore** | *Szingapúrból* | sin·go·pūr·bāwl |

For more countries, see the **dictionary**. Be sure to add the ending *-ból* ·bawl when telling someone where you're from.

# age

kor

**How old are you?**
> *Hány éves?* pol      haan' *ay*·vesh
> *Hány éves vagy?* inf      haan' *ay*·vesh voj

**How old are your children?**
> *Hány évesek a gyerekei/*      haan' *ay*·ve·shek o *dye*·re·ke·i/
> *gyerekeid?* pol/inf      *dye*·re·ke·id

**I'm … years old.**
> *… éves vagyok.*      … *ay*·vesh vo·dyawk

**He/She is … years old.**
> *… éves.*      … *ay*·vesh

**Too old!**
> *Túl öreg!*      tūl *eu*·reg

**I'm younger than I look.**
> *Fiatalabb vagyok, mint*      *fi*·o·to·lobb vo·dyawk mint
> *amennyinek látszom.*      o·men·nyi·nek *laat*·sawm

For your age, see **numbers & amounts**, page 29.

meeting people

# occupations & studies

**What's your occupation?**

| | | |
|---|---|---|
| *Mi a foglalkozása/* | mi o *fawg·lol·kaw·zaa·sho/* | |
| *foglalkozásod?* pol/inf | *fawg·lol·kaw·zaa·shawd* | |

| I'm a/an ... | ... *vagyok.* | ... *vo*·dyawk |
|---|---|---|
| barrister/ solicitor | *Ügyvéd* | *ewj*·vayd |
| car mechanic | *Autószerelő* | o·u·tāw·se·re·lēū |
| chef | *Szakács* | so·kaach |
| clerk | *Tisztviselő* | tist·vi·she·lēū |
| doctor | *Orvos* | awr·vawsh |
| engineer | *Mérnök* | mayr·neuk |
| entrepreneur | *Vállalkozó* | vaal·lol·kaw·zāw |
| estate agent | *Ingatlanügynök* | in·got·lon·ewj·neuk |
| hairdresser | *Fodrász* | fawd·raas |
| journalist | *Újságíró* | ūy·shaag·ee·rāw |
| lawyer | *Jogász* | yaw·gaas |
| secretary | *Titkár/* | tit·kaar/ |
| | *Titkárnő* m/f | tit·kaar·nēū |
| teacher | *Tanár* | to·naar |

| I work in ... | ... *dolgozom.* | ... *dawl*·gaw·zawm |
|---|---|---|
| administration | *Az állam-igazgatásban* | oz aal·lom·i·goz·go·taash·bon |
| health | *Az egészségügyben* | oz e·gays·shayg·ewj·ben |
| sales & marketing | *A kereskedelemben* | o ke·resh·ke·de·lem·ben |

| I'm ... | ... *vagyok.* | ... *vo*·dyawk |
|---|---|---|
| retired | *Nyugdíjas* | nyug·dee·yosh |
| self-employed | *Önálló* | eun·aal·lāw |
| unemployed | *Munkanélküli* | mun·ko·nayl·kew·li |

For more occupations, see the **dictionary**.

**What are you studying?**

| *Mit tanul/tanulsz?* pol/inf | | mit to·nul/to·nuls |
|---|---|---|

| I'm studying … | … *tanulok.* | … to·nu·lawk |
|---|---|---|
| accounting | *Könyvelést* | keun'·ve·laysht |
| dentistry | *Fogászatot* | faw·gaa·so·tawt |
| history | *Történelmet* | teur·tay·nel·met |
| **Hungarian** | *Magyart* | mo·dyort |
| law | *Jogot* | yaw·gawt |
| linguistics | *Nyelvészetet* | nyel·vay·se·tet |
| music | *Zenét* | ze·nayt |

## family

család

Hungarians always know their place in the family hierarchy. To talk about brothers and sisters, Hungarian speakers need to choose the word for 'older brother' or 'younger sister' (or vice versa).

| Do you have (a) …? | *Van …?* | von … |
|---|---|---|
| children | *gyereke* | dye·re·ke |
| family | *családja* | cho·laad·yo |
| grandchildren | *unokája* | u·naw·kaa·yo |
| husband | *férje* | fayr·ye |
| partner | *barátja* m | bo·raat·yo |
| | *barátnője* f | bo·raat·nēū·ye |
| siblings | *testvére* | tesht·vay·re |
| wife | *felesége* | fe·le·shay·ge |

### etiquette tips

Hungarians believe that people who cannot maintain eye contact are insincere and have something to hide. Men usually let women enter a room ahead of them, except restaurants or bars when men are supposed to lead the way.

meeting people

| I have (a/an) ... | Van ... | von ... |
|---|---|---|
| I don't have (a/any) ... | Nincs ... | ninch ... |
| daughter(s) | lányom | laa·nyawm |
| family | családom | cho·laa·dawm |
| father | apám | o·paam |
| grandchild(ren) | unokám | u·naw·kaam |
| grandfather | nagyapám | noj·o·paam |
| grandmother | nagyanyám | noj·o·nyaam |
| husband | férjem | fayr·yem |
| mother | anyám | o·nyaam |
| older brother(s) | bátyám | baa·tyaam |
| older sister(s) | nővérem | nēū·vay·rem |
| partner | barátom m | bo·raa·tawm |
| | barátnőm f | bo·raat·nēūm |
| sibling(s) | testvérem | tesht·vay·rem |
| son(s) | fiam | fi·om |
| wife | feleségem | fe·le·shay·gem |
| younger brother(s) | öcsém | eu·chaym |
| younger sister(s) | húgom | hū·gawm |

**Are you married? (asking a man)**
   *Nős?*                             nēūsh

**Are you married? (asking a woman)**
   *Férjnél van?*                   fayr·y·nayl von

**I live with someone.**
   *Együtt élek valakivel.*        e·dyewtt ay·lek vo·lo·ki·vel

---

### well-wishing

| Bon voyage! | Jó utat! | yāw u·tot |
|---|---|---|
| Congratulations! | Gratulálok! | gro·tu·laa·lawk |
| Good luck! | Jó szerencsét! | yāw se·ren·chayt |

**Happy birthday!**
   *Boldog születésnapot!*    bawl·dawg sew·le·taysh·no·pawt

**Happy name day!**
   *Boldog névnapot!*    bawl·dawg nayv·no·pawt

**Merry Christmas!**
   *Kellemes karácsonyt!*    kel·le·mesh ko·raa·chawn't

| I'm ... | ... *vagyok.* | *... vo·dyawk* |
|---|---|---|
| divorced | *Elvált* | *el·vaalt* |
| married | *Nős/Férjnél* m/f | *nēush/fayr·y·nayl* |
| single | *Egyedülálló* | *e·dye·dewl·aal·lāw* |
| widowed | *Özvegy* | *euz·vej* |

**I'm separated.**
*Különváltan élek.*           *kew·leun·vaal·ton ay·lek*

# farewells

In this section, phrases are in the informal *te* te form only. If you're not sure what this means, see the box in **feelings & opinions**, page 117.

**Tomorrow is my last day here.**
*Holnap van az utolsó*           *hawl·nop von oz u·tawl·shāw*
*napom itt.*                      *no·pawm itt*

**It's been great meeting you.**
*Örülök, hogy*                   *eu·reu·lewk hawj*
*találkoztunk.*                  *to·laal·kawz·tunk*

---

### let your body talk

Waving their hands about, gesticulating wildly, nodding their heads, making curious signals with their fingers, rolling their eyes dramatically – Hungarians just don't do any of it. That's not to say you shouldn't, however – it's a sure-fire way of getting people's attention …

meeting people

**If you come to (Scotland) you can stay with me.**

| | |
|---|---|
| *Ha (Skóciá)ba jössz,* | ho (*shkāw*·tsi·aa)·bo yeuss |
| *lakhatsz nálam.* | lok·hots naa·lom |

**Keep in touch!**

| | |
|---|---|
| *Tartsuk a* | *tort*·shuk o |
| *kapcsolatot!* | *kop*·chaw·lo·tawt |

| **What's your ...?** | *Mi ...?* | mi ... |
|---|---|---|
| address | *a címed* | o *tsee*·med |
| email address | *az e-mail címed* | oz *ee*·mail *tsee*·med |
| phone number | *a telefonszámod* | o *te*·le·fawn·saa·mawd |

| **Here's my ...** | *Itt ...* | itt ... |
|---|---|---|
| address | *a címem* | o *tsee*·mem |
| email address | *az e-mail címem* | oz *ee*·mail *tsee*·mem |
| phone number | *a telefonszámom* | o *te*·le·fawn·saa·mawm |

---

### monthy python's hungarian phrasebook

For all those who know and love Monty Python's Hungarian phrasebook sketch, we are proud to present the following phrases. Use them with our blessing at any good Hungarian *dohánybolt daw*·haan'·bawlt (tobacconist).

**My hovercraft is full of eels.**

| | |
|---|---|
| *A légpárnás hajóm* | o *layg*·paar·naash *ho*·yāwm |
| *tele van angolnával.* | *te*·le von *on*·gawl·naa·vol |

**If I said you had a beautiful body, would you hold it against me?**

| | |
|---|---|
| *Rossz néven vennéd, ha* | rawss *nay*·ven *ven*·nayd ho |
| *azt mondanám, hogy* | ozt *mawn*·do·naam hawj |
| *szép tested van?* | sayp *tesh*·ted von |

In this chapter, phrases are in the informal *te* te form only. If you're not sure what this means, see the box in **feelings & opinions**, page 117.

## common interests

közös érdeklődés

**What do you do in your spare time?**
*Mit csinálsz a*      mit *chi*·naals o
*szabadidődben?*      so·bod·i·dēūd·ben

| | | |
|---|---|---|
| **Do you like …?** | *Szereted …?* | *se*·re·ted … |
| I (don't) like … | *(Nem) Szeretem …* | (nem) *se*·re·tem … |
| computer | *a számítógépes* | o *saa*·mee·tāw·gay·pesh |
|   games | *játékokat* | *yaa*·tay·kaw·kot |
| films | *a filmeket* | o *fil*·me·ket |
| music | *a zenét* | o *ze*·nayt |
| sport | *a sportot* | o *shpawr*·tawt |
| thermal baths | *a gyógyfürdőket* | o *dyāwj*·fewr·dēū·ket |

### as easy as rubik's cube

We can thank a Hungarian for the fad of Christmas 1980 – the Rubik's Cube was the brainchild of inventor Ernő Rubik. Released in Hungary in 1977, the device is known there as *Bűvös Kocka* bēw·veush *kawts*·ko, the 'Magic Cube'. Since then it's estimated that one in eight people have been tormented by the square little devil. Besides starting a worldwide craze for Cubic Rubes (the official name for Cube fans), Mr Rubik is unwittingly responsible for little-known diseases such as 'cubist's thumb' and 'Rubik's wrist'.

| Do you like ...? | Szeretsz ...? | se·rets ... |
|---|---|---|
| I (don't) like ... | (Nem) Szeretek ... | (nem) se·re·tek ... |
| chess | sakkozni | shok·kawz·ni |
| clubbing | diszkóba járni | dis·kāw·bo yaar·ni |
| cooking | főzni | fēūz·ni |
| dancing | táncolni | taan·tsawl·ni |
| drawing | rajzolni | roy·zawl·ni |
| gardening | kertészkedni | ker·tays·ked·ni |
| going to soccer matches | meccsre járni | mech·re yaar·ni |
| going to the cinema | moziba járni | maw·zi·bo yaar·ni |
| going to the theatre | színházba járni | seen·haaz·bo yaar·ni |
| hiking | kirándulni | ki·raan·dul·ni |
| painting | festeni | fesh·te·ni |
| photography | fényképezni | fayn'·kay·pez·ni |
| reading | olvasni | awl·vosh·ni |
| shopping | vásárolni | vaa·shaa·rawl·ni |
| socialising | társaságba járni | taar·sho·shaag·bo yaar·ni |
| surfing the Internet | szörfözni az interneten | seur·feuz·ni oz in·ter·ne·ten |
| travelling | utazni | u·toz·ni |
| walking | sétálni | shay·taal·ni |
| watching TV | tévét nézni | tay·vayt nayz·ni |

For other sporting activities, see **sport**, page 141.

## music

zene

| Do you ...? | | |
|---|---|---|
| dance | Táncolsz? | taan·tsawls |
| go to concerts | Jársz koncertre? | yaars kawn·tsert·re |
| listen to music | Hallgatsz zenét? | holl·gots ze·nayt |
| play an instrument | Játszol valamilyen hangszeren? | yaat·sawl vo·lo·mi·yen hong·se·ren |
| sing | Énekelsz? | ay·ne·kels |

## good or goods?

In Hungarian, adjectives often become plural to match a plural noun. So you'd say *a filmek jók* o *fil*·mek yāwk, or 'The films are good[s]'. Below is a list of common adjectives and their plural forms:

| adjective | singular | | plural | |
|---|---|---|---|---|
| bad | rossz | rawss | rosszak | raws·sok |
| beautiful | szép | sayp | szépek | say·pek |
| big | nagy | noj | nagyok | no·dyawk |
| cold | hideg | hi·deg | hidegek | hi·de·gek |
| difficult | nehéz | ne·hayz | nehezek | ne·he·zek |
| dry | száraz | saa·roz | szárazak | saa·ro·zok |
| easy | könnyű | keun'·nyēw | könnyűek | keun'·nyēw·ek |
| good | jó | yāw | jók | yāwk |
| hot | forró | fawr·rāw | forróak | fawr·rāw·ok |
| long | hosszú | haws·sū | hosszúak | haws·sū·ok |
| short | rövid | reu·vid | rövidek | reu·vi·dek |
| small | kicsi | ki·chi | kicsik | ki·chik |
| wet | nedves | ned·vesh | nedvesek | ned·ve·shek |

| Which ... do you like? | *Milyen ...* | *mi*·yen ... |
|---|---|---|
| | *szeretsz?* | *se*·rets |
| bands | *zenekarokat* | *ze*·ne·ko·raw·kot |
| composers | *zeneszerzőket* | *ze*·ne·ser·zēū·ket |
| music | *zenét* | *ze*·nayt |
| singers | *énekeseket* | *ay*·ne·ke·she·ket |

interests

| blues | blues | blūz |
| classical music | klasszikus zene | klos·si·kush ze·ne |
| electronic music | elektronikus zene | e·lekt·raw·ni·kush ze·ne |
| Roma music | cigányzene | tsi·gaan'·ze·ne |
| Hungarian folk music | magyar népzene | mo·dyor nayp·ze·ne |
| jazz | dzsessz | jess |
| Klezmer music | Klezmer-zene | klez·mer·ze·ne |
| operetta | operett | aw·pe·rett |
| pop music | popzene | pawp·ze·ne |
| rock music | rockzene | rawk·ze·ne |
| traditional music | hagyományos zene | ho·dyaw·maa·nyawsh ze·ne |
| world music | nemzetközi zene | nem·zet·keu·zi ze·ne |

Planning to go to a concert? See **tickets**, page 40, and **going out**, page 123.

## cinema & theatre

mozi és színház

| I feel like going to a/an ... | Szeretnék elmenni ... | se·ret·nayk el·men·ni ... |
| ballet | egy balettra | ej bo·lett·ro |
| concert | egy koncertre | ej kawn·tsert·re |
| dance house | egy táncházba | ej taants·haaz·bo |
| film | megnézni egy filmet | meg·nayz·ni ej fil·met |
| opera | egy opera-előadásra | ej aw·pe·ro·e·lēū·o·daash·ro |
| play | megnézni egy színdarabot | meg·nayz·ni ej seen·do·ro·bawt |

| Did you like the ...? | *Tetszett ...?* | *tet*·sett ... |
|---|---|---|
| ballet | *a balett* | o *baw*·lett |
| concert | *a koncert* | o *kawn*·tsert |
| dance house | *a táncház* | o *taants*·haaz |
| film | *a film* | o film |
| opera | *az opera* | oz *aw*·pe·ro |
| play | *a színdarab* | o *seen*·do·rob |

**What's showing at the cinema/theatre tonight?**
*Mit játszanak ma este a*   mit *yaat*·so·nok mo *esh*·te o
*moziban/színházban?*   *maw*·zi·bon/*seen*·haaz·bon

**Is it in English?**
*Angolul beszél?*   *on*·gaw·lul be·sayl

**Does it have (English) subtitles?**
*(Angol) Feliratos?*   (*on*·gawl) *fel*·i·ro·tawsh

**Is it dubbed?**
*Szinkronizált?*   *sink*·raw·ni·zaalt

**Have you seen ...?**
*Láttad ...?*       *laat·tod ...*

**Who's in it?**
*Ki játszik benne?*       *ki yaat·sik ben·ne*

**It stars ...**
*... játssza a főszerepet.*       *... jaats·so o fēū·se·re·pet*

**Is this seat taken?**
*Foglalt ez a hely?*       *fawg·lolt ez o he·y*

| I (don't) like ... | (Nem) Szeretem ... | (nem) se·re·tem ... |
|---|---|---|
| action movies | *az akciófilmeket* | o ok·tsi·āw·fil·me·ket |
| animated films | *a rajzfilmeket* | o royz·fil·me·ket |
| comedies | *a vígjátékokat* | o veeg·yaa·tay·kaw·kot |
| documentaries | *a dokumentum-filmeket* | o daw·ku·men·tum·fil·me·ket |
| drama | *a drámákat* | o draa·maa·kot |
| (Hungarian) cinema | *a (magyar) filmeket* | o (mo·dyor) fil·me·ket |
| horror movies | *a horrorfilmeket* | o hawr·rawr·fil·me·ket |
| sci-fi | *a tudományos-fantasztikus filmeket* | o tu·daw·maa·nyawsh·fon·tos·ti·kush fil·me·ket |
| short films | *a rövidfilmeket* | o reu·vid·fil·me·ket |
| thrillers | *a krimiket* | o kri·mi·ket |
| war movies | *a háborús filmeket* | o haa·baw·rūsh fil·me·ket |

---

### visiting etiquette

If you're invited to a Hungarian's house, arrive right on time for dinner. Apparently you're granted a 5-minute period of grace, but no more ... If you're heading out to a party or large gathering, you're allowed half an hour's leeway for last-minute disorganisation. No matter how early or late you arrive, it's not done to ask for a tour of the house. It's best to wait for your host to offer you a seat that's appropriate to your social rank.

## feelings

érzelmek

| Are you ...? | ... *vagy?* inf | ... voj |
|---|---|---|
| Are you ...? | ...? pol | ... |
| happy | *Boldog* | *bawl*·dawg |
| hungry | *Éhes* | *ay*·hesh |
| sad | *Szomorú* | *saw*·maw·rū |
| thirsty | *Szomjas* | *sawm*·yosh |
| tired | *Fáradt* | *faa*·rott |
| I'm (not) ... | *(Nem) Vagyok ...* | (nem) *vo*·dyawk ... |
| happy | *boldog* | *bawl*·dawg |
| hungry | *éhes* | *ay*·hesh |
| sad | *szomorú* | *saw*·maw·rū |
| thirsty | *szomjas* | *sawm*·yosh |
| tired | *fáradt* | *faa*·rott |

**Are you cold?**
  *Fázik/Fázol?* pol/inf      *faa*·zik/*faa*·zawl

**I'm (not) cold.**
  *(Nem) Fázom.*      (nem) *faa*·zawm

**Are you hot?**
  *Melege/Meleged van?* pol/inf      *me*·le·ge/*me*·le·ged von

**I'm hot.**
  *Melegem van.*      *me*·le·gem von

**I'm not hot.**
  *Nincs melegem.*      ninch *me*·le·gem

## mixed emotions

| | | |
|---|---|---|
| a little | egy kicsit | ej ki·chit |
| I'm a little | Egy kicsit | ej ki·chit |
| sad. | szomorú vagyok. | saw·maw·rū vo·dyawk |
| extremely | rendkívül | rend·kee·vewl |
| I'm extremely | Rendkívül | rend·kee·vewl |
| sorry. | sajnálom. | shoy·naa·lawm |
| not at all | egyáltalán nem | ej·aal·to·laan nem |
| I don't care | Egyáltalán nem | ej·aal·to·laan nem |
| at all. | érdekel. | ayr·de·kel |
| very | nagyon | no·dyawn |
| I feel very | Nagyon | no·dyawn |
| lucky. | szerencsésnek | se·ren·chaysh·nek |
| | érzem magam. | ayr·zem mo·gom |

**Are you in a hurry?**
*Siet/Sietsz?* pol/inf            shi·et/shi·ets

**I'm (not) in a hurry.**
*(Nem) Sietek.*            (nem) shi·e·tek

**Are you embarrassed?**
*Zavarban van/vagy?* pol/inf            zo·vor·bon von/zo·vor·bon voj

**Are you worried?**
*Aggódik/Aggódsz?* pol/inf            og·gāw·dik/og·gāwds

**I'm (not) worried.**
*(Nem) Aggódom.*            (nem) og·gāw·dawm

If you're not feeling well, see **health**, page 187.

# opinions

vélemények

**Did you like it?**
*Tetszett?*            tet·sett

**What do you think of it?**
*Mit gondol/*            mit gawn·dawl/
*gondolsz róla?* pol/inf            gawn·dawls rāw·lo

SOCIAL

| I think it's ... | Szerintem ... | se·rin·tem ... |
|---|---|---|
| I thought it was ... | Szerintem ... volt. | se·rin·tem ... vawlt |
| awful | szörnyű | seur·nyēw |
| (very) bad/ | (nagyon) rossz/ | (no·dyaywn) rawss/ |
| good | jó | yāw |
| beautiful | szép | sayp |
| boring | unalmas | u·nol·mosh |
| challenging | kihívó | ki·hee·vāw |
| excellent | kitűnő | ki·tēw·nēū |
| great | nagyszerű | noj·se·rēw |
| interesting | érdekes | ayr·de·kesh |
| original | eredeti | e·re·de·ti |
| OK | OK | aw·kay |
| strange | furcsa | fur·cho |
| too expensive | túl drága | tūl draa·go |
| unclear | nem világos | nem vi·laa·gawsh |

For moments when you'd like to express an opinion, see **art**, page 139, **sport**, page 141, and **interests**, page 109.

For moments when you'd like to express an opinion, see art, page 139, sport, page 141, and interests, page 109.

### a pure formality

When you speak to someone in Hungarian you have to decide whether you should address them in the 'polite' or 'informal' way. The polite *Ön* eun form is generally used with strangers, new acquaintances, older people, officials and service personnel. The 'informal' *te* te form is used with relatives, friends, colleagues, children and sometimes foreigners. In Hungarian not only some personal pronouns (the equivalents of 'you') but also verbs have separate formal and informal forms. In this book we have always chosen the correct form demanded by the situation that the phrase is used in. For phrases where either form might be appropriate we have given both. Look for the symbols pol (polite) and inf (informal) to find out what form the phrase is in.

feelings & opinions

# politics & social issues

Politics can be an inflammatory issue in Hungary and Hungarians tend to be passionate about it. Now that the country has many different parties with radically different platforms and images, there's a lot of debate. Politics, as played out on Hungarian television, is not always a pretty sight. The gloves are off, the game is often rough, and so is the language.

**Who do you vote for?**
*Kire szavaz/szavazol?* pol/inf    *ki·re so·voz/so·vo·zawl*

| I support the | *Én a … pártot* | *ayn o … paar·tawt* |
|---|---|---|
| … party. | *támogatom.* | *taa·maw·go·tawm* |
| I'm a member | *Én a … párt* | *ayn o … paart* |
| of the … party. | *tagja vagyok.* | *tog·yo vo·dyawk* |
| communist | *kommunista* | *kawm·mu·nish·to* |
| conservative | *konzervatív* | *kawn·zer·vo·teev* |
| democratic | *demokrata* | *de·mawk·ro·to* |
| green | *zöld* | *zeuld* |
| liberal | *liberális* | *li·be·raa·lish* |
| (progressive) | | |
| social | *szociál-* | *saw·tsi·aal* |
| democratic | *demokrata* | *de·mawk·ro·to* |
| socialist | *szocialista* | *saw·tsi·o·lish·to* |

**I (don't) like talking politics.**
*(Nem) Szeretek*    *(nem) se·re·tek*
*politikáról beszélni.*    *paw·li·ti·kaa·rāwl be·sayl·ni*

**I'm (not) interested in politics.**
*(Nem) Érdekel a politika.*    *(nem) ayr·de·kel o paw·li·ti·ko*

**I've had enough of politics.**
*Elegem van a*    *e·le·gem von o*
*politikából.*    *paw·li·ti·kaa·bāwl*

**Did you hear about …?**
*Hallott/Hallottál*    *hol·lawtt/hol·lawt·taal*
*a …ról?* pol/inf    *o …rāwl*

**Do you agree with it?**
*Egyetért/Egyetértesz*    e·dyet·ayrt/e·dyet·ayr·tes
*vele?* pol/inf    ve·le

**I agree with …**
*Egyetértek …val.*    e·dyet·ayr·tek …·val

**I don't agree with …**
*Nem értek egyet …val.*    nem ayr·tek e·dyet …·val

**How do people feel about …?**
*Hogyan éreznek az*    haw·dyon ay·rez·nek oz
*emberek a …val*    em·be·rek·o …·val
*kapcsolatban?*    kop·chaw·lot·bon

**How can we protest against …?**
*Hogyan tiltakozhatunk*    haw·dyon til·to·kawz·ho·tunk
*… ellen?*    … el·len

**How can we support …?**
*Hogyan*    haw·dyon
*támogathatjuk …?*    taa·maw·got·hot·yuk …

### life of the party

Here are some of the most prominent political parties in the post-Cold War Hungary:

**Alliance of Free Democrats**
*Szabad Demokraták*    so·bod de·mawk·ro·taak
*Szövetsége (SZDSZ)*    seu·vet·shay·ge (es·day·es)

**Alliance of Young Democrats – Hungarian Civic Party**
*Fiatal Demokraták*    fi·o·tol de·mawk·ro·taak
*Szövetsége – Magyar*    seu·vet·shay·ge – mo·dyor
*Polgári Párt (FIDESZ)*    pawl·gaa·ri paart (fi·des)

**Green Democrats**
*Zöld Demokraták*    zeuld de·mawk·ro·taak

**Hungarian Democratic Forum**
*Magyar Demokrata*    mo·dyor de·mawk·ro·to
*Fórum (MDF)*    faw·rum (em·day·ef)

**Hungarian Socialist Party**
*Magyar Szocialista*    mo·dyor saw·tsi·o·lish·to
*Párt (MSZP)*    paart (em·es·pay)

**In my country we're concerned about …**

| | | |
|---|---|---|
| *Minket otthon …* | *min·ket awtt·hawn …* | |
| *foglalkoztat/* | *fawg·lol·kawz·tot/* | |
| *foglalkoztatnak.* sg/pl | *fawg·lol·kawz·tot·nok* | |

| | | |
|---|---|---|
| abortion | *az abortusz* sg | oz o·bawr·tus |
| animal rights | *az állatok jogai* pl | oz *aal*·lo·tawk *yaw*·go·i |
| corruption | *a korrupció* sg | o *kawr*·rup·tsi·āw |
| crime | *a bűnözés* sg | o *bēw*·neu·zaysh |
| discrimination | *a megkülön-böztetés* sg | o *meg*·kew·leun·beuz·te·taysh |
| drugs | *a kábítószerek* pl | o *kaa*·bee·tāw·se·rek |
| the economy | *a gazdaság* sg | o *goz*·do·shaag |
| education | *az oktatás* sg | oz *awk*·to·taash |
| the environment | *a környezet* sg | o *keur*·nye·zet |
| equal opportunity | *az egyenlő esélyek* pl | oz e·dyen·lēū e·shay·yek |
| the European Union | *az Európai Unió* sg | oz e·u·rāw·po·i u·ni·āw |
| euthanasia | *az eutanázia* sg | oz e·u·to·naa·zi·o |
| globalisation | *a globalizáció* sg | o *glaw*·bo·li·zaa·tsi·āw |
| the government | *a kormány* sg | o *kawr*·maan' |
| high taxes | *a magas adók* pl | o *mo*·gosh o·dāwk |
| human rights | *az emberi jogok* pl | oz em·be·ri *yaw*·gawk |
| immigration | *a bevándorlás* sg | o be·vaan·dawr·laash |
| inequality | *az egyenlőtlenség* sg | oz e·dyen·lēūt·len·shayg |
| party politics | *a pártpolitika* sg | o *paart*·paw·li·ti·ko |
| poverty | *a szegénység* sg | o se·gayn'·shayg |
| privatisation | *a privatizáció* sg | o *pri*·vo·ti·zaa·tsi·āw |
| racism | *a fajgyűlölet* sg | o *foy*·dyēw·leu·let |
| the rights of Hungarians living across the borders | *a határon túli magyarok jogai* pl | o *ho*·taa·rawn tū·li mo·dyo·rawk *yaw*·go·i |
| Roma issues | *a cigánykérdés* sg | o *tsi*·gaan'·kayr·daysh |
| sexism | *a nemi előítéletek* pl | o *ne*·mi e·lēū·ee·tay·le·tek |
| social welfare | *a közjólét* sg | o *keuz*·yāw·layt |
| terrorism | *a terrorizmus* sg | o *ter*·raw·riz·mush |
| unemployment | *a munkanélküliség* sg | o *mun*·ko·nayl·kew·li·shayg |

# the environment

| Is this a | Ez egy | ez ej |
|---|---|---|
| protected …? | védett …? | vay·dett … |
|   forest | erdő | er·dēū |
|   park | park | pork |
|   species | faj | foy |

**Is there a … problem here?**
*Van itt probléma …?*     von itt *prawb*·lay·mo …

**What should be done about …?**
*Mit kellene tenni …*     mit *kel*·le·ne *ten*·ni …
*kapcsolatban?*     *kop*·chaw·lot·bon

---

## how's it going?

If you want to describe 'how' something is done, you need to use an 'adverb of manner'. This is created by adding an ending to the appropriate adjective. As there are a large number to choose from, you might find this list quite useful:

| bad | rossz | rawss |
|---|---|---|
| badly | rosszul | raws·sul |
| beautiful | szép | sayp |
| beautifully | szépen | say·pen |
| quick | gyors | dyawrsh |
| quickly | gyorsan | dyawr·shon |
| difficult | nehéz | ne·hayz |
| with difficulty | nehezen | ne·he·zen |
| easy | könnyű | keun'·nyēw |
| easily | könnyen | keun'·nyen |
| good | jó | yāw |
| well | jól | yāwl |
| slow | lassú | losh·shū |
| slowly | lassan | losh·shon |

feelings & opinions

| | | |
|---|---|---|
| air pollution | *a levegő-szennyezéssel* | o le·ve·geü·sen·nye·zaysh·shel |
| conservation | *a természet-védelemmel* | o ter·may·set·vay·de·lem·mel |
| deforestation | *az erdőirtással* | oz er·dēü·ir·taash·shol |
| drought | *a szárazsággal* | o saa·roz·shaag·gol |
| ecosystem | *az ökoszisztémával* | oz eu·kaw·sis·tay·maa·vol |
| endangered species | *a veszélyeztetett fajokkal* | o ve·say·yez·te·tett fo·yawk·kol |
| floods | *az árvizekkel* | oz aar·vi·zek·kel |
| genetically modified food | *a genetikailag módosított élelmiszerekkel* | o ge·ne·ti·ko·i·log mâw·daw·shee·tawtt ay·lel·mi·se·rek·kel |
| global warming | *a globális felmelegedéssel* | o glaw·baa·lish fel·me·le·ge·daysh·shel |
| hunting | *a vadászattal* | o vo·daa·sot·tol |
| hydro-electricity | *a hidro-elektromossággal* | o hid·raw·e·lekt·raw·mawsh·shaag·gol |
| irrigation | *az öntözéssel* | oz eun·teu·zaysh·shel |
| nuclear energy | *az atomenergiával* | oz o·tawm·e·ner·gi·aa·vol |
| nuclear testing | *az atom-kísérletekkel* | oz o·tawm·kee·shayr·le·tek·kel |
| ozone layer | *az ózonréteggel* | oz âw·zawn·ray·teg·gel |
| pesticides | *a rovarirtó szerekkel* | o raw·vor·ir·tāw se·rek·kel |
| pollution | *a környezet-szennyezéssel* | o keur·nye·zet·sen'·nye·zaysh·shel |
| recycling programme | *az újra feldolgozási programmal* | oz ūy·ro fel·dawl·gaw·zaa·shi prawg·rom·mol |
| toxic waste | *a toxikus hulladékokkal* | o tawk·si·kush hul·lo·day·kawk·kol |
| water supply | *a vízellátással* | o veez·el·laa·taash·shol |

In this chapter, phrases are in the informal *te* te form only. If you're not sure what this means, see the box in **feelings & opinions**, page 117.

## where to go

hová menjünk

**What's there to do in the evenings?**

| | | |
|---|---|---|
| *Mit lehet csinálni esténként?* | mit *le*·het *chi*·naal·ni *esh*·tayn·kaynt | |

| **Where can I find ...?** | *Hol találok ...?* | hawl *to*·laa·lawk ... |
|---|---|---|
| clubs | *klubokat* | *klu*·baw·kot |
| gay venues | *meleg szórakozó-helyeket* | *me*·leg *sáw*·ro·kaw·zāw·he·ye·ket |
| places to eat | *egy helyet, ahol enni lehet* | ej *he*·yet, *o*·hawl *en*·ni *le*·het |
| pubs | *pubokat* | *po*·baw·kot |

| **Is there a local ... guide?** | *Van itt helyi ...?* | von itt *he*·yi ... |
|---|---|---|
| entertainment | *programkalauz* | *prawg*·rom·ko·lo·uz |
| film | *moziműsor* | *maw*·zi·mēw·shawr |
| gay | *információs füzet melegek számára* | *in*·fawr·maa·tsi·āwsh *few*·zet *me*·le·gek *saa*·maa·ro |
| music | *zenei kalauz* | *ze*·ne·i *ko*·lo·uz |

As you make your way into Hungary's rich cultural life, don't forget to check out some traditional entertainment. A *táncház* taants·haaz (dance house) is the perfect place for Hungarian folk music and dancing, and is a great way to meet some locals. To entertain your inner child, check out some *cirkusz* tsir·kus (circus performances) or even a bit of *bábszínházba* baab·seen·haaz·bo (puppet theatre).

| What's on …? | *Mi a program …?* | mi o *prawg*·rom … |
|---|---|---|
| locally | *helyben* | he·y·ben |
| this | *ezen a* | e·zen o |
| weekend | *hétvégén* | hayt·vay·gayn |
| today | *ma* | mo |
| | | |
| tonight | *ma este* | mo esh·te |
| | | |
| I feel like going | *Szeretnék* | se·ret·nayk |
| to a/an … | *elmenni egy …* | el·men·ni ej … |
| ballet | *balettra* | bo·lett·ro |
| bar | *bárba* | baar·bo |
| café | *kávéházba* | kaa·vay·haaz·bo |
| circus | *cirkuszba* | tsir·kus·bo |
| concert | *koncertre* | kawn·tsert·re |
| dance house | *táncházba* | taants·haaz·bo |
| film | *moziba* | maw·zi·bo |
| karaoke bar | *karaoke bárba* | ko·ro·aw·ke baar·bo |
| nightclub | *éjszakai* | ay·so·ko·i |
| | *szórakozóhelyre* | sáw·ro·kaw·záw·he·y·re |
| opera | *operaelőadásra* | aw·pe·ro·e·lēū·o·daash·ro |
| party | *partira* | por·ti·ro |
| performance | *előadásra* | e·lēū·o·daash·ro |
| play | *színházba* | seen·haaz·bo |
| pub | *pubba* | pob·bo |
| puppet show | *bábszínházba* | baab·seen·haaz·bo |
| restaurant | *étterembe* | ayt·te·rem·be |

For more on eateries, bars and drinks, see **eating out**, page 157.

# invitations

| What are you doing ...? | *Mit csinálsz ...?* | mit *chi*·naals ... |
|---|---|---|
| now | *most* | mawsht |
| this weekend | *ezen a hétvégén* | e·zen o *hayt*·vay·gayn |
| tonight | *ma este* | mo *esh*·te |

| Would you like to go (for a) ...? | *Szeretnél elmenni ...?* | se·ret·nayl *el*·men·ni ... |
|---|---|---|
| I feel like going (for a) ... | *Szeretnék elmenni ...* | se·ret·nayk *el*·men·ni ... |
| coffee | *meginni egy kávét* | *meg*·in·ni ej *kaa*·vayt |
| dancing | *táncolni* | *taan*·tsawl·ni |
| drink | *Inni valamit* | *in*·ni *vo*·lo·mit |
| meal | *enni valamit* | *en*·ni *vo*·lo·mit |
| out somewhere | *valahová* | *vo*·lo·haw·vaa |
| walk | *sétálni* | *shay*·taal·ni |

---

### going by the figures

When you look for addresses in Budapest, you'll see that many of them start with a roman numeral, eg *V Ferenciek tere 5*. This numeral indicates the district. If you see a four-digit post code in the address, look at the second or third number to find out which district you want.

**My round.**
   *Ezt én fizetem.*           ezt ayn *fi*·ze·tem

**Do you know a good restaurant?**
   *Ismersz egy jó éttermet?*   ish·mers ej yāw *ayt*·ter·met

**Would you come to the concert with me?**
   *Eljönnél velem*          *el*·yeun·nayl *ve*·lem
   *a koncertre?*            o *kawn*·tsert·re

**We're having a party.**
   *Parti van nálunk.*       *por*·ti von *naa*·lunk

**Come!**
   *Gyere el!*              *dye*·re el

## responding to invitations

**Sure!**
   *Persze!*               *per*·se

**Yes, I'd love to.**
   *Igen, szeretnék.*       *i*·gen *se*·ret·nayk

**Where shall we go?**
   *Hova menjünk?*       *haw*·vo *men*·yewnk

**No, I'm afraid I can't.**
   *Nem, attól tartok, nem*  nem *ot*·tāwl *tor*·tawk nem
   *tudok.*                *tu*·dawk

**Sorry, I can't sing/dance.**
   *Sajnos nem tudok*    *sho*·y·nawsh nem *tu*·dawk
   *énekelni/táncolni.*    *ay*·ne·kel·ni/*taan*·tsawl·ni

**How about tomorrow?**
   *Lehetne holnap?*     *le*·het·ne *hawl*·nop

**the roma**

There are two Hungarian words for the Romany people –
*cigány tsi·*gaan' (gypsy) and *roma raw·*mo (Roma). In this
phrasebook we have chosen to use 'Roma' instead of the
pejorative term 'gypsy'. Although the rights of the Roma
were inscribed in the 1989 constitution, you may be sur-
prised by the high levels of racism expressed by many
Hungarians.

## arranging to meet

talalkozó megbeszélése

**What time will we meet?**
*Mikor találkozunk?*  mi·kawr to·laal·kaw·zunk

**Where will we meet?**
*Hol találkozunk?*  hawl to·laal·kaw·zunk

**Let's meet at ...**  *Találkozzunk ...*  to·laal·kawz·zunk ...
  **(eight) o'clock**  *(nyolc) órakor*  (nyawlts) āw·ro·kawr
  **the (entrance)**  *a (bejárat)nál*  o (be·yaa·rot)·naal

**I'll pick you up.**
*Elmegyek érted.*  el·me·dyek ayr·ted

**Are you ready?**
*Készen vagy?*  kay·sen voj

**I'm ready.**
*Készen vagyok.*  kay·sen vo·dyawk

**I'll be coming later.**
*Én később jövök.*  ayn kay·shēūbb yeu·veuk

**Where will you be?**
*Hol leszel?*  hawl le·sel

**If I'm not there by (nine), don't wait for me.**
*Ha nem vagyok ott*  ho nem vo·dyawk awtt
*(kilenc)ig, ne várj rám.*  (ki·lents)·ig ne vaar·y raam

going out

127

**OK!**
> *OK!*                                aw·kay

**I'll see you then.**
> *Ott találkozunk.*                   awtt to·laal·kaw·zunk

**See you later.**
> *Viszontlátásra.*                    vi·sawnt·laa·taash·ro

**See you tomorrow.**
> *A holnapi viszontlátásra.*          o *hawl*·no·pi vi·sawnt·laa·taash·ro

**I'm looking forward to it.**
> *Előre örülök neki.*                 e·lēū·re eu·rew·leuk ne·ki

**Sorry I'm late.**
> *Sajnálom, hogy elkéstem.*           sho·y·naa·lawm hawj el·kaysh·tem

**Never mind.**
> *Nem baj.*                           nem bo·y

For other times, see **time & dates**, page 33.

# drugs

**I don't take drugs.**
> *Én nem szedek kábítószert.*   ayn nem se·dek kaa·bee·tāw·sert

**I take ... occasionally.**
> *Alkalomadtán ... szedek.*     ol·ko·lawm·od·taan ... se·dek

**Do you want to have a smoke?**
> *Akarsz egyet szívni?*         o·kors e·dyet seev·ni

**Do you have a light?**
> *Van tüzed?*                   von tew·zed

**I'm high.**
> *Be vagyok lőve.*             be vo·dyawk lēū·ve

For other drugs, see the **dictionary**.

In this chapter, phrases are in the informal *te* te form only. If you're not sure what this means, see the box in **feelings & opinions**, page 117.

## asking someone out

randevúra hívni valaki

**Where would you like to go (tonight)?**
*Hova szeretnél*          *haw*·vo se·ret·nayl
*menni (ma este)?*         men·ni (mo *esh*·te)

**Would you like to do something (tomorrow)?**
*Szeretnél valamit*      se·ret·nayl *vo*·lo·mit
*csinálni (holnap)?*      chi·naal·ni (*hawl*·nop)

**Yes, I'd love to.**
*Igen, szeretnék.*       *i*·gen se·ret·nayk

**Sorry, I can't.**
*Sajnos nem tudok.*     *sho*·y·nawsh nem *tu*·dawk

## pick-up lines

leszólítások

**Do you know what you're missing? Me!**
*Tudod, mi hiányzik*     *tu*·dawd mi *hi*·aa·ny·zik
*mellőled?*            mel·lēū·led
*Én!*                   ayn

**I fancy you.**
*Rád vagyok kattanva.*  raad *vo*·dyawk *kot*·ton·vo

**Can I invite you for a drink?**
*Meghívhatlak egy italra?*  *meg*·heev·hot·lok ej *i*·tol·ro

**You're good-looking.**
*Csinos vagy.* — chi·nawsh voj

**You have beautiful eyes.**
*Szép a szemed.* — sayp o se·med

**You look like someone I know.**
*Emlékeztetsz valakire, akit ismerek.* — em·lay·kez·tets vo·lo·ki·re o·kit ish·me·rek

**You're a fantastic dancer.**
*Fantasztikusan táncolsz.* — fon·tos·ti·ku·shon taan·tsawls

**Shall we dance?**
*Táncolunk egyet?* — taan·tsaw·lunk e·dyet

### local talk

**He/She is a babe.**
*Jó pasi/nő.* — yāw po·shi/nēū

**He/She is a good-looking guy/girl.**
*Helyes csaj/srác.* — he·yesh cho·y/shraats

**He/She is hot.**
*Szexi.* — sek·si

**He's a bastard.**
*Ő egy rohadék.* — ēū ej raw·ho·dayk

**She's a bitch.**
*Ő egy szemét kurva.* — ēū ej se·mayt kur·vo

**He/She gets around.**
*Jól ismerik.* — yāwl ish·me·rik

**He/She is ugly.**
*Csúnya.* — chū·nyo

**I like him/her.**
*Rá vagyok zizzenve.* — raa vo·dyawk ziz·zen·ve

**Can I …?**

| | | |
|---|---|---|
| dance with you | *Táncolhatok veled?* | *taan·tsawl·ho·tawk ve·led* |
| give you a lift home | *Hazavihetlek?* | *ho·zo·vi·het·lek* |
| sit here | *Ideülhetek?* | *i·de·ewl·he·tek* |
| walk you home | *Hazakísérhetlek?* | *ho·zo·kee·shayr·het·lek* |

## rejections

**No, thank you.**
*Köszönöm, nem.*              keu·seu·neum nem

**I'd rather not.**
*Inkább nem.*              in·kaabb nem

**I'm here with my girlfriend/boyfriend.**
*A barátnőmmel/*              o bo·raat·nêûm·mel/
*barátommal vagyok*              bo·raa·tawm·mol vo·dyawk
*itt.*              itt

**Excuse me, I have to go now.**
*Bocsánat, mennem kell.*              baw·chaa·not men·nem kell

**I don't have the time now.**
*Most nem érek rá.*              mawsht nem ay·rek raa

**Maybe another time.**
*Talán máskor.*              to·laan maash·kawr

**Go away!**
*Menj innen!*              men·y in·nen

**Go to hell!**
*Menj a fenébe!*              men·y o fe·nay·be

**Leave me alone!**
*Hagyj békén!*              hoj·y ay·kayn

**Piss off!**
*Kopj le!*              kawp·y le

# getting closer

**I like you very much.**
*Nagyon kedvellek.*    no·dyawn ked·vel·lek

**You're great.**
*Fantasztikus vagy.*    fon·tos·ti·kush voj

**You're wonderful.**
*Csodálatos vagy.*    chaw·daa·lo·tawsh voj

**Can I hold your hand?**
*Megfoghatom a kezed?*    meg·fawg·ho·tawm o ke·zed

**Can I kiss you?**
*Megcsókolhatlak?*    meg·chāw·kawl·hot·lok

**Do you want to come inside for a while?**
*Nem akarsz bejönni*    nem o·kors be·yeun·ni
*egy kicsit?*    ej ki·chit

**Do you want a massage?**
*Akarod, hogy*    o·ko·rawd hawj
*megmasszírozzalak?*    meg·mos·see·rawz·zo·lok

**Can I stay over?**
*Itt maradhatok*    itt mo·rod·ho·tawk
*éjszakára?*    ay·so·kaa·ro

---

### don't get too excited

No, these words are not quirky sexual invitations, so don't think you've got lucky if someone says them to you. *Ifjúság* if·ūy·shaag, pronounced rather like 'if-you-shag', actually means 'young people', and *mi újság* mi ūy·shaag, which sounds a bit like the caveman's invitation 'me-you-shag', is really 'What's up?'.

# sex

**Kiss me.**
*Csókolj meg!*     chāw·kawl·y meg

**I want you.**
*Akarlak.*     o·kor·lok

**Let's go to bed.**
*Feküdjünk le!*     fe·kewd·yewnk le

**Touch me here.**
*Tedd ide a kezed!*     tedd i·de o ke·zed

**Do you like this?**
*Jó neked így?*     yāw ne·ked eej

**I (don't) like that.**
*Ezt (nem) szeretem.*     ezt (nem) se·re·tem

**Don't!**
*Ne!*     ne

**I think we should stop now.**
*Azt hiszem, itt abba kellene*     ozt hi·sem itt ob·bo kel·le·ne
*hagynunk.*     hoj·nunk

**Do you have a condom?**
*Van óvszered?*     von āwv·se·red

**Let's use a condom.**
*Használjunk óvszert!*     hos·naal·yunk āwv·sert

**I won't do it without protection.**
*Nem csinálom*     nem chi·naa·lawm
*védekezés nélkül.*     vay·de·ke·zaysh nayl·kewl

**It's my first time.**
*Nekem ez az első.*     ne·kem ez oz el·shēū

**Don't worry, I'll do it myself.**
*Ne aggódj, majd én.*     ne og·gāwd·y moyd ayn

**It helps to have a sense of humour.**
*Jó, ha van az embernek*     yāw ho von oz em·ber·nek
*humorérzéke.*     hu·mawr·ayr·zay·ke

romance

| Oh my god! | Úristen! | ūr·ish·ten |
| That's great. | Ez nagyon jó. | ez no·dyawn yāw |
| Easy tiger! | Csak lassan! | chok losh·shon |
| | | |
| faster | gyorsabban | dyawr·shob·bon |
| harder | keményebben | ke·may·nyeb·ben |
| slower | lassabban | losh·shob·bon |
| softer | lágyabban | laa·dyob·bon |
| | | |
| That was ... | Ez ... volt. | ez ... vawlt |
| amazing | csodálatos | chaw·daa·lo·tawsh |
| romantic | romantikus | raw·mon·ti·kush |
| wild | vad | vod |

## love

szerelem

| Will you ...? | Akarsz ...? | o·kors ... |
| go out with me | járni velem | yaar·ni ve·lem |
| meet my | találkozni a | to·laal·kawz·ni o |
| parents | szüleimmel | sew·le·im·mel |

**I think we're good together.**
Azt hiszem, jól összeillünk.   ozt hi·sem yāwl eus·se·il·lewnk

**I love you.**
Szeretlek.   se·ret·lek

**Will you marry me? (asking a man)**
Elveszel feleségül?   el·ve·sel fe·le·shay·gewl

**Will you marry me? (asking a woman)**
Akarsz a feleségem lenni?   o·kors o fe·le·shay·gem len·ni

## the language of love

The word for friend *barát/barátnő* m/f bo·raat/bo·raat·nēū is also the word for 'partner'. Only context and body language will tell you which meaning is intended. Some people use the term *párom* paa·rawm (lit: couple-my) for partner but this sounds a bit soppy and old-fashioned. If you're in a schmoopy mood, try using some of these endearments:

| my darling | *drágám* | draa·gaam |
| my dear | *kedvesem* | ked·ve·shem |
| my heart | *szívem* | see·vem |
| my only one | *egyetlenem* | e·dyet·le·nem |
| my star | *csillagom* | chil·lo·gawm |

## problems

problémák

**I don't think it's working out.**
  *Azt hiszem, ez nem megy.*     ozt *hi*·sem ez nem mej

**I've had enough of you.**
  *Elegem van belőled.*     e·le·gem von be·lēū·led

**Let's stop seeing each other.**
  *Ne találkozzunk többet.*     ne to·laal·kawz·zunk *teub*·bet

**Are you seeing someone else?**
  *Valaki mással jársz?*     vo·lo·ki *maash*·shol yaars

**He's just a friend.**
  *Ő csak egy barátom.*     ēū chok ej bo·raa·tawm

**She's just a friend.**
  *Ő csak egy barátnőm.*     ēū chok ej bo·raat·nēūm

**We're just friends.**
  *Csak barátok vagyunk.*     chok bo·raa·tawk vo·dyunk

**You're just using me for sex.**
  *Csak a szexre kellek neked.*     chok o *seks*·re *kel*·lek *ne*·ked

romance

135

**I never want to see you again.**
Soha többé nem
akarlak látni.
*shaw·ho teub·bay nem
o·kor·lok laat·ni*

**We'll work it out.**
Majd kitalálunk valamit.
*moyd ki·to·laa·lunk vo·lo·mit*

## leaving

**I don't want to leave you.**
Nem akarlak elhagyni.
*nem o·kor·lok el·hoj·ni*

**I have to leave (tomorrow).**
(Holnap) el kell utaznom.
*(hawl·nop) el kell u·toz·nawm*

**It hurts me very much that I have to leave.**
Nagyon fáj, hogy el kell
mennem.
*no·dyawn faa·y hawj el kell
men·nem*

**I'll ...**

| | | |
|---|---|---|
| keep in touch | Keresni foglak. | ke·resh·ni fawg·lok |
| miss you | Hiányozni fogsz. | hi·aa·nyawz·ni fawgs |
| visit you | Meg foglak látogatni. | meg fawg·lok laa·taw·got·ni |
| write to you | Írni fogok neked. | eer·ni faw·gawk ne·ked |

---

### say it with flowers

If you're wooing your beloved with flowers, remember that only red roses are suitable for floral romancing (not white or yellow). Carnations are only suitable for a funeral, as are bunches with an odd number of flowers in them.

## religion

vallás

**What's your religion?**
*Ön milyen vallású?* pol    eun *mi*·yen *vol*·laa·shū
*Te milyen vallású vagy?* inf    te *mi*·yen *vol*·laa·shū voj

**I'm not religious.**
*Nem vagyok vallásos.*    nem vo·dyawk *vol*·laa·shawsh

| I'm ... | *Én ... vagyok.* | ayn ... vo·dyawk |
|---|---|---|
| agnostic | *agnosztikus* | o·gnaws·ti·kush |
| Buddhist | *buddhista* | budd·hish·to |
| Calvinist | *református* | re·fawr·maa·tush |
| Catholic | *katolikus* | ko·taw·li·kush |
| Christian | *keresztény* | ke·res·tayn' |
| Hindu | *hinduista* | hin·du·ish·to |
| Jewish | *zsidó* | zhi·dāw |
| Lutheran | *evangélikus* | e·von·gay·li·kush |
| Muslim | *muszlim* | mus·lim |
| Orthodox | *ortodox* | awr·taw·dawks |
| Protestant | *protestáns* | praw·tesh·taansh |

| I (don't) believe in ... | *(Nem) Hiszek ...* | (nem) *hi*·sek ... |
|---|---|---|
| astrology | *az asztrológiában* | oz ost·raw·lāw·gi·aa·bon |
| fate | *a végzetben* | o vayg·zet·ben |
| fortune-telling | *a jóslásban* | o *yāwsh*·laash·bon |
| God | *istenben* | ish·ten·ben |

| Where can I ...? | Hol ...? | hawl ... |
|---|---|---|
| attend | hallgathatok | holl·got·ho·tawk |
| mass | misét | mi·shayt |
| attend | vehetek részt | ve·he·tek rayst |
| a service | istentiszteleten | ish·ten·tis·te·le·ten |
| pray/worship | imádkozhatok | i·maad·kawz·ho·tawk |

## cultural differences

kulturális különbségek

**Is this a local custom?**
*Ez egy helyi vagy nemzeti szokás?*
ez ej *he*·yi voj *nem*·ze·ti saw·kaash

**Is this a Roma custom?**
*Ez egy roma szokás?*
ez ej *raw*·mo saw·kaash

**I don't want to offend you.**
*Nem akarom megsérteni.*
nem o·ko·rawm *meg*·shayr·te·ni

**I'd rather not join in.**
*Én inkább nem vennék részt ebben.*
ayn *in*·kaabb nem *ven*·nayk rayst *eb*·ben

**I'll try it.**
*Megpróbálom.*
meg·präw·baa·lawm

**I didn't mean to do/say anything wrong.**
*Nem akartam semmi rosszat csinálni/mondani.*
nem o·kor·tom *shem*·mi *raws*·sot *chi*·naal·ni/*mawn*·do·ni

| I'm sorry, it's | Sajnálom, | shoy·naa·lawm |
|---|---|---|
| against my ... | ez ... ellen van. | ez ... *el*·len von |
| beliefs | a meggyőződésem | o *meg*·dyēū·zēū·day·shem |
| principles | az elveim | oz *el*·ve·im |
| religion | a vallásom | o *vol*·laa·shawm |

| This is ... | Ez ... | ez ... |
|---|---|---|
| fun | jó mulatság | yāw *mu*·lot·shaag |
| interesting | érdekes | *ayr*·de·kesh |
| new to me | új nekem | ūy *ne*·kem |

**When's the gallery/museum open?**
*Mikor van nyitva a*     *mi*·kawr von *nyit*·vo o
*galéria/múzeum?*     go·lay·ri·o/*mū*·ze·um

**What kind of art are you interested in?**
*Milyen művészet*     *mi*·yen *mēw*·vay·set
*érdekli/érdekel?* pol/inf     *ayr*·dek·li/*ayr*·de·kel

**What's in the collection?**
*Mit tartalmaz*     mit *tor*·tol·moz
*a gyűjtemény?*     o *dyēw*·y·te·mayn'

**What do you think of (Pál Szinyei Merse)?**
*Mit gondol/gondolsz*     mit *gawn*·dawl/*gawn*·dawls
*(Szinyei Merse Pál)ról?* pol/inf     (*sin*·nye·i *mer*·she paal)·rāwl

**It's an exhibition of ...**
*Ez egy ... kiállítás.*     ez ej ... *ki*·aal·lee·taash

**I'm interested in ...**
*Érdekel ...*     *ayr*·de·kel ...

**I like the works of ...**
*Szeretem ... munkáit.*     *se*·re·tem ... *mun*·kaa·it

**It reminds me of ...**
*...ra emlékeztet.*     ...ro em·lay·kez·tet

| | | |
|---|---|---|
| artwork | *műalkotás* | *mēw*·ol·kaw·taash |
| design | *terv* | terv |
| drawing | *rajz* | royz |
| etching | *rézkarc* | *rayz*·korts |
| exhibit | *kiállítási tárgy* | *ki*·aal·lee·taa·shi taarj |
| folk architecture | *népi építészet* | *nay*·pi *ay*·pee·tay·set |

art

139

|  |  |  |
|---|---|---|
| folk art | népművészet | nayp·mēw·vay·set |
| graphic art | grafika | gro·fi·ko |
| installation | megrendezés | meg·ren·de·zaysh |
| opening | megnyitó | meg·nyi·tāw |
| painter | festő | fesh·tēū |
| painting (canvas) | festmény | fesht·mayn' |
| painting (the art) | festészet | fesh·tay·set |
| permanent | állandó | aal·lon·dāw |
| collection | gyűjtemény | dyēw·y·te·mayn' |
| print | nyomat | nyaw·mot |
| sculptor | szobrász | sawb·raas |
| sculpture | szobrászat | sawb·raa·sot |
| statue | szobor | saw·bawr |
| studio | műterem | mēw·te·rem |
| style | stílus | shtee·lush |
| technique | technika | teh·ni·ko |

|  |  |  |
|---|---|---|
| … art/architecture | … művészet/ | … mēw·vay·set/ |
| | építészet | ay·pee·tay·set |
| Art Nouveau | szecessziós | se·tses·si·āwsh |
| Baroque | barokk | bo·rawkk |
| Classicist | klasszicista | klos·si·tsish·to |
| Gothic | gótikus | gāw·ti·kush |
| Hungarian | magyar | mo·dyor |
| Hungarian | magyar | mo·dyor |
| Secessionist | szecesszionista | se·tses·si·aw·nish·to |
| impressionist | impresszionista | imp·res·si·aw·nish·to |
| modern | modern | maw·dern |
| Realist | realista | re·o·lish·to |
| Romanesque | román | raw·maan |
| | stílusú | shtee·lu·shū |
| Romantic | romantikus | raw·mon·ti·kush |
| Eclectic | eklektikus | ek·lek·ti·kush |
| Renaissance | reneszánsz | re·ne·saans |
| Socialist | szocialista | saw·tsi·o·lish·to |
| Realist | realista | re·o·lish·to |

In this chapter, phrases are in the informal *te* te form only. If you're not sure what this means, see the box in **feelings & opinions**, page 117.

## sporting interests

sport iránti érdeklődés

**What sport do you play?**
*Mit sportolsz?*  mit *shpawr·*tawls

**What sport do you follow?**
*Milyen sport érdekel?*  *mi·*yen shpawrt *ayr·*de·kel

| I play/do ... | *Én ...* | ayn ... |
|---|---|---|
| athletics | *atlétizálok* | ot·lay·ti·zaa·lawk |
| basketball | *kosárlabdázom* | kaw·shaar·lob·daa·zawm |
| football (soccer) | *futballozom* | fut·bol·law·zawm |
| hunting | *vadászom* | vo·daa·sawm |
| karate | *karatézom* | ko·ro·tay·zawm |
| kayaking | *kajakozom* | ko·yo·kaw·zawm |
| tennis | *teniszezem* | te·ni·se·zem |
| volleyball | *röplabdázom* | reup·lob·daa·zawm |
| water polo | *vízilabdázom* | vee·zi·lob·daa·zawm |
| windsurfing | *szörfözöm* | seur·feu·zeum |

| I follow ... | *Érdekel ...* | ayr·de·kel ... |
|---|---|---|
| athletics | *az atlétika* | oz ot·lay·ti·ko |
| basketball | *a kosárlabda* | o kaw·shaar·lob·do |
| football (soccer) | *a futball* | o fut·boll |
| tennis | *a tenisz* | o te·nis |

| I like ...    | Szeretek ...      | se·re·tek ...            |
|---------------|-------------------|--------------------------|
| badminton     | tollaslabdázni    | tawl·losh·lob·daaz·ni    |
| fishing       | horgászni         | hawr·gaas·ni             |
| hiking        | kirándulni        | ki·raan·dul·ni           |
| swimming      | úszni             | ūs·ni                    |
| table tennis  | pingpongozni      | ping·pawn·gawz·ni        |

| I ...   | Én ...     | ayn ...          |
|---------|------------|------------------|
| cycle   | biciklizem | bi·tsik·li·zem   |
| run     | futok      | fu·tawk          |
| walk    | sétálok    | shay·taa·lawk    |

| Who's your favourite ...? | Ki a kedvenc ...? | ki o ked·vents ...    |
|---------------------------|-------------------|-----------------------|
| sportsperson              | sportolód         | shpawr·taw·lāwd       |
| team                      | csapatod          | cho·po·tod            |

**Do you like (football)?**
*Szereted (a futball)t?*    se·re·ted (o fut·boll)t

**Yes, very much.**
*Igen, nagyon.*    i·gen no·dyawn

**Not really.**
*Nem igazán.*    nem i·go·zaan

**I like watching it.**
*Szeretem nézni.*    se·re·tem nayz·ni

For more sports, see the **dictionary**.

## going to a game

elmenni egy mérkőzésre

**Would you like to go to a game?**
*Szeretnél elmenni egy*    se·ret·nayl el·men·ni ej
*mérkőzésre?*    mayr·kēū·zaysh·re

**Who are you supporting?**
*Kinek szurkolsz?*    ki·nek sur·kawls

## scoring

| | | |
|---|---|---|
| What's the score? | *Mi az állás?* | mi oz *aal*·laash |
| draw/even | *döntetlen* | *deun*·tet·len |
| love/zero | *nulla* | *nul*·lo |
| match-point | *Már csak egy pont kell a győzelemhez.* | maar chok ej pawnt kell o *dyēū*·ze·lem·hez |

| | | |
|---|---|---|
| Who's …? | *Ki …?* | ki … |
| playing | *játszik* | *yaat*·sik |
| winning | *nyer* | nyer |

| | | |
|---|---|---|
| That was a … game! | *Ez … játék volt.* | ez … *yaa*·tayk vawlt |
| bad | *pocsék* | *paw*·chayk |
| boring | *unalmas* | *u*·nol·mosh |
| great | *nagyszerű* | *noj*·se·rēw |

## playing sport

**Do you want to play?**
*Akarsz játszani?*
o·kors *yaat*·so·ni

**Can I join in?**
*Beszállhatok?*
be·saall·ho·tawk

**That would be great.**
*Az nagyon jó lenne.*
oz *no*·dyawn yāw *len*·ne

**I can't.**
*Nem tudok.*
nem *tu*·dawk

**I have an injury.**
*Megsérültem.*
meg·shay·rewl·tem

**Can I take lessons?**
*Lehet leckéket venni?*
le·het *lets*·kay·ket *ven*·ni

**Your/My point.**
*Egy pont oda/ide.*
ej pawnt *aw*·do/*i*·de

**Kick/Pass it to me!**
*Add ide nekem!*
odd *i*·de *ne*·kem

## sports talk

| What a ...! | Micsoda ...! | mi·chaw·do ... |
|---|---|---|
| goal | gól | gāwl |
| hit | ütés | ew·taysh |
| kick | rúgás | rū·gaash |
| pass | átadás | aat·o·daash |
| performance | teljesítmény | tel·ye·sheet·mayn' |

**You're a good player.**
*Jól játszol.* yāwl yaat·sawl

**Thanks for the game.**
*Köszönöm a játékot.* keu·seu·neum o yaa·tay·kawt

| Where's a good place to ...? | Hol lehet jól ...? | hawl le·het yāwl ... |
|---|---|---|
| fish | horgászni | hawr·gaas·ni |
| go horse riding | lovagolni | law·vo·gawl·ni |
| run | futni | fut·ni |
| ski | síelni | shee·el·ni |

| Where's the nearest ...? | Hol van a legközelebbi ...? | hawl von o leg·keu·ze·leb·bi ... |
|---|---|---|
| golf course | golfpálya | gawlf·paa·yo |
| gym | sportterem | shpawrt·te·rem |
| swimming pool | uszoda | u·saw·do |
| tennis court | teniszpálya | te·nis·paa·yo |
| thermal bath | termálfürdő | ter·maal·fewr·dēū |

**Do I have to be a member to attend?**
*Tagnak kell lenni ahhoz,* tog·nok kell len·ni oh·hawz
*hogy az ember* hawj oz em·ber
*bemehessen?* be·me·hesh·shen

**Is there a women-only session?**
*Van csak nők számára* von chok nēūk saa·maa·ro
*fenntartott foglalkozás?* fenn·tor·tawtt fawg·lol·kaw·zaash

**Where are the changing rooms?**
*Hol vannak az öltözők?* hawl von·nok oz eul·teu·zēūk

| What's the charge per ...? | Mennyibe kerül egy ...? | men'·nyi·be ke·rewl ej ... |
|---|---|---|
| day | nap | nop |
| game | játszma | yaats·mo |
| hour | óra | āw·ro |
| visit | látogatás | laa·taw·go·taash |
| Can I hire a ...? | Lehet ... bérelni? | le·het ... bay·rel·ni |
| ball | labdát | lob·daat |
| bicycle | biciklit | bi·tsik·lit |
| court | pályát | paa·yaat |
| racquet | ütőt | ew·tēūt |

## extreme sports

extrém sportok

| I'd like to go ... | Szeretnék elmenni ... | se·ret·nayk el·men·ni ... |
|---|---|---|
| abseiling | egy sziklához és kötélen leereszkedni | ej sik·laa·hawz aysh keu·tay·len le·e·res·ked·ni |
| bungee jumping | kötélugrani | keu·tayl·ug·ro·ni |
| caving | barlangászni | bor·lon·gaas·ni |
| game fishing | sporthorgászni | shpawrt·hawr·gaas·ni |
| hang-gliding | sárkányrepülni | shaar·kaan'·re·pewl·ni |
| mountain biking | hegyibiciklizni | he·dyi·bi·tsik·liz·ni |
| parasailing | ejtőernyő-vitorlázni | ey·tēū·er·nyēū·vi·tawr·laaz·ni |
| rock climbing | sziklát mászni | sik·laat maas·ni |
| skydiving | zuhanó ejtőernyőzni | zu·ho·nāw ey·tēū·er·nyēūz·ni |
| snow-boarding | hódeszkázni | hāw·des·kaaz·ni |
| white-water rafting | vadvízi evezésre | vod·vee·zi e·ve·zaysh·re |

sport

145

**Is the equipment secure?**
Biztonságos a
felszerelés?

biz·tawn·shaa·gawsh o
fel·se·re·laysh

**Is this safe?**
Ez biztonságos?

ez biz·tawn·shaa·gawsh

## fishing

**Where are the good spots?**
Hol vannak a jó helyek?

hawl von·nok o yāw he·yek

**Do I need a fishing permit?**
Kell, hogy legyen
horgászengedélyem?

kell hawj le·dyen
hawr·gaas·en·ge·day·yem

**Do you do fishing tours?**
Önök szerveznek
horgásztúrákat?

eu·neuk ser·vez·nek
hawr·gaas·tū·raa·kot

**What's the best bait?**
Mi a legjobb csali?

mi o leg·yawbb cho·li

**Are they biting?**
Harapnak a halak?

ho·rop·nok o ho·lok

**What kind of fish are you landing?**
Milyen halat fogtál?

mi·yen ho·lot fawg·taal

**How much does it weigh?**
Mennyi a súlya?

men'·nyi o shū·yo

| | | |
|---|---|---|
| bait | csali | cho·li |
| burley | beetetőcsali | be·e·te·tēū·cho·li |
| flare | villantó | vil·lon·tāw |
| float | úszó | ū·sāw |
| hook/hooks | horog/horgok | haw·rawg/hawr·gawk |
| life jacket | mentőmellény | men·tēū·mel·layn' |
| (fishing) line | (horgász)zsinór | (hawr·gaas·)zhi·nāwr |
| lures | műcsali | mēw·cho·li |
| (fishing) rod | (horgász)bot | (hawr·gaas·)bawt |
| sinkers | ólom | āw·lawm |

# horse riding

**Can you recommend a riding school?**
*Tudsz ajánlani egy*    tuds o·yaan·lo·ni ej
*lovaglóiskolát?*    law·vog·lāw·ish·kaw·laat

**How much is a (one)-hour ride?**
*Mennyibe kerül egy*    men'·nyi·be ke·rewl ej
*(egy)órás lovaglás?*    (ej)·āw·raash law·vog·laash

**How much is a (one)-hour lesson?**
*Mennyibe kerül egy*    men'·nyi·be ke·rewl ej
*(egy)órás lecke?*    (ej)·āw·raash lets·ke

**How much is a (three)-day riding tour?**
*Mennyibe kerül*    men'·nyi·be ke·rewl
*egy (három)napos*    ej (haa·rawm)·no·pawsh
*lovastúra?*    law·vosh·tū·ro

**How long is the ride?**
*Mennyi ideig tart*    men'·nyi i·de·ig tort
*a lovaglás?*    o law·vog·laash

**I'm an experienced rider.**
*Tapasztalt lovas vagyok.*    to·pos·tolt law·vosh vo·dyawk

**I'm not an experienced rider.**
*Nem vagyok*    nem vo·dyawk
*tapasztalt lovas.*    to·pos·tolt law·vosh

**Can I hire a hat and boots?**
*Lehet lovaglókalapot*    le·het law·vog·lāw·ko·lo·pawt
*és csizmát bérelni?*    aysh chiz·maat bay·rel·ni

| | | |
|---|---|---|
| **bit** | *zabla* | zob·lo |
| **bridle** | *kantár* | kon·taar |
| **canter** | *könnyű vágta* | keun'·nyēw vaag·to |
| **carriage** | *kocsi* | kaw·chi |
| **crop** | *ostornyél* | awsh·tawr·nyayl |
| **gallop** | *vágta* | vaag·to |
| **groom** | *lovász* | law·vaas |
| **horse** | *ló* | lāw |

sport

147

| pony | *póni* | *pāw·ni* |
| reins | *gyeplő* | *dyep·lēū* |
| saddle | *nyereg* | *nye·reg* |
| stable | *istálló* | *ish·taal·lāw* |
| stirrup | *kengyel* | *ken·dyel* |
| trot | *ügetés* | *ew·ge·taysh* |
| walk | *léptetés* | *layp·te·taysh* |

# ice-skating

korcsolyázás

**Is there a skating rink here?**
   *Van itt korcsolyapálya?*    von itt *kawr·chaw·yo·paa·yo*

**Do you like ice-skating?**
   *Szeretsz korcsolyázni?*    se·rets *kawr·chaw·yaaz·ni*

**Do you feel like ice-skating?**
   *Van kedved korcsolyázni?*    von ked·ved *kawr·chaw·yaaz·ni*

**I (don't) like ice-skating.**
   *(Nem) Szeretek*    (nem) se·re·tek
   *korcsolyázni.*    *kawr·chaw·yaaz·ni*

**I can skate (well).**
   *(Jól) Tudok korcsolyázni.*    (yāwl) tu·dawk *kawr·chaw·yaaz·ni*

**I can't skate.**
   *Nem tudok korcsolyázni.*    nem tu·dawk *kawr·chaw·yaaz·ni*

**I'll teach you ice-skating.**
   *Megtanítalak*    meg·to·nee·to·lok
   *korcsolyázni.*    *kawr·chaw·yaaz·ni*

**Can I hire skates?**
   *Lehet korcsolyát bérelni?*    le·het *kawr·chaw·yaat* bay·rel·ni

**Isn't it dangerous?**
   *Nem veszélyes?*    nem ve·say·yesh

**It's dangerous to skate here, the ice is too thin.**
   *Veszélyes itt korcsolyázni,*    ve·say·yesh itt *kawr·chaw·yaaz·ni*
   *a jég nem elég vastag.*    o yayg nem e·layg *vosh·tog*

**Hold on to me!**
*Kapaszkodj belém!*     ko·pos·kawd·y be·laym

**Slow down!**
*Lassabban!*     losh·shob·bon

| | | |
|---|---|---|
| **ice skates** | *korcsolya* | kawr·chaw·yo |
| **skating boots** | *korcsolyacipő* | kawr·chaw·yo·tsi·pēū |
| **skating rink** | *korcsolyapálya* | kawr·chaw·yo·paa·yo |

# football/soccer

| When does the match ...? | *Mikor ...?* | mi·kawr ... |
|---|---|---|
| start | *kezdődik a meccs* | kez·dēū·dik o mech |
| finish | *lesz vége a meccsnek* | les vay·ge o mech·nek |

**What's the score?**
*Hogy áll a mérkőzés?*     hawj aall o mayr·kēū·zaysh

**Which one is the better team?**
*Melyik a jobb csapat?*     me·yik o yawbb cho·pot

**Who's their coach?**
*Ki az edzőjük?*     ki oz ed·zēū·yewk

**Who's winning?**
*Ki áll nyerésre?*     ki aall nye·raysh·re

**Who's playing whom?**
*Ki játszik kivel?*     ki yaat·sik ki·vel

**Who scored the most goals?**
*Ki lőtte a legtöbb gólt?*     ki lēūt·te o leg·teubb gāwlt

**Who won?**
*Ki nyert?*     ki nyert

**Who plays for (Fradi)?**
*Ki játszik (a Fradi)ban?*     ki yaat·sik (o fro·di)·bon

**He's a great (player).**
*Ő nagyon jó (játékos).*     ēū no·dyawn yāw (yaa·tay·kawsh)

sport

149

**He played brilliantly in the match against (Italy).**

| | |
|---|---|
| *Nagyszerűen játszott* | noj·se·rēw·en yaat·sawtt |
| *az (Olaszország)* | oz (aw·los·awr·saag) |
| *elleni meccsen.* | el·le·ni mech·en |

**Which team is at the top of the league?**

| | |
|---|---|
| *Melyik a bajnokcsapat?* | me·yik o boy·nawk·cho·pot |

**What a great/terrible team!**

| | |
|---|---|
| *Milyen jó/szörnyű csapat!* | mi·yen yāw/seur·nyēw cho·pot |

| ball | labda | lob·do |
|---|---|---|
| coach | edző | ed·zēū |
| corner (kick) | szöglet | seug·let |
| expulsion | kiállítás | ki·aal·lee·taash |
| extension | hosszabbítás | haws·sob·bee·taash |
| fan | szurkoló | sur·kaw·lāw |
| feint(ing) | cselezés | che·le·zaysh |
| first/second | első/második | el·shēū/maa·shaw·dik |
| half | félidő | fayl·i·dēū |
| field | futballpálya | fut·boll·paa·yo |
| footballer | futballista | fut·bol·lish·to |
| foul | szabálytalanság | so·baa·y·to·lon·shaag |
| free kick | szabadrúgás | so·bod·rū·gaash |
| goal (structure) | kapu | ko·pu |
| goalkeeper | kapus | ko·push |
| manager | menedzser | me·ne·jer |
| offside | les | lesh |
| penalty | büntető | bewn·te·tēū |
| player | játékos | yaa·tay·kawsh |
| red card | piros lap | pi·rawsh lop |
| referee | bíró | bee·rāw |
| striker | középcsatár | keu·zayp·cho·taar |
| team | futballcsapat | fut·boll·cho·pot |
| throw in | bedobás | be·daw·baash |
| yellow card | sárga lap | shaar·go lop |

**Goal!**
*Gól!*       gāwl

**Go, (Fradi), go!**
*Hajrá (Fradi)!*       ho·y·raa (fro·di)

**You must be blind! (lit: glasses for the referee)**
*Szemüveget a bírónak!*       sem·ew·ve·get o bee·rāw·nok

# tennis

tenisz

**I'd like to play tennis.**
*Szeretnék teniszezni.*       se·ret·nayk te·ni·sez·ni

**Can we play at night?**
*Játszhatunk este?*       jaats·ho·tunk esh·te

**I need my racquet restrung.**
*Újra kell húroztatnom*       ūy·ro kell hū·rawz·tot·nawm
*az ütőmet.*       oz ew·tēū·met

| | | |
|---|---|---|
| ace | *ász* | aas |
| advantage | *előny* | e·lēūn' |
| clay | *agyag* | o·dyog |
| fault | *szabálytalan* | so·baa·y·to·lon |
| | *adogatás* | o·daw·go·taash |
| game, set, | *játszma, szet,* | yaats·mo set |
|   match | *meccs* | mech |
| grass court | *füves pálya* | few·vesh paa·yo |
| hard court | *kemény pálya* | ke·mayn' paa·yo |
| net | *háló* | haa·lāw |
| play doubles | *párosban* | paa·rawsh·bon |
| | *játszani* | yaat·so·ni |
| racquet | *ütő* | ew·tēū |
| serve | *szerva* | ser·vo |
| set | *szet* | set |
| tennis ball | *teniszlabda* | te·nis·lob·do |

## water sports

| Where's the nearest ...? | Hol van a legközelebbi ...? | hawl von a leg·keu·ze·leb·bi ... |
|---|---|---|
| indoor pool | fedett uszoda | fe·dett u·saw·do |
| lake | tó | tāw |
| outdoor pool | szabadtéri uszoda | so·bod·tay·ri u·saw·do |
| changing rooms | öltöző | eul·teu·zēū |
| locker | öltözőszekrény | eul·teu·zēū·sek·rayn' |
| swimming cap | úszósapka | ū·sāw·shop·ko |
| swimming costume | fürdőruha | fewr·dēū·ru·ho |

| Can I hire (a) ...? | Lehet ... bérelni? | le·het ... bay·rel·ni |
|---|---|---|
| boat | csónakot | chāw·no·kawt |
| canoe | kenut | ke·nut |
| kayak | kajakot | ko·yo·kawt |
| life jacket | mentőmellényt | men·tēū·mel·layn't |
| sailboard | vitorlás szörfdeszkát | vi·tawr·laash seurf·des·kaat |
| water-skis | vízisít | vee·zi·sheet |
| wetsuit | szörfruhát | seurf·ru·haat |

**Are there any water hazards?**

| Vannak erre vízi veszélyek? | von·nok er·re vee·zi ve·say·yek |
|---|---|

| guide | vezető | ve·ze·tēū |
|---|---|---|
| motorboat | motorcsónak | maw·tawr·chāw·nok |
| oar(s) | evező(k) | e·ve·zēū(k) |
| sailing boat | vitorlás hajó | vi·tawr·laash ho·yāw |
| windsurfing | széllovaglás | sayl·law·vog·laash |

# outdoors
## a szabadban

## hiking

**gyalogtúrázás**

|  |  |  |
|---|---|---|
| Where can I ...? | Hol ...? | hawl ... |
| buy supplies | tudok készleteket venni | tu·dawk kays·le·te·ket ven·ni |
| find someone who knows this area | találok valakit, aki ismeri ezt a környéket | to·laa·lawk vo·lo·kit o·ki ish·me·ri ezt o keur·nyay·ket |
| get a map | tudok térképet venni | tu·dawk tayr·kay·pet ven·ni |
| hire hiking gear | bérelhetek túrafelszerelést | bay·rel·he·tek tū·ro·fel·se·re·laysht |
| Is the track ...? | A túristaút ...? | o tū·rish·to·ūt ... |
| (well-)marked | (jól) ki van jelölve | (yāwl) ki von ye·leul·ve |
| open | nyitva van | nyit·vo von |
| scenic | szép kilátást kínál | sayp ki·laa·taasht kee·naal |
| How ...? | Milyen ...? | mi·yen ... |
| high is the climb | magasra kell mászni | mo·gosh·ro kell maas·ni |
| long is the trail | hosszú a túraösvény | haws·sū o tū·ro·eush·vayn' |
| Do we need to take ...? | Kell magunkkal vinni ...? | kell mo·gunk·kol vin·ni ... |
| bedding | ágyneműt | aaj·ne·mēwt |
| food | ennivalót | en·ni·vo·lāwt |
| water | vizet | vi·zet |

**Do we need a guide?**
*Van szükségünk vezetőre?*   von *sewk*·shay·gewnk *ve*·ze·tēū·re

**Are there guided treks?**
*Vannak túravezető által*    *von*·nok *tū*·ro·ve·ze·tēū *aal*·tol
*vezetett túrák?*            *ve*·ze·tett *tū*·raak

**Is it safe?**
*Biztonságos?*               *biz*·tawn·shaa·gawsh

**Is the water OK to drink?**
*Iható a víz?*               *i*·ho·tāw o veez

**Is there a hut?**
*Van ott menedékház?*        von awtt *me*·ne·dayk·haaz

**When does it get dark?**
*Mikor sötétedik?*           *mi*·kawr *sheu*·tay·te·dik

| **Which is the ... route?** | *Melyik a ... útvonal?* | *me*·yik o ... *ūt*·vaw·nol |
|---|---|---|
| easiest | *legkönnyebb* | *leg*·keun·nyebb |
| most interesting | *legérdekesebb* | *leg*·ayr·de·ke·shebb |
| shortest | *legrövidebb* | *leg*·reu·vi·debb |

| **Where can I find the ...?** | *Hol találom ...?* | hawl *to*·laa·lawm ... |
|---|---|---|
| camp ground | *a kempinget* | o *kem*·pin·get |
| nearest village | *a legközelebbi falut* | o *leg*·keu·ze·leb·bi *fo*·lut |
| showers | *a zuhanyozót* | o *zu*·ho·nyaw·zāwt |
| toilets | *a vécét* | o *vay*·tsayt |

**Where have you come from?**
*Honnan jössz?*              *hawn*·non yeuss

**How long did it take?**
*Mennyi ideig tartott?*      men'·nyi *i*·de·ig *tor*·tawtt

**Can I go through here?**
*Át tudok menni itt?*        aat *tu*·dawk *men*·ni itt

**I'm lost.**
*Eltévedtem.*                *el*·tay·ved·tem

# beach

strand

Hungary is a landlocked nation which boasts some of the biggest lakes in Europe. Sunbathing is a popular pastime on lakeside beaches, so don't forget to put on some *naptej* nop·te·y (sunscreen)!

| Where's the ... beach? | Hol van a ... strand? | hawl von o ... shtrond |
|---|---|---|
| best | legjobb | leg·yawbb |
| nearest | legközelebbi | leg·keu·ze·leb·bi |
| nudist | nudista | nu·dish·to |
| public | szabad | so·bod |

**Is it safe to dive/swim here?**
*Lehet itt biztonságosan fejest ugrani/úszni?*   le·het itt biz·tawn·shaa·gaw·shon fe·yesht ug·ro·ni/ūs·ni

**Do we have to pay?**
*Kell fizetni?*   kell fi·zet·ni

| How much for a/an ...? | Mennyibe kerül egy ...? | men'·nyi·be ke·rewl ej ... |
|---|---|---|
| chair | szék | sayk |
| hut | kabin | ko·bin |
| umbrella | napernyő | nop·er·nyēū |

### signs

| | | |
|---|---|---|
| *Fejest ugrani tilos!* | fe·yesht ug·ro·ni ti·lawsh | **No Diving** |
| *Úszni tilos!* | ūs·ni ti·lawsh | **No Swimming** |

# weather

időjárás

**What's the weather like?**
*Milyen az idő?*   mi·yen oz i·dēū

**What will the weather be like tomorrow?**
*Milyen lesz az idő holnap?*   mi·yen les oz i·dēū hawl·nop

| It's ... | Az idő ... | oz i·dēū ... |
|---|---|---|
| cloudy | felhős | fel·hēūsh |
| cold | hideg | hi·deg |
| fine | jó | yāw |
| freezing | jéghideg | yayg·hi·deg |
| hot | nagyon meleg | no·dyawn me·leg |
| sunny | napos | no·pawsh |
| warm | meleg | me·leg |
| windy | szeles | se·lesh |

| It's ... | Esik ... | e·shik ... |
|---|---|---|
| It will be ... | Esni fog ... | esh·ni fawg ... |
| raining | az eső | oz e·shēū |
| snowing | a hó | o hāw |

## flora & fauna

növény- és állatvilág

| What ... is that? | Az milyen ...? | oz mi·yen ... |
|---|---|---|
| animal | állat | aal·lot |
| flower | virág | vi·raag |
| plant | növény | neu·vayn' |
| tree | fa | fo |

| Is it ...? | | |
|---|---|---|
| common | Nagyon elterjedt? | no·dyawn el·ter·yett |
| dangerous | Veszélyes? | ve·say·esh |
| endangered | Veszélyeztetett? | ve·say·yez·te·tett |
| poisonous | Mérgező? | mayr·ge·zēū |
| protected | Védett? | vay·dett |

### local plants & animals

| deer | szarvas | sor·vosh |
|---|---|---|
| fox | róka | rāw·ko |
| poppy | pipacs | pi·poch |
| roe deer | őz | ēūz |
| wild boar | vaddisznó | vod·dis·nāw |

SOCIAL

156

## key language

### alapvető kifejezések

| | | |
|---|---|---|
| breakfast | *reggeli* | *reg·ge·li* |
| lunch | *ebéd* | *e·bayd* |
| dinner | *vacsora* | *vo·chaw·ro* |
| morning tea | *tízórai* | *teez·āw·ro·i* |
| afternoon tea | *uzsonna* | *u·zhawn·no* |
| snack | *snack* | snekk |
| eat v | *enni* | *en·ni* |
| drink v | *inni* | *in·ni* |
| I'd like ... | *Szeretnék ...* | *se·ret·nayk ...* |
| I'm starving! | *Nagyon éhes vagyok!* | *no·dyawn ay·hesh vo·dyawk* |

## finding a place to eat

### hol együnk

| | | |
|---|---|---|
| Where would you go for ...? | *Hová menne ...?* | *haw·vaa men·ne ...* |
| a celebration | *megünnepelni valamit* | *meg·ewn·ne·pel·ni vo·lo·mit* |
| a cheap meal | *ha olcsón akarna enni* | *ho awl·chāwn o·kor·no en·ni* |
| delicious cakes | *finom süteményért* | *fi·nawm shew·te·may·nyayrt* |
| local specialities | *helyi speciali- tásokért* | *he·yi shpe·tsi·o·li- taa·shaw·kayrt* |

| Can you recommend a ... ? | Tud/Tudsz ajánlani egy ...? pol/inf | tud/tuds o·yaan·lo·ni ej ... |
|---|---|---|
| bar | bárt | baart |
| beer cellar | sörözőt | sheu·reu·zēūt |
| bistro | gyorséttermet | dyawrsh·ayt·ter·met |
| café | kávézót | kaa·vay·zāwt |
| pastry shop | cukrászdát | tsuk·raas·daat |
| pub | pubot | pu·bawt |
| restaurant | éttermet | ayt·ter·met |
| self-service restaurant | önkiszolgálót | eun·ki·sawl·gaa·lāwt |
| village inn | fogadót | faw·ga·dāwt |
| village tavern | csárdát | chaar·daat |
| wine cellar | borozót | baw·raw·zāwt |
| I'd like to reserve a table for ... | Szeretnék asztalt foglalni ... | se·ret·nayk os·tolt fawg·lol·ni ... |
| (two) people | (két) főre | (kayt) fēū·re |
| (eight) o'clock | (nyolc) órára | (nyawlts) āw·raa·ro |

| I'd like ..., please. | Legyen szíves, hozzon egy ... | le·dyen see·vesh hawz·zawn ej ... |
|---|---|---|
| a children's menu | gyerekmenüt | dye·rek·me·newt |
| the drink list | itallapot | i·tol·lo·pawt |
| a half portion | fél adagot | fayl o·do·gawt |
| the menu (in English) | (angol nyelvű) étlapot | (on·gawl nyel·vēw) ayt·lo·pawt |

### eat, drink & be merry

You can buy both food and alcohol in Hungarian pubs, inns and taverns. If you want to eat traditional fare with your drinks then beer and wine cellars are your best bet.

| I'd like ... | Szeretnék ... | se·ret·nayk ... |
|---|---|---|
| a table for (five) | egy asztalt (öt) személyre | ej os·tolt (eut) se·may·re |
| the non-smoking section | a nem dohányzó részben ülni | o nem· daw·haan'·zāw rays·ben ewl·ni |
| the smoking section | a dohányzó részben ülni | o daw·haan'·zāw rays·ben ewl·ni |

**Are you still serving food?**
Még szolgálnak fel ennivalót?  
mayg sawl·gaal·nok fel en·ni·vo·lāwt

**How long is the wait?**
Mennyi ideig kell várni?  
men'·nyi i·de·ig kell vaar·ni

## at the restaurant

az étteremben

**What would you recommend?**
Mit ajánlana?  
mit o·yaan·lo·no

**What's in that dish?**
Mit tartalmaz ez a fogás?  
mit tor·tol·moz ez o faw·gaash

**What's that called?**
Azt hogy hívják?  
ozt hawj heev·yaak

**I'll have that.**
Azt kérem.  
ozt kay·rem

**Does it take long to prepare?**
Sokáig tart az elkészítése?  
shaw·kaa·ig tort oz el·kay·see·tay·she

**Is it self-serve?**
Önkiszolgáló?  
eun·ki·sawl·gaa·lāw

**Is service included in the bill?**
A kiszolgálás díja benne van a számlában?  
o ki·sawl·gaa·laash dee·ya ben·ne von o saam·laa·bon

| | | |
|---|---|---|
| te·le vo·dyunk | Tele vagyunk. | We're full. |
| zaar·vo vo·dyunk | Zárva vagyunk. | We're closed. |
| ej pil·lo·not | Egy pillanat. | One moment. |
| mit hawz·ho·tawk | Mit hozhatok? | What can I get for you? |
| | | |
| o/oz ... | A/az ... | I suggest the ... |
| o·yaan·lawm | ajánlom. | |
| se·re·ti ... | Szereti ...? | Do you like ...? |
| haw·dyon le·dyen | Hogyan legyen | How would you |
| el·kay·seet·ve | elkészítve? | like that cooked? |
| tesh·shayk | Tessék! | Here you go! |
| yāw ayt·vaa·dyot | Jó étvágyat! | Enjoy your meal! |

**Are these complimentary?**
*Ezek ingyen vannak?*　　e·zek in·dyen von·nok

**How much will that be?**
*Mennyi lesz?*　　men'·nyi les

**I didn't order that.**
*Nem rendeltem ilyet.*　　nem ren·del·tem i·yet

**There's a mistake in the bill.**
*Valami hiba van a*　　vo·lo·mi hi·bo von o
*számlában.*　　saam·laa·bon

**I'd like to see the manager, please.**
*Szeretnék beszélni az*　　se·ret·nayk be·sayl·ni oz
*üzletvezetővel, kérem.*　　ewz·let·ve·ze·tēū·vel kay·rem

| **I'd like a ...** | ... szeretnék. | ... se·ret·nayk |
|---|---|---|
| local | Valamilyen helyi | vo·lo·mi·yen he·yi |
| speciality | specialitást | shpe·tsi·o·li·taasht |
| sandwich | Egy szendvicset | ej send·vi·chet |

| **I'd like ...** | ... szeretném. | ... se·ret·naym |
|---|---|---|
| that dish | Azt az ételt | ozt oz ay·telt |
| the chicken | A csirkét | o chir·kayt |
| the menu | Az étlapot | oz ayt·lo·pawt |

| I'd like it with ... | ... kérem. | ... kay·rem |
|---|---|---|
| black pepper | Borssal | bawrsh·shol |
| cheese | Sajttal | shoyt·tol |
| garlic | Fokhagymával | fawk·hoj·maa·vol |
| hot paprika | Erős paprikaával | e·rēūsh pop·ri·kaa·vol |
| ketchup | Ketchuppal | ke·cheup·pel |
| nuts | Mogyoróval | maw·dyaw·rāw·vol |
| oil | Olajjal | aw·lo |
| salt | Sóval | shāw·vol |
| sugar | Cukorral | tsu·kawr·rol |
| tomato sauce | Paradicsom- szósszal | po·ro·di·chawm· sāws·sol |
| vinegar | Ecettel | e·tset·tel |

| I'd like it without ... | ... nélkül kérem. | ... nayl·kewl kay·rem |
|---|---|---|
| black pepper | Bòrs | bawrsh |
| cheese | Sajt | shoyt |
| garlic | Fokhagyma | fawk·hoj·mo |
| hot paprika | Erős paprika | e·rēūsh pop·ri·ko |
| ketchup | Ketchup | ke·cheup |
| nuts | Mogyoró | maw·dyaw·rāw |
| oil | Olaj | aw·loy |
| salt | Só | shāw |
| sugar | Cukor | tsu·kawr |
| tomato sauce | Paradicsom- szósz | po·ro·di·chawm· sāws |
| vinegar | Ecet | e·tset |

For other specific meal requests, see **vegetarian & special meals**, page 171.

### lashings of goulash

Hungary's most famous dish is goulash, the beef soup known locally as *gulyásleves* gu·yaash·le·vesh. The word originally came from the *gulyás* gu·yaash (herdsmen/cowboys) who made it from their hard-earned *hús* hüsh (meat).

| | | |
|---|---|---|
| *étvágygerjesztők* | *ayt·vaaj·ger·yes·tēūk* | appetisers |
| *saláták* | *sho·laa·taak* | salads |
| *levesek* | *le·ve·shek* | soups |
| *hideg/meleg előételek* | *hi·deg/me·leg e·lēū·ay·te·lek* | cold/hot entrees |
| *köretek* | *keu·re·tek* | garnishes |
| *savanyúságok* | *sho·vo·nyū·shaa·gok* | pickles |
| | | |
| *főételek* | *fēū·ay·te·lek* | main courses |
| *húsételek* | *hūsh·ay·te·lek* | meat dishes |
| *vegetáriánus ételek* | *ve·ge·taa·ri·aa·nush ay·te·lek* | vegetarian dishes |
| *tészták* | *tays·taak* | pastas |
| *pizzák* | *piz·zaak* | pizzas |
| | | |
| *desszertek* | *des·ser·tek* | desserts |
| | | |
| *italok* | *i·to·lawk* | drinks |
| *üdítőitalok* | *ew·dee·tēū·i·to·lawk* | soft drinks |
| *aperitifek* | *o·pe·ri·ti·fek* | apéritifs |
| *röviditalok* | *reu·vid·i·to·lawk* | spirits |
| *sörök* | *sheu·reuk* | beers |
| *borok* | *baw·rawk* | wines |
| *fehér borok* | *fe·hayr baw·rawk* | white wines |
| *pezsgő borok* | *pezh·gēū baw·rawk* | sparkling wines |
| *vörös borok* | *veu·reush baw·rawk* | red wines |
| *csemegeborok* | *che·me·ge·baw·rawk* | dessert wines |
| *emésztést serkentő italok* | *e·mays·taysht sher·ken·tēū i·to·lawk* | digestifs |

For more words you might see in a menu, see the **culinary reader**, page 175.

# at the table

| Please bring a ... | Kérem, hozzon egy ... | kay·rem hawz·zawn ej ... |
|---|---|---|
| cloth | rongyot | rawn·dyawt |
| glass | poharat | paw·ho·rot |
| serviette | szalvétát | sol·vay·taat |
| wineglass | borospoharat | baw·rawsh·paw·ho·rot |

| This is ... | Ez ... | ez ... |
|---|---|---|
| (too) cold | (túl) hideg | (tūl) hi·deg |
| spicy | fűszeres | fēw·se·resh |
| superb | nagyszerű | noj·se·rēw |

**Please bring the bill.**
Kérem, hozza a számlát.
kay·rem hawz·zo o saam·laat

**I'm full.**
Jóllaktam.
yāwl·lok·tom

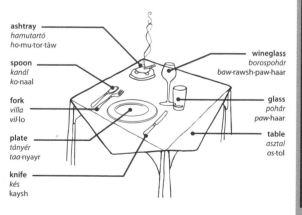

**ashtray**
hamutartó
ho·mu·tor·tāw

**spoon**
kanál
ko·naal

**fork**
villa
vil·lo

**plate**
tányér
taa·nyayr

**knife**
kés
kaysh

**wineglass**
borospohár
baw·rawsh·paw·haar

**glass**
pohár
paw·haar

**table**
asztal
os·tol

**menu** or **menü**

Don't be deceived by the word *menü* me·new, which actually means a set menu. To ask for the list of drinks and dishes use the word *étlap* ayt·lop.

## talking food

beszélgetés az ételekről

**I love this dish.**
*Szeretem ezt az ételt.*    se·re·tem ezt oz *ay*·telt

**I love the local cuisine.**
*Szeretem a helyi konyhát.*    se·re·tem o *he*·yi *kawn'*·haat

**That was delicious!**
*Ez nagyon finom volt!*    ez *no*·dyawn *fi*·nawm vawlt

**My compliments to the chef.**
*Gratulálok a szakácsnak.*    *gro*·tu·laa·lawk o *so*·kaach·nok

## methods of preparation

ételkészítési módszerek

| | | |
|---|---|---|
| I'd like it ... | ... *szeretném.* | ... *se*·ret·naym |
| I don't want it ... | *Nem szeretném ...* | nem *se*·ret·naym ... |
|   boiled | *forralva* | *for*·rol·vo |
|   broiled | *roston sülve* | *rawsh*·tawn *shewl*·ve |
|   deep-fried | *bő zsírban sütve* | beū *zheer*·bon *shewt*·ve |
|   fried | *zsírban sütve* | *zheer*·bon *shewt*·ve |
|   grilled | *grillezve* | *gril*·lez·ve |
|   mashed | *pürésítve* | *pew*·ray·sheet·ve |
|   medium | *közepesen* | *keu*·ze·pe·shen |
| | *átsütve* | *aat*·shewt·ve |
|   rare | *véresen* | *vay*·re·shen |
|   re-heated | *felmelegítve* | *fel*·me·le·geet·ve |
|   steamed | *párolva* | *paa*·rawl·vo |
|   well-done | *jól átsütve* | yāwl *aat*·shewt·ve |

FOOD

164

# in the bar

As well as drinking in a *bárt* baart (bar) or *pub* pob (pub), your other option is a *kocsma* kawch·ma. Your average *kocsma* is cheaper and grungier than a *pub* but doesn't serve food.

**Excuse me.**
Bocsánat.                          baw·chaa·not

**I'm next.**
Én következem.                     ayn keu·vet·ke·zem

**I'll have …**
… kérek.                           … kay·rek

**Same again, please.**
Legyen szíves ugyanezt             le·dyen see·vesh u·dyon·ezt
még egyszer.                       mayg ej·ser

**I'll buy you a drink.**
Fizetek neked egy italt.           fi·ze·tek ne·ked ej i·tolt

**What would you like?**
Mit kérsz?                         mit kayrs

**It's my round.**
Ezt most én fizetem.               ezt mawsht ayn fi·ze·tem

**No ice, thanks.**
Köszönöm, nem kérek jeget.         keu·seu·neum nem kay·rek ye·get

**How much is that?**
Az mennyibe kerül?                 oz men'·nyi·be ke·rewl

**Do you serve meals here?**
Lehet itt enni?                    le·het itt en·ni

---

### listen for …

mit kayr
*Mit kér?*                         **What are you having?**

ozt hi·sem e·le·get i·vawtt
*Azt hiszem, eleget ivott.*        **I think you've had enough.**

u·tawl·shāw ren·de·laysh nem·shaw·kaa·ro zaa·runk
*Utolsó rendelés,*                 **Last orders.**
*nemsokára zárunk.*

eating out

165

# nonalcoholic drinks

| | | |
|---|---|---|
| ... mineral water | ... ásványvíz | ... aash·vaan'·veez |
| sparkling | szénsavas | sayn·sho·vosh |
| still | szénsavmentes | sayn·shov·men·tesh |
| | | |
| orange juice | narancslé | no·ronch·lay |
| soft drink | üdítőital | ew·dee·tēū·i·tal |
| (hot) water | (forró) víz | (fawr·rāw) veez |
| | | |
| (cup of) tea ... | (csésze) tea ... | (chay·se) te·o ... |
| (cup of) coffee ... | (csésze) kávé ... | (chay·se) kaa·vay ... |
| with milk | tejjel | ey·yel |
| with sugar | cukor | tsu·kawr |
| with honey | mézzel | mayz·zel |
| with lemon | citrommal | tsit·rawm·mol |
| | | |
| decaffeinated coffee | koffeinmentes | kawf·fe·in·men·tesh |
| double black | dupla fekete | dup·lo fe·ke·te |
| iced coffee | jeges | ye·gesh |
| single black | szimpla fekete | simp·lo fe·ke·te |
| strong coffee | erős | e·rēūsh |
| weak coffee | gyenge | dyen·ge |
| white coffee | tejjel | tey·yel |

# alcoholic drinks

Remember to sample some *pálinka* paa·lin·ko, a Hungarian brandy made from fruit like plums and cherries. You could also try *unikum* u·ni·kum, a kind of bitter schnapps made from over 40 roots and herbs which claims medicinal properties.

| | | |
|---|---|---|
| beer | sör | sheur |
| brandy | brandy | bren·di |
| champagne | pezsgő | pezh·gēū |
| cocktail | koktél | kawk·tayl |

| a … of beer | egy … sör | ej … sheur |
|---|---|---|
| can | dobozos | daw·baw·zawsh |
| glass | pohár | paw·haar |
| pint | fél liter | fayl li·ter |
| small bottle | kis üveg | kish ew·veg |
| large bottle | nagy üveg | noj ew·veg |
| jug | korsó | kawr·shāw |

| a bottle/glass of … wine | egy üveg/ pohár … bor | ej ew·veg/ paw·haar … bawr |
|---|---|---|
| dessert | csemege | che·me·ge |
| red | vörös | veu·reush |
| rosé | világos vörös | vi·laa·gawsh veu·reush |
| sparkling | pezsgő | pezh·gēū |
| white | fehér | fe·hayr |
| a shot of … | egy kupica … | ej ku·pi·tso … |
| gin | gin | jin |
| *pálinka* | pálinka | paa·lin·ko |
| rum | rum | rum |
| tequila | tequila | te·ki·lo |
| unicum | unikum | u·ni·kum |
| vodka | vodka | vawd·ko |
| whisky | whisky | vis·ki |

## putting on the spritz

A popular way of adding zing to wine in Hungary is by mixing up a *fröccs* freuch (spritzer). Two common versions of this bubbly refresher are the *házmester* haaz·mesh·ter (lit: concierge), 30mL of wine mixed with 20mL of soda water, and the *hosszúlépés* haws·sū·lay·paysh (lit: long-step) made with 10mL of wine and 20mL of soda water.

# drinking up

**Cheers! (to one person)**
Egészségére! pol     e·gays·shay·gay·re
Egészségedre! inf     e·gays·shay·ged·re

**Cheers! (to more than one person)**
Egészségükre! pol     e·gays·shay·gewk·re
Egészségetekre! inf     e·gays·shay·ge·tek·re

**This is hitting the spot.**
Ez nagyon jól esik.     ez no·dyawn yāwl e·shik

**I feel fantastic!**
Nagyszerűen érzem magam!     noj·se·rēw·en ayr·zem mo·gom

**I think I've had one too many.**
Azt hiszem, eggyel többet     ozt hi·sem ej·dyel teub·bet
ittam a kelleténél.     it·tom o kel·le·tay·nayl

**I'm feeling drunk.**
Úgy érzem, részeg vagyok.     ūj ayr·zem ray·seg vo·dyawk

**I'm pissed.**
Be vagyok rúgva.     be vo·dyawk rūg·vo

**I feel ill.**
Rosszul érzem magam.     raws·sul ayr·zem mo·gom

**Where's the toilet?**
Hol a vécé?     hawl o vay·tsay

**I'm tired, I'd better go home.**
Fáradt vagyok, jobb,     faa·rott vo·dyawk yawbb
ha hazamegyek.     ho ho·zo·me·dyek

**Can you call a taxi for me?**
Tud hívni nekem egy taxit?     tud heev·ni ne·kem ej tok·sit

**I don't think you should drive.**
Azt hiszem, jobb, ha nem     ozt hi·sem yawbb ho nem
vezet.     ve·zet

**What's the local speciality?**
*Mi az itteni specialitás?*  mi oz it·te·ni shpe·tsi·o·li·taash

**What's that?**
*Az mi?*  oz mi

**Can I taste it?**
*Megkóstolhatom?*  meg·kāwsh·tawl·ho·tawm

**How much is (a kilo of cheese)?**
*Mennyibe kerül*  men'·nyi·be ke·rewl
*(egy kiló sajt)?*  (ej ki·lāw shoyt)

| I'd like ... | Kérek ... | kay·rek ... |
|---|---|---|
| (20) decagrams | (húsz) dekát | (hūs) de·kaat |
| half a dozen | fél tucatot | fayl tu·tso·tawt |
| a dozen | egy tucatot | ej tu·tso·tawt |
| half a kilo | fél kilót | fayl ki·lāwt |
| a kilo | egy kilót | ej ki·lāwt |
| a bottle/jar | egy üveggel | ej ew·veg·gel |
| a packet | egy csomaggal | ej chaw·mog·gol |
| a piece | egy darabot | ej do·ro·bawt |
| a slice | egy szeletet | ej se·le·tet |
| a tin | egy dobozzal | ej daw·bawz·zol |

| I'd like ... | ... kérem. | ... kay·rem |
|---|---|---|
| that one | Azt | ozt |
| this one | Ezt | ezt |

#### how would you like that?

| | | |
|---|---|---|
| cooked | főtt | fēütt |
| cured | pácolt | paa·tsawlt |
| dried | szárított | saa·ree·tawtt |
| fresh | friss | frish |
| frozen | fagyasztott | fo·dyos·tawtt |
| raw | nyers | nyersh |
| smoked | füstölt | fewsh·teult |

self-catering

| I'd like ... | ... kérek. | ... kay·rek |
| just a little | Csak egy kicsit | chok ej ki·chit |
| more | Többet | teub·bet |
| some ... | Egy kis ... | ej kish ... |

| Do you have ...? | Van Önöknél ...? | von eu·neuk·nayl ... |
| anything | valami | vo·lo·mi |
| cheaper | olcsóbb | awl·chāwbb |
| other kinds | másfajta | maash·foy·to |

| Where can I find | Hol találom | hawl to·laa·lawm |
| the ... section? | a ...? | o ... |
| dairy | tejtermékeket | tey·ter·may·ke·ket |
| fish | halakat | ho·lo·kot |
| frozen goods | fagyasztott árut | fo·dyos·tawtt aa·rut |
| fruit and | gyümölcsöket | dyew·meul·cheu·ket |
| vegetable | és zöldségeket | aysh zeuld·shay·ge·ket |
| meat | húsokat | hū·shaw·kot |
| poultry | szárnyasokat | saar·nyo·shaw·kat |

**Could I please borrow a (frying pan)?**
*Kölcsönkérhetnék* keul·cheun·kayr·het·nayk
*egy (serpenyőt)?* ej (sher·pe·nyēut)

**I need a (chopping board).**
*Szükségem van egy* sewk·shay·gem von ej
*(vágódeszkára).* (vaa·gāw·des·kaa·ro)

**listen for ...**

| she·geet·he·tek | Segíthetek? | Can I help you? |
| mit kayr | Mit kér? | What would you like? |
| maash·vo·lo·mit | Másvalamit? | Anything else? |
| ninch | Nincs. | There isn't any. |

FOOD

# vegetarian & special meals

vegetáriánus és különleges ételek

## ordering food

| | | |
|---|---|---|
| **Is there a ...** | *Van a közelben* | von o *keu*·zel·ben |
| **restaurant** | *... étterem?* | ... *ayt*·te·rem |
| **near here?** | | |
| **Do you have** | *Vannak Önöknél* | von·nok *eu*·neuk·nayl |
| **... food?** | *... ételek?* | ... *ay*·te·lek |
| **halal** | *iszlám rítus* | *is*·laam *ree*·tush |
| | *szerint levágott* | se·rint le·vaa·gawtt |
| **kosher** | *kóser* | *kāw*·sher |
| **vegetarian** | *vegetáriánus* | ve·ge·taa·ri·aa·nush |

| | | |
|---|---|---|
| **I don't eat ...** | *Én nem eszem ...* | ayn nem e·sem ... |
| **butter** | *vajat* | *vo*·yot |
| **eggs** | *tojást* | *taw*·yaasht |
| **fish** | *halat* | *ho*·lot |
| **fish stock** | *halászlékockát* | ho·laas·lay·kawts·kaat |
| **meat stock** | *húsleveskockát* | *hūsh*·le·vesh·kawts·kaat |
| **oil** | *olajat* | *aw*·lo·yot |
| **pork** | *disznóhúst* | *dis*·nāw·hūsht |
| **poultry** | *szárnyast* | *saar*·nyosht |
| **red meat** | *marha-vagy* | *mor*·ho voj |
| | *birkahúst* | *bir*·ko·hūsht |

vegetarian & special meals

While it may not be a local Hungarian delicacy, you shouldn't be insulted if you're offered something sounding like a 'shite-burger'. A *sajtburger* shoyt·bur·ger is really a cheese-burger in disguise.

| Could you prepare a meal without ...? | *Tudná készíteni egy ételt ... nélkül?* | tud·no kay·see·te·ni ej ay·telt ... nayl·kewl |
|---|---|---|
| butter | *vaj* | vo·y |
| eggs | *tojás* | taw·yaash |
| fish | *hal* | hol |
| fish stock | *halászlékocka* | ho·laas·lay·kawts·ko |
| meat stock | *húsleveskocka* | hūsh·le·vesh·kawts·ko |
| oil | *olaj* | aw·lo·y |
| pork | *disznóhús* | dis·nāw·hūsh |
| poultry | *szárnyashús* | saar·nyosh·hūsh |
| red meat | *marha- vagy birkahús* | mor·ho voj bir·ko·hūsh |

| Is this ...? | *Ez ...?* | ez ... |
|---|---|---|
| decaffeinated | *koffeinmentes* | kawf·fe·in·men·tesh |
| free of | *állati* | aal·la·ti |
| animal produce | *termékektől mentes* | ter·may·kek·tēul men·tesh |
| free-range | *szabadon tenyésztett* | so·bo·dawn te·nyays·tett |
| genetically modified | *genetikailag módosított* | ge·ne·ti·ko·i·log māw·daw·shee·tott |
| gluten-free | *sikérmentes* | shi·kayr·men·tesh |
| low fat | *alacsony zsírtartalmú* | o·lo·chawn' zheer·tor·tol·mū |
| low in sugar | *alacsony cukortartalmú* | o·lo·chawn' tsu·kawr·tor·tol·mū |
| organic | *organikus* | awr·go·ni·kush |
| salt-free | *sótlan* | shāwt·lon |

# special diets & allergies

**I'm on a special diet.**

*Különleges diétán vagyok.*     kew·leun·le·gesh di·ay·taan vo·dyawk

| I'm (a) ... | ... vagyok. | ... vo·dyawk |
|---|---|---|
| **Buddhist** | *Buddhista* | budd·hish·to |
| **Hindu** | *Hindu vallású* | hin·du vol·laa·shū |
| **Jewish** | *Zsidó vallású* | zhi·dāw vol·laa·shū |
| **Muslim** | *Muszlim* | mus·lim |
| **vegan** | *Tejterméket és tojást sem fogyasztó vegetáriánus* | te·y·ter·may·ket aysh taw·yaasht shem faw·dyos·tāw ve·ge·taa·ri·aa·nush |
| **vegetarian** | *Vegetáriánus* | ve·ge·taa·ri·aa·nush |

The word 'vampire' is said to have its origins in the old Magyar word *vampir*. 'Vampyre' was first used in English in 1734, in *The Travels of Three English Gentlemen from Venice to Hamburgh*. As the anonymous author wrote, 'These Vampyres are supposed to be the Bodies of deceased Persons, animated by evil Spirits, which come out of the Graves, in the Night-time, suck the Blood of many of the Living, and thereby destroy them.' To talk about their contemporary Hungarian cousins, use the word *vámpír vaam*·peer.

| I'm allergic to ... | *Allergiás vagyok a ...* | *ol*·ler·gi·aash *vo*·dyawk o ... |
|---|---|---|
| dairy produce | *tejtermékekre* | *te*·y·ter·may·kek·re |
| eggs | *tojásra* | *taw*·yaash·ro |
| gelatine | *zselatinra* | *zhe*·lo·tin·ro |
| gluten | *sikérre* | *shi*·kayr·re |
| honey | *mézre* | *mayz*·re |
| MSG | *monoszódium glutamátra* | *maw*·naw·sāw·di·um *glu*·to·maat·ro |
| nuts | *diófélékre* | *di*·āw·fay·layk·re |
| peanuts | *mogyoróra* | *maw*·dyaw·rāw·ro |
| seafood | *tenger gyümölcseire* | *ten*·ger *dyew*·meul·che·i·re |
| shellfish | *kagylókra és rákokra* | *koj*·lāwk·ro aysh *raa*·kawk·ro |

# culinary reader
## konyhaművészetről

This miniguide to Hungarian cuisine lists dishes and ingredients in alphabetical order in Hungarian. It's designed to help you get the most out of your gastronomic experience by providing you with food terms that you may see on menus etc.

## A

**alma** *ol·mo* apple
— **pongyolában** *pawn·dyaw·laa·bon* apple rings dipped in batter, deep-fried, sprinkled with cinnamon & sugar & served hot
**almaleves** *ol·mo·le·vesh* refreshing chilled soup made from apples, lemon peel, cinnamon, cloves, sugar & sour cream
**almás palacsinta** *ol·maash po·lo·chin·to* pancakes made from a batter with grated apples
**almás pite** *ol·maash pi·te* apple pie with chopped walnuts
**angolos** *on·gaw·lawsh* rare
**ásványvíz** *aash·vaan'·veez* mineral water
**aszalt szilva** *o·solt sil·vo* prunes
**asztali bor** *os·to·li bawr* table wine

## B

**babérlevél** *bo·bayr·le·vayl* bay leaf
**bableves csülökkel** *bob·le·vesh chew·leuk·kel* dried bean soup with smoked pork knuckle, carrot, parsley root, onion, garlic, sour cream & paprika
**banán** *bo·naan* banana
**barackpálinka** *bo·rotsk·paa·lin·ko* apricot brandy
**bélszínszeletek Budapest módra** *bayl·seen·se·le·tek bu·do·pesht mäwd·ro* fried beef tenderloin topped with a tomato-based sauce containing onion, smoked bacon, goose liver, mushrooms, capsicum, paprika & oil
**birsalma** *birsh·ol·mo* quince
**borjúhús** *bawr·yü·hüsh* veal
**borjúkotlett magyaróvári módra** *bawr·yü·kawt·lett mo·dyor·äw·vaa·ri mäwd·ro* fried veal cutlets in tomato

sauce, topped with chopped fried mushrooms, slices of ham & cheese & grilled
**borjúmáj** *bawr·yü·maa·y* calf liver
**borókabogyó** *baw·räw·ko·baw·dyäw* juniper berries
**bors** *bawrsh* black pepper
**borsó** *bawr·shäw* peas
**borsszem** *bawrsh·sem* peppercorns
**bő zsírban sült** *bëü zheer·bon shewlt* deep-fried
**bugaci paraszt-saláta** *bu·go·tsi po·rost·sho·laa·to* salad made from green peppers, tomato, cucumber, onion, grated **kaskaval** & chopped parsley
**burgonya** *bur·gaw·nyo* potato (also known as **krumpli**)

## C

**citrom** *tsit·rawm* lemon
**cukor** *tsu·kawr* sugar

## Cs

**csemegepaprika** *che·me·ge·pop·ri·ko* aromatic, medium-coarse, light red, mild paprika
**cseresznye** *che·res·nye* cherries
**cseresznyepálinka** *che·res·nye·paa·lin·ko* cherry brandy
**cseresznyés rétes** *che·res·nyaysh ray·tesh* strudel filled with sweet cherries, ground walnuts, cinnamon & sugar
**csípős paprika** *chee·pëüsh pop·ri·ko* spicy paprika – light brown to ochre & yellow in colour
**csirke** *chir·ke* chicken
**csöves kukorica** *cheu·vesh ku·kaw·ri·tso* corn on the cob

175

culinary reader

**csuka** chu-ko pike (fish)
— **tejfölös tormával** te-y-feu-leush tawr-maa-vol boiled pike pieces in a horseradish, butter lemon & sour cream sauce cooked with carrot, onion & parsley root
**csúsztatott palacsinta** chüs-to-tawtt po-lo-chin-to rich pancakes in a stack sprinkled with grated chocolate

# D

**daragaluska** do-ro-go-lush-ko dumplings made from eggs & semolina
**debreceni kolbász** deb-re-tse-ni kawl-baas Debrecen sausage
**debreceni krumpli egytál** deb-re-tse-ni krump-li ej-taal smoked Debrecen sausages fried with onions, sprinkled with paprika & served with crispy fried potato slices
**dió** di-äw walnut
**diós bukta** di-äwsh buk-to rich pastry roll stuffed with ground walnuts, sugar, sultanas, cinnamon & a vanilla filling
**diós metélt** di-äwsh me-taylt freshly cooked pasta tossed with butter, ground walnuts & sugar
**diós palacsinta** di-äwsh po-lo-chin-to pancakes rolled around a nut cream filling
**diós rétes** di-äwsh ray-tesh strudel with a ground walnut, raisin, sugar & grated lemon rind filling
**diótorta** di-äw-tawr-to sponge cake layered with a rich sweet cream with ground walnuts & rum
**disznóhús** dis-näw-hüsh pork
**dobostorta** daw-bawsh-tawr-to the crowning glory of Hungarian cakes – sponge cake layered with chocolate custard cream, decorated on top with a glazed sponge layer cut into segments
**doroszmai molnárponty** daw-raws-mo-i mawl-naar-pawnt' carp fillets larded with smoked bacon & cooked with mushrooms, capsicum, tomato, paprika & sour cream

# E

**ecet** e-tset vinegar
**ecetes** e-tse-tesh pickled

**édes** ay-desh sweet
— **paprika** pop-ri-ko sweet paprika – dark red, medium-coarse, mild paprika
**édes-nemes paprika** ay-desh ne-mesh pop-ri-ko finely ground bright red paprika with a sweet aromatic flavour
**Eger** e-ger wine producing region famous for its Pinot Noir wines
**egres** eg-resh gooseberry
**egri bikavér** eg-ri bi-ko-vayr 'Eger bull's blood' – Hungary's best known dry red wine from the Eger winegrowing region
**Esterházy-rostélyos** es-ter-haa-zi rawsh-tay-yawsh 'Esterházy roast beef' – roast beef slices served with buttered carrots, parsley & onion in a sour cream, mustard, caper & lemon juice sauce

# F

**fácán** faa-tsaan pheasant
**fahéj** fo-hay cinnamon
**fehérbor** fe-hayr-bawr white wine
**fekete ribizli** fe-ke-te ri-biz-li blackcurrants
**félédes bor** fayl-ay-desh bawr semisweet wine
**félédes paprika** fayl-ay-desh pop-ri-ko pleasantly spicy, medium-coarse, light red paprika
**félszáraz bor** fayl-saa-roz bawr semidry wine
**fenyőpereszke** fe-nyeü-pe-res-ke blewit mushroom – type of wild mushroom with a pleasant aroma
**fogas** faw-gosh zander (fish)
— **jóasszony módra** yäw-os-sawn' mäwd-ro zander fillets cooked in a white wine, mushroom, parsley, butter & cream sauce
**fogoly** faw-gaw-y partridge
**fokhagyma** fawk-hoj-mo garlic
**forralt** fawr-rolt boiled
**főétel** feü-ay-tel main course
**földi szeder** feul-di se-der blackberry
**földieper** feul-di-e-per strawberry
**főzelék** feü-ze-layk side dish of vegetables sautéed in fat & cooked in stock
**friss** frish fresh
**fürj** fewr-y quail
**füstölt** fewsh-teult smoked

# G

**galuska** go-lush-ko dumplings made from eggs, salt & flour – popular accompaniment to pörkölt & also used to garnish soups (see also nokedli)

**gesztenye** *ges·te·nye* chestnut

**gesztenyekrém** *ges·te·nye·kraym*
*sweet cream based on chestnut purée
spread on sponge cake layers*

**gesztenyepüré** *ges·te·nye·pew·ray*
*chestnut purée – often used in desserts*

**gesztenyés palacsinta**
*ges·te·nyaysh po·lo·chin·to
pancakes with a sweet chestnut-cream
filling topped with chocolate sauce*

**gesztenyével töltött pulyka**
*ges·te·nyay·vel teul·teutt pu·y·ko
turkey larded with bacon & stuffed with
a roast Spanish chestnut, bread, pork,
egg & cream stuffing*

**gomba** *gawm·bo* mushroom

**gombaleves** *gom·bo·le·vesh mushroom &
caramelised onion soup seasoned with
paprika*

**gombás libamáj** *gawm·baash li·bo·maa·y
goose liver fried with goose fat, mush-
rooms, onion, garlic, cream, wine &
parsley*

**görögdinnye** *geu·reug·din·nye
watermelon*

**gránátoskocka** *graa·naa·tawsh·kawts·ko
see* **grenadírmas**

**grenadírmas** *gre·no·deer·morsh 'march
of the grenadiers' – potatoes with sweet
paprika, onion & pasta – served with
sour gherkins (gránátoskocka)*

**gulyásleves** *gu·yaash·le·vesh
goulash soup – beef soup with carrot,
parsley root, capsicum, tomato, celery,
potatoes & pasta*

**gumós zeller** *gu·mawsh zel·ler* celeriac

# Gy

**gyömbér** *dyeum·bayr* ginger

**gyömbéres mézeskalács** *dyeum·bay·resh
may·zesh·ko·laach gingerbread – tradi-
tional treat from the town of Debrecen*

**gyulai kolbász** *dyu·lo·i kawl·baas hard-
smoked sausage seasoned with paprika,
pepper, cumin, garlic & bacon*

**gyümölcs** *dyew·meulch* fruit

# H

**hagyma** *hoj·mo* onion

**hagymás tört krumpli**
*hoj·maash teurt krump·li potatoes
served with fried onions*

**hajdúkáposzta** *ho·y·dü·kaa·paws·to
cured pork knuckles cooked with potato,
sauerkraut, onion, ground paprika,
garlic & garnished with smoked bacon*

**hal** hol *fish*

**halászlé vegyes halból**
*ho·laas·lay ve·dyesh hol·bäwl fish soup
with onion, tomato & a dose of paprika,
giving it a bright red colour*

**harcsa** *hor·cho* catfish

**házi** *haa·zi* homemade

**házinyúl** *haa·zi·nyül* rabbit

**hirtelen sült** *hir·te·len shewlt* sautéed

**hortobágyi palacsinta**
*hawr·taw·baa·dyi po·lo·chin·to ground
meat rolled in savoury pancakes, topped
with a sour cream & paprika sauce*

**hortobágyi ürügulyás**
*hawr·taw·baa·dyi ew·rew·gu·yaash
mutton stew with capsicum, tomato,
potato, onions & garlic*

**hús** hüsh *meat*

# J

**jól átsütött** *yäwl aat·shew·teutt well-done*

**juhtúrós puliszka** *yuh·tü·räwsh pu·lis·ko
polenta baked with melted butter &
ewe's milk cheese*

# K

**kacsa** *ko·cho* duck

**kacsapecsenye** *ko·cho·pe·che·nye
duck roasted with apples, quinces &
marjoram inside*

**kacsasült káposztás cvekedlivel töltve**
*ko·cho·shewlt kaa·paws·taash
tsve·ked·li·vel teult·ve roast duck stuffed
with chopped salted cabbage, noodles,
duck fat, eggs & marjoram*

**kalács** *ko·laach plaited glazed loaf*

**kapor** *ko·pawr* dill

**káposzta** *kaa·paws·to* cabbage

**káposztás kocka** *kaa·paws·taash
kawts·ko white cabbage stir-fried in
sweetened butter then tossed with
pepper & freshly cooked pasta*

**kapribogyó** *kop·ri·baw·dyäw* capers

**kapros túrós palacsinta** *kop·rawsh
tü·räwsh po·lo·chin·to pancakes with a
sweetened quark, egg & dill filling*

**karalábé** *ko·ro·laa·bay kohlrabi*

**karalábéfőzelék** *ko·ro·laa·bay·fēū·ze·layk creamed kohlrabi with parsley, butter, marrow stock, flour & milk*

**karalábéleves** *ko·ro·laa·bay·le·vesh kohlrabi soup with sour cream & parsley*

**karfiol** *kor·fi·awl cauliflower*

**karfiolleves** *kor·fi·awl·le·vesh soup of cauliflower, parsley, sour cream & paprika*

**kaskaval** *kosh·ko·vaal semihard cheese made from ewe's milk*

**kávékrém** *kaa·vay·kraym sweet coffee cream spread on sponge cakes*

**kékhátú galambgomba** *kayk·haa·tū ga·lomb·gawm·bo green agaric mushroom*

**kenyér** *ke·nyayr bread*

**kifli** *kif·li crescent-shaped bread roll*

**kolbász** *kawl·baas thick sausage*

**kolozsvári rakott káposzta** *kaw·lawzh·vaa·ri ro·kawtt kaa·paws·to sauerkraut braised in butter layered with rice, sliced boiled eggs & sausage, sour cream & paprika then oven-baked*

**korhelyleves** *kawr·he·y·le·vesh stew of smoked ham shank, sauerkraut, paprika & onion topped with sliced Debrecen sausage*

**koriander** *kaw·ri·on·der coriander*

**köret** *keu·ret garnish*

**körte** *keur·te pear*

**közepesen átsütött** *keu·ze·pe·shen aat·shew·teutt medium*

**krumpli** *krump·li potato (also known as burgonya)*

**kürtőskalács** *kewr·tēūsh·ko·laach Transylvanian cake made by wrapping dough around a roller, coating it with a honey, egg yolk, sugar, almond (or walnut) glaze & roasting it on a spit*

## L

**lángos** *laan·gawsh deep-fried potato cakes topped with cabbage, ham, garlic juice, cheese, sour cream, or dill*

**lé** *lay juice (of meat or fruit)*

**lebbencs** *leb·bench wafer-thin sheets of pasta sometimes added to soups*

**lecsó** *le·chāw dish of stewed tomato, peppers, onions, oil & paprika*

**lekváros szelet** *lek·vaa·rawsh se·let sponge cake layered with strawberry jam*

**lencse** *len·che lentils*

**lencseleves nemesvámosi módra** *len·che·le·vesh ne·mesh·vaa·maw·shi māwd·ro lentils cooked in a stock made from smoked ribs, combined with onions, capsicum, tomato, celery leaves & sour cream*

**leves** *le·vesh soup – soups play an important part in Hungarian cuisine & are inevitably served at lunch (the main meal of the day)*

**liba** *li·bo goose*

**libamáj** *li·bo·maa·y goose liver*

**libamájpástétom** *li·bo·maa·y·paash·tay·tawm goose liver pâté*

**libazsír** *li·bo·zheer goose fat*

**lila tölcsérpereszke** *li·lo teul·chayr·pe·res·ke lilac blewit mushroom – wild mushroom with a pungent flavour*

## M

**máj** *maa·y liver*

**májgaluska** *maa·y·go·lush·ko liver dumplings – egg dumplings made from day-old bread, chicken, veal or pork livers & fried with onion*

**majonézes krumplisaláta** *mo·yaw·nay·zesh krump·li·sho·laa·to potato salad with mayonnaise*

**majoranna** *mo·yaw·ron·no marjoram*

**májusi pereszke** *maa·yu·shi pe·res·ke May blewit mushroom – wild mushroom with a delicate aroma & pleasant taste*

**mák** *maak poppy seeds*

**mákos és diós beigli** *maa·kawsh aysh di·āwsh be·y·gli poppy seed & nut rolls traditionally served at Christmas*

**mákos guba mézzel** *maa·kawsh gu·bo mayz·zel pudding made from poppy seeds, pastry & honey*

**mákos kifli** *maa·kawsh kif·li croissant-shaped bread roll topped with poppy seeds*

**mákos metélt** *maa·kawsh me·taylt see mákos tészta*

**mákos palacsinta** *maa·kawsh po·lo·chin·to sweet pancakes with a vanilla sugar & poppy seed filling*

**mákos rétes** *maa·kawsh ray·tesh strudel with a poppy seed & apple filling*

**mákos tészta** *maa·kawsh tays·to sweet pasta dish of poppy seeds, sugar & lemon rind tossed with freshly cooked pasta (also mákos metélt)*

**málna** *maal·no raspberry*

**mandula** *mon·du·lo almond*

**marcipán** *mor·tsi·paan marzipan –*
*shaped into elaborate floral cake deco-*
*rations, or used as the basis for candies*
*filled with fruit & coated in chocolate*

**marhahús** *mor·ho·hüsh beef*

**mazsola** *mo·zhaw·lo sultana*

**mecseki betyárgombócleves**
*me·che·ki be·tyaar·gawm·bāwts·le·vesh*
*soup made from meat stock, carrot,*
*parsley root, celeriac, lard, flour, sour*
*cream, egg yolk & thyme*

**meggy** *mejj morello cherry*

**meggyes rétes** *mej·dyesh ray·tesh strudel*
*with a morello cherry & walnut filling*

**meggyleves** *mejj·le·vesh chilled soup of*
*morello cherries, water, sour cream, dry*
*red wine, egg yolk, sugar, grated lemon*
*peel & cinnamon – can be gooseberries,*
*blackberries, raspberries or redcurrants*

**menü** *me·new set menu*

**méz** *mayz honey*

**mezei nyúl** *me·ze·i nyúl hare*

**mézeskalács** *may·zesh·ko·laach*
*honey cake*

**minőségi bor** *mi·nēū·shay·gi bawr*
*vintage wine*

**mogyoró** *maw·dyaw·rāw hazelnut*

**mustár** *mush·taar mustard*

## N

**nagy őzlábgomba** *noj ēūz·laab·gawm·bo*
*parasol mushroom – flavoursome wild*
*mushroom*

**napi ajánlat** *no·pi o·yaan·lot daily special*

**napraforgómag** *nop·ro·fawr·gāw·mog*
*sunflower seeds*

**narancs** *no·ronch orange*

**nokedli** *naw·ked·li see galuska*

**nyárson sült** *nyaar·shawn shewlt*
*roasted on a spit*

**nyers** *nyersh raw*

## O

**olaj** *aw·lo·y oil*

**olajban sült** *aw·lo·y·bon shewlt fried in oil*

**ormánsági töltött dagadó**
*awr·maan·shaa·gi teul·teutt do·go·dāw*

*boned pork spare ribs stuffed with bread,*
*fried onion, bacon, pig's liver & egg*

**öntött saláta** *eun·teutt sho·laa·to*
*lettuce salad with a fried bacon & garlic,*
*sour cream & vinegar dressing*

**őszibarack** *ēū·si·bo·rotsk peach*

**őszibarackos rétes** *ēū·si·bo·rots·kawsh*
*ray·tesh peach strudel*

**őzgerinc erdei ízesítéssel**
*ēūz·ge·rints er·de·i ee·ze·shee·taysh·shel*
*cured saddle of venison larded with*
*smoked bacon, flavoured with pepper,*
*juniper berries, coriander & mustard &*
*roasted*

## P

**pacal** *po·tsol tripe*

**pácolt** *paa·tsawlt marinated*

**palacsinta** *po·lo·chin·to*
*pancakes – served sweet & savoury as*
*appetisers, main courses & desserts*

**pálinka** *paa·lin·ko*
*brandy made from a variety of fruits*

**palóc leves** *po·lāwts le·vesh*
*soup made from cubed leg of mutton (or*
*beef), French beans, potato, onion, lard,*
*paprika, bay leaf & caraway*

**paprika** *pop·ri·ko capsicum • red pepper*

**paprikás** *pop·ri·kaash stew made of lean*
*meat (such as veal, chicken or rabbit)*
*capsicum, onion & tomato simmered in*
*a fatty paprika & sour cream gravy*
*— krumpli krump·li potatoes, capsicum*
*& tomatoes cooked in a smoked bacon,*
*onion, garlic & paprika base*

**paradicsom** *po·ro·di·chawm tomato*

**pecsenye** *pe·che·nye roasted*

**petrezselyem** *pet·re·zhe·yem parsley*

**petrezselyemgyökér**
*pet·re·zhe·yem·dyeu·kayr parsley root*

**petrezselymes újkrumpli**
*pet·re·zhe·y·mesh ū·y·krump·li*
*new potatoes fried in oil seasoned with*
*parsley & salt*

**pikáns** *pi·kaansh savoury*

**pils** *pilsh pale lager-style beer*

**pirospaprika** *pi·rawsh·pop·ri·ko*
*paprika – the quintessential & highly*
*prized Hungarian spice served in*
*dishes or placed on the table in*
*sprinklers to garnish dishes*

**pisztráng** *pist*·raang *trout*

**pogácsa** *paw*·gaa·cho *small circular sweet or savoury pastries preferably eaten hot*

**ponty** pawnt' *carp*

**pontyszeletek hagymás káposztával** pawnt'·se·le·tek *hoj*·maash kaa·paws·taa·vol *carp fillets fried with bacon then topped with sauerkraut, white wine & pepper & baked*

**pörkölt** peur·keult *diced meat stew with a fatty paprika-laden gravy of onion, capsicum & tomato*

**prézlis nudli** prayz·lish nud·li *boiled cylindrical noodles made from mashed potato, egg, flour, butter & breadcrumbs*

**pulyka** pu·y·ko *turkey*

**püspökkenyér** pewsh·peuk·ke·nyayr *cake consisting of candied fruit, raisins & nuts in a sponge base*

# R

**rántás** raan·taash *heavy roux made of pork lard & flour often added to cooked vegetables or soups*

**rántott** raan·tawtt '*crumbed' – coating of meat, fish, cheese or vegetables with flour, beaten eggs and breadcrumbs before deep-frying*

— **csirke** chir·ke '*crumbed chicken*' – *chicken pieces are battered & deep-fried after the wings are stuffed with chicken liver*

— **karfiol** kor·fi·awl *crumbed deep-fried cauliflower florets*

— **libamájszeletek** li·bo·maa·y·se·le·tek *crumbed deep-fried goose liver*

— **ponty** pawnt' *crumbed carp fillets – traditional Christmas fare*

— **sertésborda** sher·taysh·bawr·do *Hungarian version of the Wiener Schnitzel but with a crumbed pork cutlet*

— **sonkás palacsinta** shawn·kaash po·lo·chin·to *ground ham flavoured with paprika, folded into pancake squares then crumbed & fried*

**répa** ray·po *carrot*

**rétes** ray·tesh *strudel – one of the most famous Hungarian dishes – fillings include poppy seeds, quark with semolina & raisins, peach, cherry & walnut*

**ribizli** ri·biz·li *redcurrants*

**rizs** rizh *rice*

**roston sült** rawsh·tawn shewlt *grilled*

**rózsapaprika** ráw·zho·pop·ri·ko *spicy, medium-coarse, bright red paprika*

# S

**sajt** sho·y·t *cheese*

**sárgabarack** shaar·go·bo·rotsk *apricot*

**sárga rókagomba** shaar·go ráw·ko·gawm·bo *chanterelle mushroom – very tasty mushroom sometimes added to* **pörkölt** & **paprikás** *dishes*

**sárgadinnye** shaar·go·din'·nye *honeydew melon*

**sárgarépafőzelék** shaar·go·ray·po·feū·ze·layk *diced carrots cooked in butter, sugar, salt, marrow stock, flour & milk*

**savanyú** sho·vo·nyū *sour*

— **káposzta** kaa·paws·to *sauerkraut*

— **nyúlgerinc** nyūl·ge·rints *saddle of hare larded with bacon & cooked in a piquant sauce of onion, butter, sour cream, sugar, lemon juice & mustard*

— **uborka** u·bawr·ko *pickled gherkins*

**serpenyős** sher·pe·nyeūsh *pan-fried*

**sertéshús** sher·taysh·hūsh *pork*

**só** sháw *salt*

**somlói galuska** shawm·láw·i go·lush·ko *decadent dessert made from layered jam rolls topped with raisins, walnuts, jam, cocoa powder & cream then smothered in vanilla custard & rum syrup*

**sonka** shawn·ko *ham*

**sonkás kocka** shawn·kaash kots·ko *chopped ham mixed with butter, eggs, sour cream & pasta then baked*

**sonkával töltött gomba** shawn·kaa·vol teul·teutt gawm·bo *mushroom caps stuffed with smoked ham in paprika-flavoured cheese sauce & grilled*

**soproni lakodalmas leves** shawp·raw·ni lo·kaw·dol·mosh le·vesh '*Sopron wedding soup' with chicken, carrot, parsley root, celeriac, cabbage, mushrooms, garlic, onion, ginger & vermicelli*

**sóska** sháwsh·ko *sorrel*

**sóskafőzelék** sháwsh·ko·feū·ze·layk *creamed sorrel with butter, salt, flour, marrow stock, cream & sugar*

**sovány** shaw·vaan' *lean*

**sötét trombitagomba** sheu·tayt trawm·bi·to·gawm·bo *trumpet of death mushroom – tasty wild mushroom*

**spárga** *shpaar*-go *asparagus*
**spárgás bárányborda** *shpaar*-gaash
*baa-*raan'*-bawr*-do *lamb cutlets with
asparagus tips & mushrooms*
**spenót** *shpe-*näwt *spinach*
**stíriai metélt** *shtee-*ri-o-i *me-*taylt
*boiled quark & sour cream dumplings
baked with butter, sugar, sour cream,
egg yolks & lemon rind*
**sült** shewlt *baked*
— **csirke** *chir-*ke *roast chicken*
— **újkrumpli** *ü-*y-krump-li
*new potatoes fried whole or in slices*
**sütemény** *shew-*te-mayn' *pastry*

# Sz

**szaft** soft *juice (of meat or fruit)*
**szaftos** *sof-*tawsh *juicy (meat or fruit)*
**szalonna** so-*lawn*-no *bacon*
**szalonnás rántotta**
so-*lawn*-naash *raan-*tawt-to
*egg poured over fried onions, chopped
bacon & sausages then scrambled*
**száraz bor** *saa-*roz bawr *dry wine*
**szárazbab** *saa-*roz-bob *dried beans*
**szárított** *saa-*ree-tawtt *dried*
**szegedi tarhonyás hús**
se-ge-di *tor-*haw-nyaash hüsh
*diced pork cooked with onion,
paprika, capsicum, tomato & fried
pasta pellets*
**szegfűszeg** *seg-*fēw-seg *cloves*
**székely gulyás** *say-*ke-y gu-yaash
*stew of sautéed pork, bacon, onion,
sauerkraut, paprika & sour cream*
**szeletelt** se-le-telt *chopped*
**szentgyörgyhegyi palacsinta**
sent-dyeurj-he-dyi po-lo-chin-to
*rolled walnut-cream-filled pancakes
baked in custard*
**szerecsendió** se-re-chen-di-äw *nutmeg*
**szilva** sil-vo *plums*
**szilvapálinka** sil-vo-paa-lin-ko
*plum brandy*
**szilvás gombóc** sil-vaash gawm-bäwts
*potato-based dumplings filled with
pitted plums, sugar cubes & cinnamon
then boiled*
**szósz** säws *sauce*
**szőlő** sēü-lēü *grapes*

# T

**tarhonya** *tor-*haw-nyo *pearl-like grains of
pasta made from flour, eggs & salt*
**tarhonyaleves** *tor-*haw-nyo-le-vesh
*soup with tarhonya, tomato, capsicum,
potato, onion, paprika & parsley*
**tej** te-y *milk*
**tejföl** *te-*y-feul *sour cream*
**tejszínhab** *te-*y-seen-hob *whipped cream*
**tekert mákos kifli** te-kert maa-kawsh kif-li
*poppy seed roll in the shape of a knot*
**téliszalámi** tay-li-so-laa-mi
*smoked pork salami made with a secret
blend of spices*
**tészta** tays-to *pasta – each dish is made
with specially shaped pasta*
**tócsi** *täw-*chi *potato pancakes flavoured
with caraway seed*
**tojás** *taw-*yaash *egg*
**tokaji aszú** *taw-*ko-yi o-sü *prized sweet
dessert wine made from aszú grapes
infected with 'noble rot' (Botrytis cinera)*
**tokaji aszú eszencia** *taw-*ko-yi o-sü
e-sen-tsi-o *very rare variety of tokaji,
mixed with concentrated sugar essence
then matured in oak for at least 15 years*
**tokaji furmint** *taw-*ko-yi fur-mint
*wine made from the Furmint grape &
matured in dry & semisweet styles*
**tokány** *taw-*kaan'
*meat stewed in white wine, tomato
paste, onion, garlic, oil & seasonings*
**torma** *tawr-*mo *horseradish*
**torta** *tawr-*to *cake*
**tök** teuk *pumpkin*
**tökfőzelék** teuk-fēū-ze-layk *creamed
pumpkin mixed with onion, dill, butter,
flour, paprika, capsicum, vinegar &
sour cream*
**töltelék** teul-te-layk *stuffing*
**töltött** teul-teutt *stuffed*
— **csirke** *chir-*ke *chicken stuffed with
bread, fried onion, chicken liver, egg &
seasonings then roasted in melted butter*
— **káposzta** *kaa-*paws-to *sauerkraut
cabbage leaves stuffed with onion, rice &
ground pork & cooked with layered
sauerkraut, meat stock & a paprika roux*
— **paprika** *pop-*ri-ko *capsicums stuffed
with onion, rice & ground pork & topped
with a tomato sauce*

**— süllőtekercs tejszínes-paprikás mártással** *shewl·lēū·te·kerch te·y·see·nesh·pop·ri·kaash maar·taash·shol* rolled zander fillets with mushroom, egg yolk, onion & parsley filling, cooked in a cream & paprika sauce

**— tök kapormártással** *teuk ko·pawr·maar·taash·shol* marrow stuffed with minced pork, rice & egg, topped with dill, lemon juice, lemon rind & sour cream sauce & baked

**túró** *tū·rāw* quark – smooth cottage cheese usually made from cow's milk

**túróscsusza** *tū·rāwsh·chu·so* freshly cooked noodles served with sour cream, dill, quark and fried bacon

**túrós pogácsa** *tū·rāwsh paw·gaa·cho* made from a dough of quark, flour, baking powder, butter, salt & lard

**túrós rétes** *tū·rāwsh ray·tesh* strudel with a filling of quark, semolina & raisins

**tüdő** *tew·dēū* lung

**tűzdelt fácán** *tēwz·delt faa·tsaan* pheasant larded with smoked bacon & roasted in redwine gravy

# Ty

**tyúkhúsleves** *tyūk·hūsh·le·vesh* chicken soup with carrot, kohlrabi & parsley & celery roots

# U

**uborka** *u·bawr·ko* cucumber

**unicum** *u·ni·kum* dark bitter herb schnapps with extracts from over 40 different roots & herbs

**ürühús** *ew·rew·hūsh* mutton

# V

**vadas libamell** *vo·dosh li·bo·mell* goose breast marinated in vinegar, juniper berries, peppercorns, bay leaves, onion, carrot & parsley root then roasted with bacon, goose fat, mustard & sour cream

**vaddisznó** *vod·dis·nāw* wild boar

**vadhús** *vod·hūsh* venison

**vaj** *vo·y* butter

**vajas kifli** *vo·yosh kif·li* butter croissant

**vajas pogácsa** *vo·yosh paw·gaa·cho* **pogácsa** made from a dough of flour, sugar, butter, yeast, egg yolks & sour cream

**vanília** *vo·nee·li·o* vanilla

**vargabéles** *vor·go·bay·lesh* dessert with layered ribbon pasta & strudel dough topped with a custard-like quark, sour cream, lemon rind, egg & vanilla sugar mixture

**véres** *vay·reshh* rare

**virsli** *virsh·li* thin sausage

**vörösbor** *veu·reush·bawr* red wine

**vörösszárnyú keszeg** *veu·reush·saar·nyū ke·seg* golden shiner (fish)

# Z

**zeller** *zel·ler* celery

**zellerlevél** *zel·ler·le·vayl* celery leaves

**zöldbab** *zeuld·bob* grean beans

**zöldbabfőzelék** *zeuld·bob·fēū·ze·layk* cooked green beans, with onion, parsley, butter, flour, garlic, paprika, sour cream & vinegar

**zöldbableves** *zeuld·bob·le·vesh* green bean soup

**zöldborsóleves** *zeuld·bawr·shāw·le·vesh* soup of garden peas, paprika & parsley, served with egg or liver dumplings

**zöldség** *zeuld·shayg* vegetable

**zöldségleves** *zeuld·shayg·le·vesh* soup made from onion, carrot, parsley, tomato, capsicum & paprika

# Zs

**zsemle** *zhem·le* bread roll

**zsemlegombóc** *zhem·le·gawm·bāwts* dumplings made from milk-soaked bread, lard, eggs & flour

**zsír** *zheer* lard

**zsírban sült** *zheer·bon shewlt* fried in lard

**zsíros** *zhee·rawsh* fat

## emergencies

**szükséghelyzetek**

| | | |
|---|---|---|
| Help! | *Segítség!* | *she·geet·shayg* |
| Stop! | *Álljon meg!* | *aall·yawn meg* |
| Go away! | *Menjen innen!* | *men·yen in·nen* |
| Thief! | *Tolvaj!* | *tawl·voy* |
| Fire! | *Tűz!* | *tēwz* |
| Watch out! | *Vigyázzon!* | *vi·dyaaz·zawn* |

**Call the police!**
*Hívja a rendőrséget!* — *heev·yo o rend·ēūr·shay·get*

**Call a doctor!**
*Hívjon orvost!* — *heev·yawn awr·vawsht*

**Call an ambulance!**
*Hívja a mentőket!* — *heev·yo o men·tēū·ket*

**It's an emergency!**
*Sürgős esetről van szó.* — *shewr·gēūsh e·shet·rēūl von sāw*

**There's been an accident!**
*Baleset történt.* — *bo·le·shet teur·taynt*

**Could you please help?**
*Tudna segíteni?* — *tud·no she·gee·te·ni*

**Can I use your phone?**
*Használhatom a telefonját?* — *hos·naal·ho·tawm o te·le·fawn·yaat*

### signs

| | | |
|---|---|---|
| *Baleseti ambulancia* | *bo·le·she·ti om·bu·lon·tsi·yo* | **Emergency Department** |
| *Kórház* | *kāwr·haaz* | **Hospital** |
| *Rendőrség* | *rend·ēūr·shayg* | **Police Station** |

essentials

**I'm lost.**
*Eltévedtem.*                         *el·tay·ved·tem*

**Where are the toilets?**
*Hol a vécé?*                         hawl o *vay*·tsay

| **Is it safe …?** | *Biztonságos …?* | *biz*·tawn·shaa·gawsh … |
|---|---|---|
| at night | *éjszaka* | *ay*·so·ko |
| for gay people | *melegek számára* | *me*·le·gek *saa*·maa·ro |
| for travellers | *turisták* | *tu*·rish·taak |
| | *számára* | *saa*·maa·ro |
| for women | *nők számára* | *nēūk saa*·maa·ro |
| on your own | *egyedül* | *e*·dye·dewl |

## police

**rendőrség**

**Where's the police station?**
*Hol a rendőrség?*                    hawl o *rend*·ēūr·shayg

**I want to report an offence.**
*Bűncselekményt szeretnék*            *bēwn*·che·lek·maynyt se·ret·nayk
*bejelenteni.*                        be·ye·len·te·ni

**It was him/her.**
*Ő volt az.*                          ēū vawlt oz

**I have insurance.**
*Van biztosításom.*                   von *biz*·taw·shee·taa·shawm

| **I've been …** | | |
| **He/She has been …** | | |
| assaulted | *Megtámadtak.* | *meg*·taa·mod·tok |
| raped | *Megerőszakoltak.* | *meg*·e·rēū·so·kawl·tok |
| ripped off | *Becsaptak.* | *be*·chop·tok |
| robbed | *Kiraboltak.* | *ki*·ro·bawl·tok |
| **He/She tried** | *Megpróbált …* | *meg*·prāw·baalt … |
| **to … me.** | | |
| assault | *megtámadni* | *meg*·taa·mod·ni |
| rape | *megerőszakolni* | *meg*·e·rēū·so·kawl·ni |
| rob | *kirabolni* | *ki*·ro·bawl·ni |

| My ... was/were stolen. | Ellopták ... | el·lawp·taak ... |
|---|---|---|
| I've lost my ... | Elvesztettem ... | el·ves·tet·tem ... |
| backpack | a hátizsákomat | o haa·ti·zhaa·kaw·mot |
| bags | a csomagjaimat | o chaw·mog·yo·i·mot |
| credit card | a hitelkártyámat | o hi·tel·kaar·tyaa·mot |
| handbag | a kézitáskámat | o kay·zi·taash·kaa·mot |
| jewellery | az ékszereimet | oz ayk·se·re·i·met |
| money | a pénzemet | o payn·ze·met |
| papers | az irataimat | oz i·ro·to·i·mot |
| travellers cheques | az utazási csekkjeimet | oz u·to·zaa·shi chekk·ye·i·met |
| passport | az útlevelemet | oz ūt·le·ve·le·met |
| purse | a pénztárcámat | o paynz·taar·tsaa·mot |
| wallet | a tárcámat | o taar·tsaa·mot |

### the police may say ...

| You're charged with ... | A vád Ön ellen ... | o vaad eun el·len ... |
|---|---|---|
| He/She is charged with ... | A vád ellene ... | o vaad el·le·ne ... |
| assault | testi sértés | tesh·ti shayr·taysh |
| disturbing the peace | rendzavarás | rend·zo·vo·raash |
| not having a visa | az, hogy nincs vízuma | oz hawj ninch vee·zu·mo |
| overstaying your visa | az, hogy túllépte a vízum időtartamát | oz hawj tūl·layp·te o vee·zum i·dēū·tor·to·maat |
| possession (of illegal substances) | az, hogy (illegális anyagok) birtokában volt | oz hawj (il·le·gaa·lish o·nyo·gawk) bir·taw·kaa·bon vawlt |
| shoplifting | bolti tolvajlás | bawl·ti tawl·voy·laash |
| theft | lopás | law·paash |
| It's a ... fine. | Ez egy ... bírság. | ez ej ... beer·shaag |
| parking | parkolási | por·kaw·laa·shi |
| speeding | gyorshajtásért járó | dyawrsh·hoy·taa·shayrt yaa·rāw |

**What am I accused of?**
*Mivel vádolnak?*      mi·vel vaa·dawl·nok

**I'm sorry.**
*Sajnálom.*      shoy·naa·lawm

**I didn't realise I was doing anything wrong.**
*Nem voltam tudatában*    nem vawl·tom tu·do·taa·bon
*annak, hogy valami*    on·nok hawj vo·lo·mi
*rosszat csinálok.*    raws·sot chi·naa·lawk

**I didn't do it.**
*Nem csináltam azt.*    nem chi·naal·tom ozt

**Can I pay an on-the-spot fine?**
*Fizethetek helyszíni*    fi·zet·he·tek hey·see·ni
*bírságot?*    beer·shaa·gawt

**I want to contact my embassy/consulate.**
*Kapcsolatba akarok lépni*    kop·chaw·lot·bo o·ko·rawk layp·ni
*a követségemmel/*    o keu·vet·shay·gem·mel/
*konzulátusommal.*    kawn·zu·laa·tu·shawm·mol

**Can I make a phone call?**
*Telefonálhatok?*    te·le·faw·naal·ho·tawk

**Can I have a lawyer (who speaks English)?**
*Kaphatok egy ügyvédet*    kop·ho·tawk ej ewj·vay·det
*(aki beszél angolul)?*    (o·ki be·sayl on·gaw·lul)

**This drug is for personal use.**
*Ez a szer személyes*    ez o ser se·may·yesh
*használatra való.*    hos·naa·lot·ro vo·läw

**I have a prescription for this drug.**
*Van receptem ehhez a*    von re·tsep·tem e·hez o
*gyógyszerhez.*    dyäwj·ser·hez

## doctor

orvos

| Where's the nearest ...? | Hol a legközelebbi ...? | hawl o leg·keu·ze·leb·bi ... |
|---|---|---|
| dentist | fogorvos | fawg·awr·vawsh |
| doctor | orvos | awr·vawsh |
| emergency department | baleseti ügyelet | bo·le·she·ti ew·dye·let |
| hospital | kórház | kāwr·haaz |
| medical centre | orvosi rendelő | awr·vaw·shi ren·de·lēū |
| optometrist | szemészet | se·may·set |
| (night) pharmacist | (éjszaka nyitvatartó) gyógyszertár | (ay·so·ko nyit·vo·tor·tāw) dyāwj·ser·taar |

**I need a doctor (who speaks English).**
*(Angolul beszélő)* *(on·gaw·lul be·say·lēū)*
*Orvosra van* *awr·vawsh·ro von*
*szükségem.* *sewk·shay·gem*

**Could I see a female doctor?**
*Beszélhetnék egy* *be·sayl·het·nayk ej*
*orvosnővel?* *awr·vawsh·nēū·vel*

**Could the doctor come here?**
*Ide tudna jönni az orvos?* *i·de tud·no yeun·ni oz awr·vawsh*

**Is there an after-hours emergency number?**
*Van munkaidő után* *von mun·ko·i·dēū u·taan*
*hívható telefonszám?* *heev·ho·tāw te·le·fawn·saam*

**I've run out of my medication.**
*Elfogyott az* *el·faw·dyawtt oz*
*orvosságom.* *awr·vawsh·shaa·gawm*

**This is my usual medicine.**
*Ezt az orvosságot szedem.* ezt oz awr·vawsh·shaa·gawt se·dem

**My son/daughter weighs (20) kilos.**
*A fiam/lányom (húsz) kiló.*    o fi·om/laa·nyawm (hūs) ki·lāw

**What's the correct dosage?**
*Mi a helyes adagolás?*    mi o he·yesh o·do·gaw·laash

**I don't want a blood transfusion.**
*Nem akarok*    nem o·ko·rawk
*vérátömlesztést.*    vayr·aat·eum·les·taysht

**Please use a new syringe/needle.**
*Kérem, használjon új*    kay·rem hos·naal·yawn ū·y
*fecskendőt/tűt.*    fech·ken·dēūt/tēwt

**I have my own syringe.**
*Van saját fecskendőm*    von sho·yaat fech·ken·dēūm
*tűm.*    tēwm

| | | |
|---|---|---|
| **I've been** | *Be vagyok* | be vo·dyawk |
| **vaccinated** | *oltva … ellen.* | awlt·vo … el·len |
| **against …** | | |
| **He/She has** | *Be van* | be von |
| **been vaccinated** | *oltva … ellen.* | awlt·vo … el·len |
| **against …** | | |
| hepatitis | *hepatitis* | he·po·ti·tis |
|   A/B/C | *Á/B/C* | aa/bay/tsay |
| meningo- | *agyhártya- és* | oj·haar·tyo·aysh |
|   encephalitis | *agyvelőgyulladás* | oj·ve·lēū·dyul·lo·daash |
| tetanus | *tetanusz* | te·to·nus |
| typhoid | *tífusz* | tee·fus |

| | | |
|---|---|---|
| **I need new …** | *Új … van* | ū·y … von |
| | *szükségem.* | sewk·shay·gem |
| **contact lenses** | *kontaktlencsére* | kawn·tokt·len·chay·re |
| **glasses** | *szemüvegre* | sem·ew·veg·re |

**My prescription is …**
*A receptem …*    o re·tsep·tem …

**How much will it cost?**
*Mennyibe kerül?*    men'·nyi·be ke·rewl

**Can I have a receipt for my insurance?**
*Kaphatok egy számlát a*    kop·ho·tawk ej saam·laat o
*biztosítóm részére?*    biz·taw·shee·tāwm ray·say·re

### what's up, doc?

Hungarians have great respect for medical practitioners so be sure to address them correctly. A male doctor should be addressed as *Doktor úr* dawk·tawr ūr (Mr Doctor) and a female doctor as *Doktornő* dawk·tawr·nēū (Madame Doctor), even outside of a medical context.

## symptoms & conditions

tünetek és állapotok

**I'm sick.**
*Rosszul vagyok.*     raws·sul vo·dyawk

**My friend is (very) sick.**
*A barátom/barátnőm*     o bo·raa·tawm/bo·raat·nēūm
*(nagyon) rosszul van.* m/f     (no·dyawn) raws·sul von

**My son/daughter is (very) sick.**
*A fiam/lányom (nagyon)*     o fi·om/laa·nyawm (no·dyawn)
*rosszul van.*     raws·sul von

| **He/She is having a/an ...** | ... *van.* | ... von |
|---|---|---|
| allergic reaction | *Allergiás rohama* | ol·ler·gi·aash raw·ho·mo |
| asthma attack | *Asztmás rohama* | ost·maash raw·ho·mo |
| epileptic fit | *Epilepsziás rohama* | e·pi·lep·si·aash raw·ho·mo |
| heart attack | *Szívrohama* | seev·raw·ho·mo |

| **I've been ...** | | |
|---|---|---|
| injured | *Megsérültem.* | meg·shay·rewl·tem |
| vomiting | *Hányok.* | haa·nyawk |

| **He/She has been ...** | | |
|---|---|---|
| injured | *Megsérült.* | meg·shay·rewlt |
| vomiting | *Hány.* | haan' |

health

189

## the doctor may say ...

**What's the problem?**
*Mi a probléma?*      mi o *prawb*·lay·mo

**Where does it hurt?**
*Hol fáj?*      hawl *faa*·y

**Do you have a temperature?**
*Van láza?*      von *laa*·zo

**How long have you been like this?**
*Mennyi ideje van ez a*    *men*'·nyi *i*·de·ye von ez o
*panasza?*      *po*·no·so

**Have you had this before?**
*Volt korábban ilyen*    vawlt *kaw*·raab·bon *i*·yen
*panasza?*      *po*·no·so

**Are you sexually active?**
*Él nemi életet?*      ayl *ne*·mi *ay*·le·tet

**Have you had unprotected sex?**
*Közösült*      *keu*·zeu·shewlt
*védekezés nélkül?*    *vay*·de·ke·zaysh *nayl*·kewl

**Do you ...?**

| | | |
|---|---|---|
| drink | *Iszik alkoholt?* | *i*·sik *ol*·kaw·hawlt |
| smoke | *Dohányzik?* | *daw*·haan'·zik |
| take drugs | *Szed* | sed |
| | *kábítószert?* | *kaa*·bee·tāw·sert |

**Are you ...?**

| | | |
|---|---|---|
| allergic to | *Allergiás* | *ol*·ler·gi·aash |
| anything | *valamire?* | *vo*·lo·mi·re |
| on medication | *Szed valamilyen* | sed *vo*·lo·mi·yen |
| | *gyógyszert?* | *dyāwj*·sert |

**How long are you travelling for?**
*Mennyi ideig utazik?*    *men*'·nyi *i*·de·ig *u*·to·zik

**You need to be admitted to hospital.**
*Kórházba kell*      *kāwr*·haaz·bo kell
*mennie.*      *men*·ni·e

**You should have it checked when you go home.**
*Ezt ki kellene vizsgáltatni, amikor hazaér.*  ezt ki kel·le·ne vizh·gaal·tot·ni o·mi·kawr ho·zo·ayr

**You should return home for treatment.**
*Haza kellene mennie orvosi kezelésre.*  ho·zo kel·le·ne men·ni·e awr·vaw·shi ke·ze·laysh·re

**You're a hypochondriac.**
*Ön hipochonder.*  eun hi·paw·hawn·der

**I feel ...**

| | | |
|---|---|---|
| anxious | *Félek.* | fay·lek |
| depressed | *Depressziós hangulatban vagyok,* | dep·res·si·āwsh hon·gu·lot·bon vo·dyawk |
| dizzy | *Szédülök.* | say·dew·leuk |
| hot and cold | *Melegem van és fázom is.* | me·le·gem von aysh faa·zawm ish |
| nauseous | *Hányingerem van.* | haan'·in·ge·rem von |
| shivery | *Ráz a hideg.* | raaz o hi·deg |

**I feel ...** *... érzem magam.* ... ayr·zem mo·gom

| | | |
|---|---|---|
| better | *Jobban* | yawb·bon |
| strange | *Furcsán* | fur·chaan |
| weak | *Gyengének* | dyen·gay·nek |
| worse | *Rosszabbul* | raws·sob·bul |

**It hurts here.**
*Itt fáj.*  itt faa·y

**I'm dehydrated.**
*Ki vagyok száradva.*  ki vo·dyawk saa·rod·vo

**I can't sleep.**
*Nem tudok aludni.*  nem tu·dawk o·lud·ni

**I think it's the medication I'm on.**
*Azt hiszem, a gyógyszer miatt van, amit szedek.*  ozt hi·sem o dyāwj·ser mi·ott von o·mit se·dek

health

191

**I'm on medication for …**
… *gyógyszert szedek.*      … *dyāwj*·sert se·dek

**He/She is on medication for …**
… *gyógyszert szed.*      … *dyāwj*·sert sed

**I have (a) …**

| | | |
|---|---|---|
| cold | *Meg vagyok fázva.* | meg vo·dyawk faaz·vo |
| cough | *Köhögök.* | keu·heu·geuk |
| diabetes | *Cukorbeteg vagyok.* | tsu·kawr·be·teg vo·dyawk |
| headache | *Fáj a fejem.* | faa·y o fe·yem |
| sore throat | *Fáj a torkom.* | faa·y o tawr·kawm |

**He/She has (a) …**

| | | |
|---|---|---|
| cold | *Meg van fázva.* | meg von faaz·vo |
| cough | *Köhög.* | keu·heug |
| diabetes | *Cukorbeteg.* | tsu·kawr·be·teg |
| headache | *Fáj a feje.* | faa·y o fe·ye |
| sore throat | *Fáj a torka.* | faa·y o tawr·ko |

**I have (a) …**      … *van.*      … von

| | | |
|---|---|---|
| asthma | *Asztmám* | ost·maam |
| constipation | *Székrekedésem* | sayk·re·ke·day·shem |
| diarrhoea | *Hasmenésem* | hosh·me·nay·shem |
| fever | *Lázam* | laa·zom |
| nausea | *Hányingerem* | haan'·in·ge·rem |

**He/She has (a) …**      … *van.*      … von

| | | |
|---|---|---|
| asthma | *Asztmája* | ost·maa·ya |
| constipation | *Székrekedése* | sayk·re·ke·day·she |
| diarrhoea | *Hasmenése* | hosh·me·nay·she |
| fever | *Láza* | laa·zo |
| nausea | *Hányingere* | haan'·in·ge·re |

# women's health

**(I think) I'm pregnant.**
*(Azt hiszem) Terhes vagyok.*    (ozt *hi*·sem) ter·hesh *vo*·dyawk

**I'm on the pill.**
*Fogamzásgátlót szedek.*    faw·gom·zaash·gaat·lāwt se·dek

**I haven't had my period for (six) weeks.**
*(Hat) hete nem jött meg*    (hot) *he*·te nem yeutt meg
*a menstruációm.*    o *mensht*·ru·aa·tsi·āwm

**I've noticed a lump here.**
*Észrevettem itt egy csomót.*    *ays*·re·vet·tem itt ej *chaw*·māwt

**She's having a baby.**
*Szül.*    sewl

| I need ... | ... *van szükségem.* | ... von *sewk*·shay·gem |
|---|---|---|
| **a pregnancy test** | *Terhességi tesztre* | *ter*·hesh·shay·gi test·re |
| **contraception** | *Valamilyen fogamzásgátlóra* | *vo*·lo·mi·yen faw·gom·zaash·gaat·lāw·ro |
| **the morning-after pill** | *Esemény utáni fogamzásgátló tablettára* | e·she·mayn' *u*·taa·ni faw·gom·zaash·gaat·lāw *tob*·let·taa·ro |

## the doctor may say ...

**Are you using contraception?**
*Használ valamilyen*    *hos*·naal *vo*·lo·mi·yen
*fogamzásgátlót?*    faw·gom·zaash·gaat·lāwt

**Are you menstruating?**
*Menstruál?*    *mensht*·ru·aal

**When did you last have your period?**
*Mikor volt az utolsó*    *mi*·kawr vawlt oz *u*·tawl·shāw
*vérzése?*    vayr·zay·she

**Are you pregnant?**
*Terhes?*    *ter*·hesh

**You're pregnant.**
*Terhes.*    *ter*·hesh

# allergies

allergiák

| I'm allergic to ... | *Allergiás vagyok ...* | ol·ler·gi·aash vo·dyawk ... |
|---|---|---|
| He/She is allergic to ... | *Allergiás ...* | ol·ler·gi·aash ... |
| antibiotics | *az antibiotikumokra* | oz on·ti·bi·aw·ti·ku·mawk·ro |
| anti-inflammatories | *a gyulladásgátlókra* | o dyul·lo·daash·gaat·lāwk·ro |
| aspirin | *az aszpirinre* | oz os·pi·rin·re |
| bees | *a méhekre* | o may·hek·re |
| codeine | *a kodeinre* | o ko·de·in·re |
| penicillin | *a penicillinre* | o pe·ni·tsil·lin·re |
| pollen | *a virágporra* | o vi·raag·pawr·ro |
| sulphur-based drugs | *a kén alapanyagú szerekre* | o kayn o·lop·o·nyo·gū se·rek·re |

**I have a skin allergy.**
*Bőrallergiám van.* bēūr·ol·ler·gi·aam von

| inhaler | *inhalálókészülék* | in·ho·laa·lāw·kay·sew·layk |
|---|---|---|
| injection | *injekció* | in·yek·tsi·āw |
| antihistamines | *antihisztaminok* | on·ti·his·to·mi·nawk |

For food-related allergies, see **vegetarian & special meals**, page 173.

SAFE TRAVEL

194

# parts of the body

**My ... hurts.**
   *Fáj ...*                    faa·y ...

**I can't move my ...**
   *Nem tudom mozgatni ...*     nem tu·dawm mawz·got·ni ...

**I have a cramp in my ...**
   *Begörcsölt ...*            be·geur·cheult ...

**My ... is swollen.**
   *Bedagadt ...*             be·do·gott ...

**Ouch!**
   *Jaj!*                    yo·y

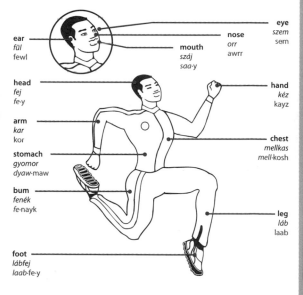

**eye**
*szem*
sem

**nose**
*orr*
awrr

**ear**
*fül*
fewl

**mouth**
*száj*
saa·y

**head**
*fej*
fe·y

**hand**
*kéz*
kayz

**arm**
*kar*
kor

**chest**
*mellkas*
mell·kosh

**stomach**
*gyomor*
dyaw·maw

**bum**
*fenék*
fe·nayk

**leg**
*láb*
laab

**foot**
*lábfej*
laab·fe·y

health

195

# alternative treatments

**I don't use (Western medicine).**
*Nem használok*    nem *hos*·naa·lawk
*(nyugati gyógyítást).*    (*nyu*·go·ti *dyāw*·dyee·taasht)

| | | |
|---|---|---|
| **I prefer ...** | *Jobban szeretem ...* | *yawb*·bon *se*·re·tem ... |
| **Can I see** | *Beszélhetek* | *be*·sayl·he·tek |
| **someone who** | *valakivel, aki* | vo·lo·ki·vel o·ki |
| **practices ...** | *... alkalmaz.* | ... ol·kol·moz |
|    **acupuncture** | *az akupunktúrát* | oz o·ku·punk·tū·raat |
|    **naturopathy** | *a természet-* | o *ter*·may·set· |
| | *gyógyászatot* | dyāw·dyaa·so·tawt |
|    **reflexology** | *a reflexológiát* | o *ref*·lek·saw·lāw·gi·aat |

# pharmacist

**I need something for (a headache).**
*Kérek valamit (fejfájás)*    *kay*·rek vo·lo·mit (*fey*·faa·yaash)
*ellen.*    el·len

**Do I need a prescription for (antihistamines)?**
*Kell recept*    kell *re*·tsept
*(antihisztaminokra)?*    (*on*·ti·his·to·mi·nawk·ro)

**I have a prescription.**
*Van receptem.*    von *re*·tsep·tem

**How many times a day?**
*Naponta hányszor?*    no·pawn·to *haan'*·sawr

**Will it make me drowsy?**
*Álmos leszek tőle?*    *aal*·mawsh le·sek tēū·le

| | | |
|---|---|---|
| **antiseptic** | *fertőzésgátló* | *fer*·tēū·zaysh·gaat·lāw |
| **contraceptives** | *fogamzásgátló* | *faw*·gom·zaash·gaat·lāw |
| **painkillers** | *fájdalom-* | *faa*·y·do·lawm· |
| | *csillapító* | chil·lo·pee·tāw |
| **thermometer** | *lázmérő* | *laaz*·may·rēū |

## the pharmacist may say ...

**Twice a day (with food).**
*Naponta kétszer*     no·pawn·to kayt·ser
*(étkezés közben).*     (ayt·ke·zaysh keuz·ben)

**Before/After meals.**
*Étkezés előtt/után.*     ayt·ke·zaysh e·leūt/u·taan

**Have you taken this before?**
*Szedett már ilyet?*     se·dett maar i·yet

**You must complete the course.**
*Be kell fejeznie*     be kell fe·yez·ni·e
*a sorozatot.*     o shaw·raw·zo·tawt

# dentist

fogorvos

**I need a dentist (who speaks English).**
*(Angolul beszélő)*     (on·gaw·lul be·say·leū)
*Fogorvosra van*     fawg·awr·vawsh·ro von
*szükségem.*     sewk·shay·gem

| **I have a ...** | ... *a fogam.* | ... o faw·gom |
| --- | --- | --- |
| **broken tooth** | *Eltörött* | el·teu·reutt |
| **cavity** | *Lukas* | lu·kosh |
| **toothache** | *Fáj* | faa·y |

| **I need a/an ...** | *Kérek ...* | kay·rek ... |
| --- | --- | --- |
| **anaesthetic** | *érzéstelenítőt* | ayr·zaysh·te·le·nee·teūt |
| **filling** | *tömést* | teu·maysht |

## the dentist may say ...

**Open wide.**
*Nyissa ki nagyra a száját.*  nyish·sho ki noj·ro o saa·yaat

**This won't hurt a bit.**
*Ez egyáltalán nem*  ez e·dyaal·to·laan nem
*fog fájni.*  fog faa·y·ni

**Bite down on this.**
*Harapjon rá.*  ho·rop·yawn raa

**Don't move.**
*Ne mozduljon.*  ne mawz·dul·yawn

**Rinse!**
*Öblítsen!*  eub·leet·shen

**Come back, I haven't finished!**
*Jöjjön vissza, még nem*  yeuy·yeun vis·so mayg nem
*vagyunk kész.*  vo·dyunk kays

**I've lost a filling.**
*Kiesett a tömés.*  ki·e·sett o teu·maysh

**My dentures are broken.**
*Eltörött a műfogsorom.*  el·teu·reutt o mēw·fawg·shaw·rawm

**My gums hurt.**
*Fáj az ínyem.*  faa·y oz ee·nyem

**I don't want it extracted.**
*Nem akarom kihúzatni.*  nem o·ko·rawm ki·hū·zot·ni

A few Hungarian words have different masculine and feminine forms, such as 'teacher'. These are marked with ⓜ or ⓕ. You'll also find words marked as adjective ⓐ, noun ⓝ, verb ⓥ, singular sg, plural pl, informal inf and polite pol where necessary. Words which take word endings, such as the Hungarian words for 'about' and 'our', are shown with their different endings. To work out which one to use, look at the **a–z phrasebuilder** and **vowel harmony**, page 14.

## A

**aboard** *a fedélzeten* o·fe·dayl·ze·ten
**abortion** *abortusz* o·bawr·tus
**about** *-ról/-ről* ·râwl/·rēūl
**above** *fölött* feu·leutt
**abroad** *külföldön* kewl·feul·deun
**accident** *baleset* bol·e·shet
**accommodation** *szállás* saal·laash
**account (bank)** *számla* saam·lo
**across** *át* aat
**activist** *aktivista* ok·ti·vish·to
**actor** *színész* see·nays
**acupuncture** *akupunktúra* o·ku·punk·tū·ro
**adaptor** *adapter* o·dop·ter
**addiction** *függőség* fewg·gēū·shayg
**address** *cím* tseem
**administration** *adminisztráció* od·mi·nist·raa·tsi·āw
**admission (price)** *belépő* be·lay·pēū
**admit** *beenged* be·en·ged
**adult** ⓝ *felnőtt* fel·nēūtt
**advertisement** *hirdetés* hir·de·taysh
**advice** *tanács* to·naach
**aerobics** *aerobic* e·raw·bik
**aeroplane** *repülőgép* re·pew·lēū·gayp
**Africa** *Afrika* of·ri·ko
**after** *után* u·taan
**(this) afternoon** *(ma) délután* (mo) dayl·u·taan
**aftershave** *borotválkozás utáni arcszesz* baw·rawt·vaal·kaw·zaash u·taa·ni orts·ses
**again** *megint* me·gint
**age** ⓝ *kor* kawr
**(three days) ago** *(három nappal) ezelőtt* (haa·rawm nop·pol) ez·e·lēūtt

**agree** *egyetért* e·dyet·ayrt
**agriculture** *mezőgazdaság* me·zēū·goz·do·shaag
**ahead** *előre* e·lēū·re
**AIDS** *AIDS* ayds
**air** *levegő* le·ve·gēū
**air-conditioned** *légkondicionált* layg·kawn·di·tsi·aw·naalt
**air-conditioning** *légkondicionálás* layg·kawn·di·tsi·aw·naa·laash
**airline** *légitársaság* lay·gi·taar·sho·shaag
**airmail** *légiposta* lay·gi·pawsh·to
**airplane** *repülőgép* re·pew·lēū·gayp
**airport** *repülőtér* re·pew·lēū·tayr
**airport tax** *repülőtéri adó* re·pew·lēū·tay·ri o·dāw
**aisle (plane etc)** *folyosó* faw·yaw·shāw
**alarm clock** *ébresztőóra* ayb·res·tēū·āw·ro
**alcohol** *alkohol* ol·kaw·hawl
**all** *minden* min·den
**allergy** *allergia* ol·ler·gi·o
**alley** *köz* keuz
**almond** *mandula* mon·du·lo
**almost** *majdnem* moyd·nem
**alone** *egyedül* e·dye·dewl
**already** *már* maar
**also** *is* ish
**altar** *oltár* awl·taar
**altitude** *magasság* mo·gosh·shaag
**always** *mindig* min·dig
**ambassador** *nagykövet* noj·keu·vet
**ambulance** *mentő* men·tēū
**America** *Amerika* o·me·ri·ko
**American football** *amerikai futball* o·me·ri·ko·i fut·ball

**anaemia** *vérszegénység* vayr·se·gayn'·shayg
**anarchist** *anarchista* o·nor·hish·to
**ancient** *régi* ray·gi
**and** *és* aysh
**angry** *mérges* mayr·gesh
**animal** *állat* aal·lot
**ankle** *boka* baw·ko
**another** *másik* maa·shik
**answer** ⓝ *válasz* vaa·los
**ant** *hangya* hon·dyo
**anteroom** *előszoba* e·lēū·saw·bo
**antibiotics** *antibiotikumok* on·ti·bi·aw·ti·ku·mawk
**antinuclear** *antinukleáris* on·ti·nuk·le·aa·rish
**antique** ⓝ *antik* on·tik
**antiseptic** ⓝ *antiszeptikus* on·ti·sep·ti·kush
**any** *bármilyen* baar·mi·yen
**apartment** *lakás* lo·kaash
**appendix (body)** *vakbél* vok·bayl
**apple** *alma* ol·mo
**appointment** *megbeszélt időpont* meg·be·saylt i·dēū·pawnt
**apricot** *sárgabarack* shaar·go·bo·rotsk
**April** *április* aap·ri·lish
**archaeological** *régészeti* ray·gay·se·ti
**architect** *építész* ay·pee·tays
**architecture** *építészet* ay·pee·tay·set
**argue** *vitatkozik* vi·tot·kaw·zik
**arm (body)** *kar* kor
**aromatherapy** *aromaterápia* o·raw·mo·te·raa·pi·o
**arrest** ⓥ *letartóztatás* le·tor·tāwz·to·taash
**arrivals** *érkezés* ayr·ke·zaysh
**arrive** *érkezik* ayr·ke·zik
**art** *művészet* mēw·vay·set
**art gallery** *galéria* go·lay·ri·o
**artist** *művész* mēw·vays
**ashtray** *hamutartó* ho·mu·tor·tāw
**Asia** *Ázsia* aa·zhi·o
**ask (a question)** *kérdez* kayr·dez
**ask (for something)** *kér* kayr
**asparagus** *spárga* shpaar·go
**aspirin** *aszpirin* os·pi·rin
**asthma** *asztma* ost·mo
**at** *-nál/-nél* ·naal/·nayl
**athletics** *atlétika* ot·lay·ti·ko
**atmosphere** *atmoszféra* ot·maws·fay·ro
**aubergine** *padlizsán* pod·li·zhaan
**August** *augusztus* o·u·gus·tush

**aunt** *nagynéni* noj·nay·ni
**Australia** *Ausztrália* o·ust·raa·li·o
**Australian Rules Football** *ausztrál futball* o·ust·raal fut·ball
**Austria** *Ausztria* o·ust·ri·o
**Austro-Hungarian Empire** *Osztrák-Magyar Monarchia* awst·raak·mo·dyor maw·nor·hi·o
**automated teller machine (ATM)** *bankautomata* bonk·o·u·taw·mo·to
**autumn** *ősz* ēūs
**avenue** *fasor* fo·shawr
**avocado** *avokádó* o·vaw·kaa·dāw
**awful** *borzalmas* bawr·zol·mosh

# B

**B&W (film)** *fekete-fehér* fe·ke·te·fe·hayr
**baby** *baba* bo·bo
**baby food** *babaeledel* bo·bo·e·le·del
**baby powder** *babahintőpor* bo·bo·hin·tēū·pawr
**babysitter** *bébiszitter* bay·bi·sit·ter
**back (body)** *hát* haat
**back (position)** *vissza* vis·so
**backpack** *hátizsák* haa·ti·zhaak
**bacon** *szalonna* so·lawn·no
**bad** *rossz* rawss
**bag** *táska* taash·ko
**baggage** *poggyász* pawd'·dyaas
**baggage allowance** *ingyen szállítható poggyász* in·dyen saal·leet·ho·taw pawd'·dyaas
**baggage claim** *poggyászkiadó* pawd'·dyaas·ki·o·dāw
**bakery** *pékség* payk·shayg
**balance (account)** *egyenleg* e·dyen·leg
**balcony** *erkély* er·kay
**ball (sport)** *labda* lob·do
**ballet** *balett* bo·lett
**banana** *banán* bo·naan
**band (music)** *együttes* e·dyewt·tesh
**bandage** *kötés* keu·taysh
**Band-Aid** *ragtapasz* rog·to·pos
**bank (institution)** *bank* bonk
**bank account** *bankszámla* bonk·saam·lo
**banknote** *bankjegy* bonk·yej
**baptism** *keresztelő* ke·res·te·lēū
**bar** *bár* baar
**bar work** *bárban végzett munka* baar·bon vayg·zett mun·ko
**barber** *borbély* bawr·bay

baseball *baseball* bayz-bäwl
basket *kosár* kaw-shaar
basketball *kosárlabda* kaw-shaar-lob-do
bath ⓝ *fürdő* fewr-dëü
bathing suit *fürdőruha* fewr-dëü-ru-ho
bathroom *fürdőszoba* fewr-dëü-saw-bo
battery (car) *akkumulátor*
    ok·ku·mu·laa·tawr
battery (general) *elem* e-lem
be *lenni* len-ni
beach *strand* shtrond
beach volleyball
    *strandon játszott röplabda*
    shtron-dawn yaat-sawtt reup-lob-do
bean *bab* bob
beansprout *babcsíra* bob-chee-ro
beautiful *szép* sayp
beauty salon *kozmetikai szalon*
    kawz-me-ti-ko-i so-lawn
because *mert* mert
bed *ágy* aaj
bed linen *ágynemű* aaj-ne-mëw
bedding *ágyfelszerelés*
    aaj-fel-se-re-laysh
bedroom *hálószoba* haa-läw-saw-bo
bee *méh* mayh
beef *marhahús* mor-ho-hüsh
beer *sör* sheur
beer cellar *söröző* sheu-reu-zëü
beetroot *cékla* tsayk-lo
before *előtt* e-lëütt
beggar *koldus* kawl-dush
behind *mögött* meu-geutt
Belgium *Belgium* bel-gi-um
below *alatt* o-lott
beside *mellett* mel-lett
best *legjobb* leg-yawbb
bet *fogadás* faw-go-daash
better *jobb* yawbb
between *között* keu-zeutt
bible *Biblia* bib-li-o
bicycle *bicikli* bi-tsik-li
big *nagy* noj
bigger *nagyobb* no-dyawbb
biggest *legnagyobb* leg-no-dyawbb
bike chain *biciklilánc* bi-tsik-li-laants
bike lock *biciklizár* bi-tsik-li-zaar
bike path *bicikliút* bi-tsik-li-üt
bike shop *biciklibolt* bi-tsik-li-bawlt
bill (restaurant etc) *számla* saam-lo
binoculars *látcső* laat-chëü
bird *madár* mo-daar

birth certificate
    *születési anyakönyvi kivonat*
    sew-le-tay-shi o-nyo-keun'-vi ki-vaw-not
birthday *születésnap* sew-le-taysh-nop
biscuit *keksz* keks
bite ⓥ *csípés* chee-paysh
bite (dog) *harap* ho-rop
bite (insect) *csíp* cheep
bitter *keserű* ke-she-rëw
black *fekete* fe-ke-te
bladder *húgyhólyag* hüj-häw-yog
blanket *takaró* to-ko-räw
blind *vak* vok
blister *hólyag* häw-yog
blocked (nose, etc) *el van dugulva*
    el von du-gul-vo
blocked (road) *le van zárva*
    le von zaar-vo
blood *vér* vayr
blood group *vércsoport* vayr-chaw-pawrt
blood pressure *vérnyomás*
    vayr-nyaw-maash
blood test *vérvizsgálat* vayr-vizh-gaa-lot
blue *kék* kayk
board (plane, ship) *felszáll* fel-saall
boarding house *penzió* pen-zi-äw
boarding pass *beszállókártya*
    be-saal-läw-kaar-tyo
boat (big) *hajó* ho-yäw
boat (small) *csónak* chäw-nok
body *test* tesht
boiled *forralt* fawr-rolt
bone *csont* chawnt
book ⓝ *könyv* keun'v
book ⓥ *lefoglal* le-fawg-lol
booked out *minden hely foglalt*
    min-den he-y fawg-lolt
bookshop *könyvesbolt*
    keun'-vesh-bawlt
boot (footwear) *bakancs* bo-konch
boots (footwear) *bakancsok*
    bo-kon-chawk
border *határ* ho-taar
bored *unott* u-nawtt
boring *unalmas* u-nol-mosh
borrow *kölcsönkér* keul-cheun-kayr
botanic garden *botanikus kert*
    baw-to-ni-kush kert
both *mindkettő/mindkét*
    mind-ket-tëü/mind-kayt
bottle *üveg* ew-veg
bottle opener *sörnyitó* sheur-nyi-täw

**bottle shop** *alkoholos italokat árusító bolt ol·*kaw·haw·lawsh *i·*to·law·kot *aa·*ru·shee·täw bawlt
**bottom (body)** *fenék* fe·nayk
**bottom (position)** *alj* ol·y
**bowl** *tál* taal
**box** *doboz* daw·bawz
**boxer shorts** *bokszernadrág* bawk·ser·nod·raag
**boxing** *boksz* bawks
**boy** *fiú* fi·ü
**boyfriend** *barát* bo·raat
**bra** *melltartó* mell·tor·täw
**brakes** *fék* fayk
**brandy** *brandy* bren·di
**brave** *bátor* baa·tawr
**bread** *kenyér* ke·nyayr
**bread roll** *zsemle* zhem·le
**break** ⓥ *szünet* sew·net
**break down** ⓥ *elromlik* el·rawm·lik
**breakfast** *reggeli* reg·ge·li
**breast (body)** *mell* mell
**breathe** *lélegzik* lay·leg·zik
**bribe** ⓝ *kenőpénz* ke·nēū·paynz
**bridge** *híd* heed
**bridle** *kantár* kon·taar
**briefcase** *aktatáska* ok·to·taash·ko
**brilliant** *ragyogó* ro·dyaw·gäw
**bring** *hoz* hawz
**broccoli** *brokkoli* brawk·kāw·li
**brochure** *brosúra* braw·shü·ro
**broken** *eltörött* el·teu·reutt
**broken down** *elromlott* el·rawm·lawtt
**bronchitis** *hörghurut* heurg·hu·rut
**brother (older)** *báty* baat'
**brother (younger)** *öcs* euch
**brown** *barna* bor·no
**bruise** ⓝ *horzsolás* hawr·zhaw·laash
**brush** ⓝ *kefe* ke·fe
**Brussels sprout** *kelbimbó* kel·bim·bäw
**bucket** *vödör* veu·deur
**Buddhist** *buddhista* budd·hish·to
**budget** *költségvetés* keult·shayg·ve·taysh
**buffet** *büfé* bew·fay
**bug** *poloska* paw·lawsh·ko
**build** *épít* ay·peet
**builder** *építőmester* ay·pee·tēū·mesh·ter
**building** *épület* ay·pew·let
**Bulgaria** *Bulgária* bul·gaa·ri·o
**bull** *bika* bi·ko
**bumbag** *övtáska* euv·taash·ko
**burn** ⓝ *ég* ayg

**burnt** *megégett* meg·ay·gett
**bus** *busz* bus
**bus station** *buszállomás* bus·aal·law·maash
**bus stop** *buszmegálló* bus·meg·aal·läw
**bush farm** *tanya* to·nyo
**business** *üzlet* ewz·let
**business class** *business class* biz·nis kloss
**business trip** *üzleti út* ewz·le·ti üt
**businessman** *üzletember* ewz·let·em·ber
**businesswoman** *üzletasszony* ewz·let·os·sawn'
**busker** *vándorkomédiás* vaan·dawr·kaw·may·di·aash
**busy** *elfoglalt* el·fawg·lolt
**but** *de* de
**butcher** *hentes* hen·tesh
**butcher's shop** *hentesüzlet* hen·tesh·ewz·let
**butter** *vaj* vo·y
**butterfly** *pillangó* pil·lon·gäw
**button** *gomb* gawmb
**buy** *vesz* ves

# C

**cabbage** *káposzta* kaa·paws·to
**cable car** *drótkötélpálya-kabin* dräwt·keu·tayl·paa·yo·ko·bin
**café** *kávézó* kaa·vay·zäw
**cake** *sütemény* shew·te·mayn'
**cake shop** *cukrászda* tsuk·raas·do
**calculate** *számol* saa·mawl
**calculator** *számológép* saa·maw·läw·gayp
**calendar** *naptár* nop·taar
**call** ⓥ *felhív* fel·heev
**camera** *fényképezőgép* fayn'·kay·pe·zēū·gayp
**camera shop** *fényképezőgép-bolt* fayn'·kay·pe·zēū·gayp·bawlt
**camp** ⓥ *kempingezik* kem·pin·ge·zik
**camp site** *táborhely* taa·bawr·he·y
**camping ground** *kemping* kem·ping
**camping store** *kempingfelszerelést árusító üzlet* kem·ping·fel·se·re·laysht *aa·*ru·shee·täw ewz·let
**can (be able)** *képes/tud* kay·pesh/tud
**can (permission)** *-hat/-het* ·hot/·het
**can (tin)** *doboz* daw·bawz
**can opener** *konzervnyitó* kawn·zerv·nyi·täw
**Canada** *Kanada* ko·no·do

canal *csatorna* cho·tawr·no
cancel *töröl* teu·reul
cancer *rák* raak
candle *gyertya* dyer·tyo
candy *cukorka* tsu·kawr·ko
cantaloupe *kantalupdinnye* kon·to·lup·din'·nye
canteen (place) *kantin* kon·tin
capital city *főváros* fēū·vaa·rawsh
capsicum *paprika* pop·ri·ko
car *autó* o·u·tāw
car hire *autóbérelés* o·u·tāw·bay·re·laysh
car owner's title *autó tulajdonlapja* o·u·tāw tu·lo·y·dawn·lop·yo
car park *parkoló* por·kaw·lāw
car registration *autó regisztrációja* o·u·tāw re·gist·raa·tsi·āw·yo
caravan *lakókocsi* la·kāw·kaw·chi
cardiac arrest *szívleállás* seev·le·aal·laash
cards (playing) *kártyázás* kaar·tyaa·zaash
care (for someone) *törődik* teu·rēū·dik
carpenter *ács* aach
carriage *kocsi* kaw·chi
carrot *répa* ray·po
carry *visz* vis
carton *kartondoboz* kor·tawn·daw·bawz
cash ⓝ *készpénz* kays·paynz
cash a cheque *bevált csekket* be·vaalt chek·ket
cash register *pénztárgép* paynz·taar·gayp
cashew *kesudió* ke·shu·di·āw
cashier *pénztáros* paynz·taa·rawsh
casino *kaszinó* ko·si·nāw
cassette *kazetta* ko·zet·to
castle *vár* vaar
casual work *alkalmi munka* ol·kol·mi mun·ko
cat *macska* moch·ko
cathedral *székesegyház* say·kesh·ej·haaz
Catholic *katolikus* ko·taw·li·kush
cauliflower *karfiol* kor·fi·awl
cave *barlang* bor·long
CD *CD* tsay·day
celebration *ünneplés* ewn·nep·laysh
cellphone *mobil telefon* maw·bil te·le·fawn
cemetery *temető* te·me·tēū
cent *cent* tsent
centimetre *centiméter* tsen·ti·may·ter
centre *központ* keuz·pawnt
ceramics *kerámia* ke·raa·mi·o

cereal *reggelire fogyasztott gabonanemű* reg·ge·li·re faw·dyos·tawtt go·baw·no·ne·mēw
certificate *bizonyítvány* bi·zaw·nyeet·vaan'
chain *lánc* laants
chair *szék* sayk
chairlift (scenic) *libegő* li·be·gēū
chairlift (skiing) *sífelvonó* shee·fel·vaw·nāw
champagne *pezsgő* pezh·gēū
championships *bajnokság* bo·y·nawk·shaag
chance *esély* e·shay
change (coins) *apró* op·rāw
change money ⓥ *pénzt vált* paynzt vaalt
changing room (in shop) *próbafülke* prāw·bo·fewl·ke
charming *elbűvölő* el·bēw·veu·lēū
chat up *leszólít* le·sāw·leet
cheap *olcsó* awl·chāw
cheat *csaló* cho·lāw
check (banking) *csekk* chekk
check (bill) *számla* saam·lo
check ⓥ *ellenőriz* el·len·ēū·riz
check-in (procedure) *bejelentkezés* be·ye·lent·ke·zaysh
checkpoint *ellenőrzőpont* el·len·ēūr·zēū·pawnt
cheese *sajt* shoyt
cheese shop *sajtüzlet* shoyt·ewz·let
chef *szakács* so·kaach
chemist (pharmacist) *gyógyszerész* dyāwj·se·raysh
chemist (pharmacy) *gyógyszertár* dyāwj·ser·taar
cheque (banking) *csekk* chekk
cherry *cseresznye* che·res·nye
chess *sakk* shokk
chessboard *sakktábla* shokk·taab·lo
chest (body) *mellkas* mell·kosh
chestnut *gesztenye* ges·te·nye
chewing gum *rágógumi* raa·gāw·gu·mi
chicken (live) *csirke* chir·ke
chicken (meat) *csirkehús* chir·ke·hūsh
chicken pox *bárányhimlő* baa·raan'·him·lēū
chickpea *csicseriborsó* chi·che·ri·bawr·shāw
child *gyerek* dye·rek
child seat *gyerekülés* dye·rek·ew·laysh

childminding *gyermekmegőrzés*
dyer·mek·meg·eűr·zaysh
children *gyerekek* dye·re·kek
chilli *csili* chi·li
chilli sauce *csiliszósz* chi·li·sáws
China *Kína* kee·no
chiropractor *hátgerincmasszázzsal*
*gyógyító* haat·ge·rints·mos·saazh·zhol
dyáw·dyee·táw
chocolate *csokoládé* chaw·kaw·laa·day
choose *választ* vaa·lost
chopping board *vágódeszka*
vaa·gáw·des·ko
Christian ⓝ *keresztény* ke·res·tayn'
Christian name *keresztnév* ke·rest·nayv
Christmas *karácsony* ko·raa·chawn'
Christmas Day *karácsony napja*
koo·raa·chawn' nop·yo
Christmas Eve *karácsonyeste*
koo·raa·chawn'·esh·te
church *templom* temp·lawm
cider *almalé* ol·mo·lay
cigar *szivar* si·vor
cigarette *cigaretta* tsi·go·ret·to
cigarette lighter *öngyújtó* eun·dyü·y·táw
cinema *mozi* maw·zi
circus *cirkusz* tsir·kus
citizenship *állampolgárság*
aal·lom·pawl·gaar·shaag
city *város* vaa·rawsh
city centre *városközpont*
vaa·rawsh·keuz·pawnt
city district *kerület* ke·rew·let
civil rights *polgárjogok*
pawl·gaar·yaw·gawk
class (rank) *osztály* aws·taa·y
class system *osztályrendszer*
aws·taa·y·rend·ser
classical *klasszikus* klos·si·kush
clean ⓐ *tiszta* tis·to
clean ⓥ *tisztít* tis·teet
cleaning *takarítás* to·ko·ree·taash
client *ügyfél* ewj·fayl
cliff *szikla* sik·lo
climb ⓥ *mászik* maa·sik
cloakroom *ruhatár* ru·ho·taar
clock *óra* áw·ro
cloister *kolostor* kaw·lawsh·tawr
close ⓥ *becsuk* be·chuk
closed *zárva* zaar·vo
clothesline *ruhaszárítókötél*
ru·ho·saa·ree·táw·keu·tayl

clothing *ruházat* ru·haa·zot
clothing store *ruhaüzlet* ru·ho·ewz·let
cloud *felhő* fel·hēū
cloudy *felhős* fel·hēūsh
clutch (car) *kuplung* kup·lung
coach (sport) *edző* ed·zēū
coast *tengerpart* ten·ger·port
coat *kabát* ko·baat
cocaine *kokain* kaw·ko·in
cockroach *csótány* cháw·taan'
cocktail *koktél* kawk·tayl
cocoa *kakaó* ko·ko·áw
coconut *kókuszdió* káw·kus·di·áw
coffee *kávé* kaa·vay
coins *pénzérmék* paynz·ayr·mayk
cold ⓐ *hideg* hi·deg
(have a) cold *meg van fázva*
meg von faaz·vo
colleague *kolléga* kawl·lay·go
collect call 'R' *beszélgetés*
er be·sayl·ge·taysh
college *egyetem* e·dye·tem
colour *szín* seen
comb ⓝ *fésű* fay·shēw
come *jön* yeun
comedy *vígjáték* veeg·yaa·tayk
comfortable *kényelmes* kay·nyel·mesh
commission *jutalék* yu·to·layk
communications (profession)
*híradástechnika*
heer·o·daash·teh·ni·kush
communion *áldozás* aal·daw·zaash
communist *kommunista*
kawm·mu·nish·to
companion *társ* taarsh
company (firm) *társaság* taar·sho·shaag
compass *iránytű* i·raan'·tēw
complain *panaszkodik* po·nos·kaw·dik
complaint *panasz* po·nos
complimentary (free) *ingyenes*
in·dye·nesh
computer *számítógép* saa·mee·táw·gayp
computer game *számítógépes játék*
saa·mee·táw·gay·pesh yaa·tayk
concert *koncert* kawn·tsert
concussion *agyrázkódás*
oj·raaz·káw·daash
conditioner (hair) *hajápoló szer*
ho·y·aa·paw·láw ser
condom *óvszer* áwv·ser
conference (big) *konferencia*
kawn·fe·ren·tsi·o

conference (small) *értekezlet*
ayr·te·kez·let
confession *gyónás* dyāw·naash
confirm (a booking) *megerősít*
meg·e·rēū·sheet
congratulations *gratulálok*
gro·tu·laa·lawk
conjunctivitis *kötőhártya-gyulladás*
keu·tēū·haar·tyo·dyul·lo·daash
connection *kapcsolat* kop·chaw·lot
conservative ⓝ *konzervatív*
kawn·zer·vo·teev
constipation *székrekedés*
sayk·re·ke·daysh
consulate *konzulátus* kawn·zu·laa·tush
contact lens solution *kontaktlencse-
oldat* kawn·tokt·len·che·awl·dot
contact lenses *kontaktlencse*
kawn·tokt·len·che
contraceptives *fogamzásgátló*
faw·gom·zaash·gaat·lāw
contract ⓝ *szerződés* ser·zēū·daysh
convenience store *sokáig nyitvatartó
vegyesbolt* shaw·kaa·ig nyit·vo·tor·tāw
ve·dyesh·bawlt
convent *kolostor* kaw·lawsh·tawr
cook ⓝ *szakács* so·kaach
cook ⓥ *főz* fēūz
cookie *aprósütemény*
ap·rāw·shew·te·mayn'
cooking *főzés* fēū·zaysh
cool (temperature) *hűvös* hēw·veush
corkscrew *csavarhúzó* cho·vor·hū·zāw
corn *kukorica* ku·kaw·ri·tso
corner *sarok* sho·rawk
cornflakes *kukoricapehely*
ku·kaw·ri·tso·pe·he·y
corrupt *korrupt* kawr·rupt
cost ⓥ *kerül* ke·rewl
cotton *pamut* po·mut
cotton balls *vattalabdácskák*
vot·to·lob·daach·kaak
cotton buds *vattacsomók*
vot·to·chaw·māwk
cough ⓥ *köhög* keu·heug
cough medicine *köhögés elleni szer*
keu·heu·gaysh el·le·ni ser
count ⓥ *számol* saa·mawl
counter (at bar) *bárpult* baar·pult
country (nation) *ország* awr·saag
countryside *vidék* vi·dayk
county *megye* me·dye

coupon *kupon* ku·pawn
courgette *cukkini* tsuk·kee·ni
court (legal) *bíróság* bee·rāw·shaag
court (sport) *pálya* paa·yo
couscous *kuszkusz* kus·kus
cover charge *terítékért felszámolt díj*
te·ree·tay·kayrt fel·saa·mawlt dee·y
cow *tehén* te·hayn
cracker (biscuit) *sós keksz* shawsh keks
crafts *kézművesség* kayz·mēw·vesh·shayg
crash ⓝ *összeütközés*
eus·se·ewt·keu·zaysh
crazy *őrült* ēū·rewlt
cream (food) *tejszín* te·y·seen
crèche *bölcsőde* beul·chēū·de
credit *hitel* hi·tel
credit card *hitelkártya* hi·tel·kaar·tyo
cricket (sport) *krikett* kri·kett
Croatia *Horvátország* hawr·vaat·awr·saag
crop *termés* ter·maysh
cross ⓝ *kereszt* ke·rest
crowded *zsúfolt* zhū·fawlt
cucumber *uborka* u·bawr·ko
cup *csésze* chay·se
cupboard *szekrény* sek·rayn'
currency exchange *valutaátváltás*
vo·lu·to·aat·vaal·taash
current (electricity) *áram* aa·rom
current affairs *aktuális ügyek*
ok·tu·aa·lish ew·dyek
curry *curry* keur·ri
custom *szokás* saw·kaash
customs *vám* vaam
cut ⓥ *vág* vaag
cutlery *evőeszközök* e·vēū·es·keu·zeuk
CV *szakmai önéletrajz*
sok·mo·i eun·ay·let·ro·y·z
cycle ⓥ *biciklizik* bi·tsik·li·zik
cycling *biciklizés* bi·tsik·li·zaysh
cyclist *biciklista* bi·tsik·lish·to
cystitis *húgyhólyaggyulladás*
hūj·hāw·yog·dyul·lo·daash
Czech Republic *Csehország* che·awr·saag

# D

dad *apu* o·pu
daily *naponta* no·pawn·to
dance ⓥ *táncol* taan·tsawl
dance house *táncház* taants·haaz
dance workshop *táncműhely*
taants·mēw·he·y

**dancing** *tánc* taants
**dangerous** *veszélyes* ve·say·yesh
**dark** *sötét* sheu·tayt
**date (appointment)** *randevú* ron·de·vû
**date (day)** *dátum* daa·tum
**date (fruit)** *datolya* do·taw·yo
**date (go out with)** ⓥ *jár* yaar
**date of birth** *születési idő*
   sew·le·tay·shi i·dêû
**daughter** *lány* laan'
**dawn** *hajnal* ho·y·nol
**day** *nap* nop
**day after tomorrow** *holnapután*
   hawl·nop·u·taan
**day before yesterday** *tegnapelőtt*
   teg·nop·e·lêûtt
**dead** *halott* ho·lawtt
**deaf** *süket* shew·ket
**deal (cards)** *oszt* awst
**December** *december* de·tsem·ber
**decide** *eldönt* el·deunt
**deep** *mély* may·y
**deforestation** *erdőirtás* er·dêû·ir·taash
**degrees (temperature)** *fok* fawk
**delay** *késés* kay·shaysh
**delicatessen** *csemegeüzlet*
   che·me·ge·ewz·let
**deliver** *kézbesít* kayz·be·sheet
**democracy** *demokrácia* de·mawk·raa·tsi·o
**demonstration (protest)** *tüntetés*
   tewn·te·taysh
**Denmark** *Dánia* daa·ni·o
**dental floss** *fogselyem* fawg·she·yem
**dentist** *fogorvos* fawg·awr·vawsh
**deodorant** *dezodor* de·zaw·dawr
**depart** *elutazik* el·u·to·zik
**department store** *áruház* aa·ru·haaz
**departure** *indulás* in·du·laash
**departure gate** *indulási kapu*
   in·du·laa·shi ko·pu
**deposit (bank)** *foglaló* fawg·lo·lâw
**descendent** *leszármazott*
   le·saar·mo·zawtt
**desert** ⓝ *sivatag* shi·vo·tog
**design** *modell* maw·dell
**dessert** *desszert* des·sert
**destination** *úti cél* û·ti tsayl
**details** *részletek* rays·le·tek
**diabetes** *cukorbetegség*
   tsu·kawr·be·teg·shayg
**dial tone** *vonal* vaw·nol
**diaper** *pelenka* pe·len·ko

**diaphragm** *rekeszizom* re·kes·i·zawm
**diarrhoea** *hasmenés* hosh·me·naysh
**diary** *határidőnapló* ho·taar·i·dêû·nop·lâw
**dice** *kocka* kawts·ko
**dictionary** *szótár* sâw·taar
**die** *meghal* meg·hol
**diet** *diéta* di·ay·to
**different** *különböző* kew·leun·beu·zêû
**difficult** *nehéz* ne·hayz
**digital** ⓐ *digitális* di·gi·taa·lish
**dining car** *étkezőkocsi* ayt·ke·zêû·kaw·chi
**dinner** *vacsora* vo·chaw·ro
**direct** *közvetlen* keuz·vet·len
**direct-dial** *közvetlen tárcsázás*
   keuz·vet·len taar·chaa·zaash
**direction** *irány* i·raan'
**director** *igazgató* i·goz·go·tâw
**dirty** *piszkos* pis·kawsh
**disabled (physically)** *mozgássérült*
   mawz·gaash·shay·rewlt
**disco** *diszkó* dis·kâw
**discount** *árengedmény* aar·en·ged·mayn'
**discrimination** *megkülönböztetés*
   meg·kew·leun·beuz·te·taysh
**disease** *betegség* be·teg·shayg
**dish (plate)** *edény* e·dayn'
**dishcloth** *mosogatórongy*
   maw·shaw·go·tâw·rawnj
**disk (CD-ROM)** *CD-lemez*
   tsay·day·le·mez
**disk (floppy)** *hajlékonylemez*
   ho·y·lay·kawn'·le·mez
**diving** *búvárkodás* bû·vaar·kaw·daash
**diving equipment** *búvárfelszerelés*
   bû·vaar·fel·se·re·laysh
**divorced** *elvált* el·vaalt
**(be) dizzy** *szédül* say·dewl
**do** *csinál* chi·naal
**doctor** *orvos* awr·vawsh
**doctor's surgery** *orvosi rendelő*
   awr·vaw·shi ren·de·lêû
**documentary** *dokumentumfilm*
   daw·ku·men·tum·film
**dog** *kutya* ku·tyo
**dole** *munkanélküli-segély*
   mun·ko·nayl·kew·li·she·gay
**doll** *baba* bo·bo
**dollar** *dollár* dawl·laar
**door** *ajtó* oy·tâw
**dope (drugs)** *narkó* nor·kâw
**double** *dupla* dup·lo
**double bed** *dupla ágy* dup·lo aaj

double room *duplaágyas szoba* dup·lo·aa·dyosh saw·bo
down (location) *lent* lent
downhill *lefelé* le·fe·lay
dozen *tucat* tu·tsot
drama *dráma* draa·mo
dream ⓝ *álom* aa·lawm
dress *ruha* ru·ho
dried *szárított* saa·ree·tawtt
dried fruit *szárított gyümölcs* saa·ree·tawtt dyew·meulch
drink (alcoholic) *alkohol* ol·kaw·hawl
drink ⓝ *ital* i·tol
drink ⓥ *iszik* i·sik
drive ⓥ *vezet* ve·zet
drivers licence *jogosítvány* yaw·gaw·sheet·vaan'
drug addiction *kábítószer-függőség* kaa·bee·tāw·ser·fewg·gēū·shayg
drug dealer *kábítószer-kereskedő* kaa·bee·tāw·ser·ke·resh·ke·dēū
drug trafficking *kábítószer-kereskedelem* kaa·bee·tāw·ser·ke·resh·ke·de·lem
drug user *kábítószer-fogyasztó* kaa·bee·tāw·ser·faw·dyos·tāw
drugs (illicit) *kábítószerek* kaa·bee·tāw·se·rek
drum ⓝ *dob* dawb
drunk *részeg* ray·seg
dry (clothes) ⓥ *szárít* saa·reet
dry ⓐ *száraz* saa·roz
duck *kacsa* ko·cho
dummy (pacifier) *cumi* tsu·mi
DVD *DVD* day·vay·day

# E

each *minden* min·den
ear *fül* fewl
early *korán* kaw·raan
earn *keres* ke·resh
earplugs *füldugó* fewl·du·gāw
earrings *fülbevaló* fewl·be·va·lāw
Earth *Föld* feuld
earthquake *földrengés* feuld·ren·gaysh
east *kelet* ke·let
Easter *húsvét* hūsh·vayt
easy *könnyű* keun'·nyēw
eat *eszik* e·sik
economy class *turistaosztály* tu·rish·to·aws·taa·y
ecstasy (drug) *eksztázi* eks·taa·zi

eczema *ekcéma* ek·tsay·mo
editor *szerkesztő* ser·kes·tēū
education *oktatás* awk·to·taash
egg *tojás* taw·yaash
eggplant *padlizsán* pod·li·zhaan
election *választás* vaa·los·taash
electrical store *elektromos szaküzlet* e·lekt·raw·mawsh sok·ewz·let
electricity *villany* vil·lon'
elevator *lift* lift
email *e-mail* ee·mayl
embankment *töltés* teul·taysh
embarrassed *zavarban van* zo·vor·bon von
embassy *nagykövetség* noj·keu·vet·shayg
embroidery *hímzés* heem·zaysh
emergency *vészhelyzet* vays·he·y·zet
emotional *érzelmes* ayr·zel·mesh
employee *munkavállaló* mun·ko·vaal·lo·lāw
employer *munkáltató* mun·kaal·to·tāw
empty *üres* ew·resh
end ⓝ *vég* vayg
endangered species *veszélyeztetett faj* ve·say·yez·te·tett fo·y
engaged (for a man) *vőlegény* vēū·le·gayn'
engaged (for a woman) *menyasszony* men'·os·sawn'
engaged (telephone) *foglalt* fawg·lolt
engagement (to be married) *eljegyzés* el·yej·zaysh
engine *motor* maw·tawr
engineer ⓝ *mérnök* mayr·neuk
engineering *műszaki tudományok* mēw·so·ki tu·daw·maa·nyawk
England *Anglia* ong·li·o
English *angol* on·gawl
enjoy oneself *jól érzi magát* yāwl ayr·zi mo·gaat
enough *elég* e·layg
enter *belép* be·layp
entertainment guide *programmagazin* prawg·rom·mo·go·zin
entry *bejárat* be·yaa·rot
envelope *boríték* baw·ree·tayk
environment *környezet* keur·nye·zet
epilepsy *epilepszia* e·pi·lep·si·o
equal opportunity *egyenlő esélyek* e·dyen·lēū e·shay·yek
equality *egyenlőség* e·dyen·lēū·shayg
equipment *felszerelés* fel·se·re·laysh

escalator *mozgólépcső*
    mawz-gāw-layp-chēū
estate agency *ingatlanügynökség*
    in-got-lon-ewj-neuk-shayg
euro *euró* e-u-rāw
Europe *Európa* e-u-rāw-po
euthanasia *eutanázia* e-u-to-naa-zi-o
evening *este* esh-te
every *minden* min-den
everyone *mindenki* min-den-ki
everything *minden* min-den
exactly *pontosan* pawn-taw-shon
example *példa* payl-do
excellent *kitűnő* ki-tēw-nēū
excess (baggage) *túlsúly* tūl-shū-y
exchange money *pénzt vált*
    paynzt vaalt
exchange rate *átváltási árfolyam*
    aat-vaal-taa-shi aar-faw-yom
excluded *nincs benne* ninch ben-ne
exhaust (car) *kipufogó* ki-pu-faw-gāw
exhibition *kiállítás* ki-aal-lee-taash
exit ⓝ *kijárat* ki-yaa-rot
expensive *drága* draa-go
experience *tapasztalat* to-pos-to-lot
exploitation *kizsákmányolás*
    ki-zhaak-maa-nyaw-laash
express ⓐ *expressz* eks-press
extension (visa) *(vízum-)haws-sob-bee-taash*
    (vee-zum-)haws-sob-bee-taash
eye *szem* sem
eye drops *szemcsepp* sem-chepp
eyes *szemek* se-mek

# F

fabric *anyag* o-nyog
face (body) *arc* orts
factory *gyár* dyaar
factory worker *gyári munkás*
    dyaa-ri mun-kaash
fall (autumn) *ősz* ēūs
fall ⓥ *esés* e-shaysh
family *család* cho-laad
famous *híres* hee-resh
fan (machine) *ventilátor* ven-ti-laa-tawr
fan (sport) *szurkoló* sur-kaw-lāw
fanbelt *ékszíj* ayk-see-y
far *messze* mes-se
fare *viteldíj* vi-tel-dee-y
farm ⓝ *gazdaság* goz-do-shaag
farmer *gazda* goz-do

fashion *divat* di-vot
fast ⓐ *gyors* dyawrsh
fat ⓐ *kövér* keu-vayr
father *apa* o-po
father-in-law *após* o-pāwsh
faucet *csap* chop
fault (someone's) *hiba* hi-bo
faulty *hibás* hi-baash
fax machine *fax* foks
February *február* feb-ru-aar
feed ⓥ *etet* e-tet
feel (touch) *tapogat* to-paw-got
feeling *érzés* ayr-zaysh
feelings *érzelmek* ayr-zel-mek
female *nőnemű* nēū-ne-mēw
fence *kerítés* ke-ree-taysh
fencing (sport) *vívás* vee-vaash
ferry ⓝ *komp* kawmp
festival *fesztivál* fes-ti-vaal
fever *láz* laaz
few *kevés* ke-vaysh
fiancé *vőlegény* vēū-le-gayn'
fiancée *menyasszony* men'-os-sawn'
fiction *fikció* fik-tsi-āw
fig *füge* few-ge
fight ⓝ *verekedés* ve-re-ke-daysh
fill *megtölt* meg-teult
fillet *filé* fi-lay
film (camera/cinema) ⓝ *film* film
film speed *fényérzékenység*
    fayn'-ayr-zay-ken'-shayg
filtered *szűrt* sēwrt
find *talál* to-laal
fine ⓝ *bírság* beer-shaag
fine ⓐ *jól* yāwl
finger *ujj* u-y
finish ⓝ *befejezés* be-fe-ye-zaysh
finish ⓥ *befejez* be-fe-yez
Finland *Finnország* finn-awr-saag
fire ⓝ *tűz* tēwz
firewood *tűzifa* tēw-zi-fo
first ⓐ *első* el-shēū
first class *első osztály* el-shēū aws-taa-y
first-aid kit *elsősegély-láda*
    el-shēū-she-gay-laa-do
first name *keresztnév* ke-rest-nayv
fish ⓝ *hal* hol
fish shop *halas* ho-losh
fishing *halászat* ho-laa-sot
fishmonger *halárus* hol-aa-rush
flag *zászló* zaas-lāw
flannel *flanell* flo-nell

flashlight *villanófény* vil·lo·nāw·fayn'
flat (apartment) *lakás* lo·kaash
flat ⓐ *lapos* lo·pawsh
flea *bolha* bawl·ho
fleamarket *bolhapiac* bawl·ho·pi·ots
flight *repülőjárat* re·pew·lêû·yaa·rot
flood ⓝ *árvíz* aar·veez
floor *padló* pod·lāw
floor (storey) *emelet* e·me·let
florist *virágos* vi·raa·gawsh
flour *liszt* list
flower *virág* vi·raag
flu *influenza* inf·lu·en·zo
fly ⓥ *repül* re·pewl
foggy *ködös* keu·deush
folk art *népművészet* nayp·mêw·vay·set
folk dancing *népi tánc* nay·pi taants
follow *követ* keu·vet
food *ennivaló* en·ni·vo·lâw
food supplies *élelmiszerkészlet*
ay·lel·mi·ser·kays·let
foot *lábfej* laab·fe·y
football (soccer) *football* fut·ball
footpath *gyalogösvény*
dyo·lawg·eush·vayn'
foreign *külföldi* kewl·feul·di
forest *erdő* er·dêû
forever *örökre* eu·reuk·re
forget *elfelejt* el·fe·le·yt
forgive *megbocsát* meg·baw·chaat
fork *villa* vil·lo
fortnight *két hét* kayt hayt
fortune teller *jövendőmondó*
yeu·ven·dêû·mawn·dâw
foul (football) *szabálytalanság*
so·baa·y·to·lon·shaag
foyer *előcsarnok* e·lêû·chor·nawk
fragile *törékeny* teu·ray·ken'
France *Franciaország* fron·tsi·o·awr·saag
free (available) *szabad* so·bod
free (gratis) *ingyenes* in·dye·nesh
freedom *szabadság* so·bod·shaag
freeze *fagyaszt* faw·dyost
fresh *friss* frish
Friday *péntek* payn·tek
fridge *fridzsider* fri·ji·der
fried *zsírban sült* zheer·bon shewlt
friend *barát/barátnő* ⓜ/ⓕ
bo·raat/bo·raat·nêû
from *-tól/-től* ·tāwl/·têûl
frost *fagy* foj
frozen *fagyasztott* fo·jos·tawtt

fruit *gyümölcs* dyew·meulch
fruit picking *gyümölcsszedés*
dyew·meulch·se·daysh
fry *süt* shewt
frying pan *serpenyő* sher·pe·nyêû
full *tele* te·le
full-time *teljes munkaidejű*
tel·yesh mun·ko·i·de·yêw
fun *jó mulatság* yāw mu·lot·shaag
(have) fun *jól érzi magát*
yāwl ayr·zi mo·gaat
funeral *temetés* te·me·taysh
funny *mulatságos* mu·lot·shaa·gawsh
furniture *bútor* bú·tawr
future ⓝ *jövő* yeu·vêû

# G

game (football) *meccs* mech
game (sport) *játszma* yaats·mo
garage *garázs* go·raazh
garbage *szemét* se·mayt
garbage can *szemétvödör*
se·mayt·veu·deur
garden *kert* kert
gardener *kertész* ker·tays
gardening *kertészkedés* ker·tays·ke·daysh
garlic *fokhagyma* fawk·hoj·mo
gas (for cooking) *gáz* gaaz
gas (LPG) *autógáz* o·u·tāw·gaaz
gas (petrol) *benzin* ben·zin
gas cartridge *gázpatron* gaaz·pot·rawn
gastroenteritis *gyomor-bél hurut*
dyaw·mawr·bayl·hu·rut
gate (airport, etc) *kapu* ko·pu
gauze *géz* gayz
gay *meleg* me·leg
gearbox *sebességváltó*
she·besh·shayg·vaal·tāw
Germany *Németország* nay·met·awr·saag
get *kap* kop
get off (a train etc) *leszáll* le·saall
gift *ajándék* o·yaan·dayk
gig *hakni* hok·ni
gin *gin* jin
girl *lány* laan'
girlfriend *barátnő* bo·raat·nêû
give *ad* od
glandular fever *mirigyláz* mi·rij·laaz
glass (container) *üveg* ew·veg
glasses (spectacles) *szemüveg*
sem·ew·veg

glove *kesztyű* kes·tyēw
glue *ragasztó* ro·gos·tāw
go *megy* mej
go out *elmegy szórakozni*
el·mej sāw·ro·kawz·ni
go out with *jár valakivel* yaar vo·lo·ki·vel
go shopping *elmegy vásárolni*
el·mej vaa·shaa·rawl·ni
goal (frame) *kapu* ko·pu
goal (scored) *gól* gāwl
goalkeeper *kapus* ko·push
goat *kecske* kech·ke
god (general) *isten* ish·ten
goggles (skiing) *síszemüveg*
shee·sem·ew·veg
goggles (swimming) *úszószemüveg*
ū·sāw·sem·ew·veg
gold ⓝ *arany* o·ron'
golf ball *golflabda* gawlf·lob·do
golf course *golfpálya* gawlf·paa·yo
good *jó* yāw
government *kormány* kawr·maan'
gram *gramm* gromm
grandchild *unoka* u·naw·ko
grandfather *nagypapa* noj·po·po
grandmother *nagymama* noj·mo·mo
grapefruit *grépfrút* grayp·frūt
grapes *szőlő* sēū·lēū
grass *fű* fēw
grateful *hálás* haa·laash
grave *sír* sheer
gray *szürke* sewr·ke
great (fantastic) *nagyszerű* noj·se·rēw
Great Plain *Nagyalföld* noj·ol·feuld
green *zöld* zeuld
greengrocer *zöldséges*
zeuld·shay·gesh
grey *szürke* sewr·ke
grocery *élelmiszerbolt* ay·lel·mi·ser·bawlt
ground floor *földszint* feuld·sint
groundnut *földimogyoró*
feul·di·maw·dyaw·rāw
grow *nő* nēū
g-string *tanga* ton·go
guaranteed *garantált* go·ron·taalt
guess ⓥ *kitalál* ki·to·laal
guesthouse *vendégház* ven·dayg·haaz
guide (audio) *fejhallgatós vezető*
fe·y·holl·go·tāwsh ve·ze·tēū
guide (person) *idegenvezető*
i·de·gen·ve·ze·tēū
guidebook *útikönyv* ū·ti·keun'v

guide dog *vakvezető kutya*
vok·ve·ze·tēū ku·tyo
guided tour *csoportos utazás*
chaw·pawr·tawsh u·to·zaash
guilty *bűnös* bēw·neush
guitar *gitár* gi·taar
gum *fogíny* fawg·een'
gun *puska* push·ko
gym (fitness room) *sportterem*
shpawrt·te·rem
gym (gymnasium) *tornaterem*
tawr·no·te·rem
gymnastics *torna* tawr·no
gynaecologist *nőgyógyász*
nēū·dyāw·dyaas

# H

hair *haj* ho·y
hairbrush *hajkefe* ho·y·ke·fe
haircut *hajvágás* ho·y·vaa·gaash
hairdresser *fodrász* fawd·raas
halal *iszlám rítus szerint levágott*
is·laam ree·tush se·rint le·vaa·gawtt
half *fél* fayl
hallucination *hallucináció*
hol·lu·tsi·naa·tsi·āw
ham *sonka* shawn·ko
hammer *kalapács* ko·lo·paach
hammock *függőágy* fewg·gēū·aaj
hand *kéz* kayz
handbag *kézitáska* kay·zi·taash·ko
handball *kézilabda* kay·zi·lob·do
handicrafts *kézművesség*
kayz·mēw·vesh·shayg
handkerchief *zsebkendő* zheb·ken·dēū
handlebars *kormány* kawr·maan'
handmade *kézzel gyártott*
kayz·zel dyaar·tawtt
handsome *jóképű* yāw·kay·pēw
happy *boldog* bawl·dawg
harassment *zaklatás* zok·lo·taash
harbour *kikötő* ki·keu·tēū
hard (not soft) *kemény* ke·mayn'
hard-boiled *keményre főtt*
ke·mayn'·re fēūtt
hardware store *vas- és edénybolt*
vosh aysh e·dayn'·bawlt
hash *hasis* ho·shish
hat *kalap* ko·lop
have *van neki* von ne·ki
hay fever *szénanátha* say·no·naat·ho

hazelnut *mogyoró* maw·dyaw·rāw
he *ő* êū
head *fej* fe·y
headache *fejfájás* fe·y·faa·yaash
headlights *fényszórók* fayn'·sāw·rāwk
health *egészség* e·gays·shayg
hear *hall* holl
hearing aid *hallókészülék*
 hol·lāw·kay·sew·layk
heart *szív* seev
heart attack *szívroham* seev·raw·hom
heart condition *szívbaj* seev·bo·y
heat ⓝ *forróság* fawr·rāw·shaag
heated *fűtött* fêw·teutt
heater *fűtőkészülék*
 fêw·têū·kay·sew·layk
heating *fűtés* fêw·taysh
heavy *nehéz* ne·hayz
helmet *sisak* shi·shok
help ⓝ *segítség* she·geet·shayg
help ⓥ *segít* she·geet
hepatitis *májgyulladás*
 maa·y·dyul·lo·daash
her (ownership) *őt* êūt
herb *gyógyfű* dyāwj·fêw
herbalist *gyógyfűkereskedő*
 dyāwj·fêw·ke·resh·ke·dêū
here *itt* itt
heroin *heroin* he·raw·in
herring *hering* he·ring
high *magas* mo·gosh
high school *gimnázium* gim·naa·zi·um
highchair *etetőszék* e·te·têū·sayk
highway *országút* awr·saag·ūt
hike *kirándul* ki·raan·dul
hiking *kirándulás* ki·raan·du·laash
hiking boots *túrabakancs* tü·ro·bo·konch
hiking route *túraútvonal* tü·ro·ūt·vaw·nol
hill *domb* dawmb
him *őt* êūt
Hindu *hindu* hin·du
hire *bérel* bay·rel
his *övé* eu·vay
historical *történelmi* teur·tay·nel·mi
history *történelem* teur·tay·ne·lem
hitchhike *stoppol* shtawp·pawl
HIV *HIV* hiv
hockey *hoki* haw·ki
holiday *ünnepnap* ewn·nep·nop
holidays *szabadság* so·bod·shaag
home *otthon* awtt·hawn
homeless *hajléktalan* ho·y·layk·to·lon

homemaker *háztartásbeli*
 haaz·tor·taash·be·li
homeopathy *homeopátia*
 ho·meu·aw·paa·ti·o
homestead *tanya* to·nyo
homosexual *homoszexuális*
 haw·maw·sek·su·aa·lish
honey *méz* mayz
honeymoon *nászút* naas·ūt
horoscope *horoszkóp* haw·raws·kāwp
horse *ló* lāw
horse riding *lovaglás* law·vog·laash
horse-riding school *lovaglóiskola*
 law·vog·lāw·ish·kaw·lo
hospital *kórház* kāwr·haaz
hospitality *vendéglátás*
 ven·dayg·laa·taash
hot *forró* fawr·rāw
hot water *forró víz* fawr·rāw veez
hotel *szálloda* saal·law·do
hour *óra* āw·ro
house *ház* haaz
housework *házi munka* haa·zi mun·ko
how *hogyan* haw·dyon
how much *mennyi* men'·nyi
hug ⓥ *megölel* meg·eu·lel
huge *hatalmas* ho·tol·mosh
human resources *emberi erőforrások*
 em·be·ri e·rêū·fawr·raa·shawk
human rights *emberi jogok*
 em·be·ri yaw·gawk
humanities *humán tudományok*
 hu·maan tu·daw·maa·nyawk
hundred *száz* saaz
Hungarian *magyar* mo·dyor
Hungary *Magyarország* mo·dyor·awr·saag
hungry *éhes* ay·hesh
hunting *vadászat* vo·daa·sot
hurt ⓥ *megsért* meg·shayrt
husband *férj* fayr·y

# I

I *én* ayn
ice *jég* yayg
ice axe *jégcsákány* yayg·chaa·kaan'
ice cream *fagylalt* foj·lolt
ice-cream parlour *fagylaltozó*
 foj·lol·taw·zāw
ice hockey *jéghoki* yayg·haw·ki
identification *azonosítás*
 o·zaw·naw·shee·taash

**identification card (ID)** *személyi igazolvány* se·may·yi i·go·zawl·vaan'
**idiot** *hülye* hew·ye
**if** *ha* ho
**ill** *beteg* be·teg
**immigration** *bevándorlás* be·vaan·dawr·laash
**important** *fontos* fawn·tawsh
**impossible** *lehetetlen* le·he·tet·len
**in** *-ban/-ben* ·bon/·ben
**in a hurry** *siet* shi·et
**in front of** *előtt* e·lêütt
**included** *beleértve* be·le·ayrt·ve
**income tax** *jövedelemadó* yeu·ve·de·lem·o·dâw
**India** *India* in·di·o
**indicator** *mutató* mu·to·tâw
**indigestion** *gyomorrontás* dyaw·mawr·rawn·taash
**indoor** *fedett* fe·dett
**industry** *ipar* i·por
**infection** *fertőzés* fer·têü·zaysh
**inflammation** *gyulladás* dyul·lo·daash
**influenza** *influenza* inf·lu·en·zo
**information** *információ* in·fawr·maa·tsi·âw
**ingredient** *hozzávaló* hawz·zaa·vo·lâw
**inject** *bead injekcióban* be·od in·yek·tsi·âw·bon
**injection** *injekció* in·yek·tsi·âw
**injured** *sérült* shay·rewlt
**injury** *sérülés* shay·rew·laysh
**inn** *fogadó* faw·go·dâw
**inner tube** *belső cső* bel·shêü chêü
**innocent** *ártatlan* aar·tot·lon
**inside** *bent* bent
**instructor** *oktató* awk·to·tâw
**insurance** *biztosítás* biz·taw·shee·taash
**interesting** *érdekes* ayr·de·kesh
**intermission** *szünet* sew·net
**international** *nemzetközi* nem·zet·keu·zi
**Internet** *Internet* in·ter·net
**Internet café** *Internet kávézó* in·ter·net kaa·vay·zâw
**interpreter** *tolmács* tawl·maach
**interview** ⓝ *beszélgetés* be·sayl·ge·taysh
**invite** *meghív* meg·heev
**Ireland** *Írország* eer·awr·saag
**iron (for clothes)** *vasaló* vo·sho·lâw
**island** *sziget* si·get
**Israel** *Izrael* iz·ro·el
**it** *az* oz

**IT** *informatika* in·fawr·mo·ti·ko
**Italy** *Olaszország* o·los·awr·saag
**itch** ⓝ *viszketés* vis·ke·taysh
**itemised** *tételes* tay·te·lesh
**itinerary** *útvonal* ût·vaw·nol
**IUD** *fogamzásgátló hurok* faw·gom·zaash·gaat·lâw hu·rawk

# J

**jacket** *dzseki* je·ki
**jail** *börtön* beur·teun
**jam** *dzsem* jem
**January** *január* yo·nu·aar
**Japan** *Japán* yo·paan
**jar** *üveg* ew·veg
**jaw** *állkapocs* aall·ko·pawch
**jealous** *féltékeny* fayl·tay·ken'
**jeans** *farmer* for·mer
**jeep** *dzsip* jip
**jet lag** *hosszú repülőút okozta fáradtság* haws·sû re·pew·lêü·ût o·kawz·to faa·rott·shaag
**jewellery** *ékszerek* ayk·se·rek
**Jewish** *zsidó* zhi·dâw
**job** *állás* aal·laash
**jogging** *kocogás* kaw·tsaw·gaash
**joke** ⓝ *vicc* vits
**journalist** *újságíró* ûy·shaag·ee·râw
**journey** *utazás* u·to·zaash
**judge** ⓝ *bíró* bee·râw
**juice** *gyümölcslé* dyew·meulch·lay
**July** *július* yû·li·ush
**jump** ⓥ *ugrik* ug·rik
**jumper (sweater)** *pulóver* pu·lâw·ver
**jumper leads** *indítókábel* in·dee·tâw·kaa·bel
**June** *június* yû·ni·ush

# K

**ketchup** *ketchup* ke·cheup
**key** *kulcs* kulch
**keyboard** *billentyűzet* bil·len·tyêw·zet
**kick** ⓥ *rúg* rûg
**kidney** *vese* ve·she
**kilo** *kiló* ki·lâw
**kilogram** *kilogramm* ki·lâw·gromm
**kilometre** *kilométer* ki·lâw·may·ter
**kind (nice)** *kedves* ked·vesh
**kindergarten** *óvoda* âw·vaw·do

king *király* ki·raa·y
kiosk *kioszk* ki·awsk
kiss (friendly) ⓝ *puszi* pu·si
kiss (friendly) ⓥ *megpuszil* meg·pu·sil
kiss (intimate) ⓝ *csók* chäwk
kiss (intimate) ⓥ *megcsókol*
meg·chäw·kawl
kitchen *konyha* kawn'·ho
kiwifruit *kivi* ki·vi
knee *térd* tayrd
knife *kés* kaysh
know (a fact) *tud* tud
know (be acquainted with) *ismer* ish·mer
kosher *kóser* käw·sher

# L

labourer *munkás* mun·kaash
lace *csipke* chip·ke
lake *tó* tãw
lamb *bárány* baa·raan'
land ⓝ *föld* feuld
landlady *háztulajdonosnő*
haaz·tu·loy·daw·nawsh·nёü
landlord *háztulajdonos*
haaz·tu·loy·daw·nawsh
language *nyelv* nyelv
laptop *laptop* lop·tawp
large *nagy* noj
last (previous) *előző* e·lёü·zёü
last week *a múlt héten* o mült hay·ten
late *késő* kay·shёü
later *később* kay·shёübb
laugh ⓥ *nevet* ne·vet
launderette *önkiszolgáló mosószalon*
eun·ki·sawl·gaa·läw maw·shäw·so·lawn
laundry (clothes) *mosnivaló*
mawsh·ni·vo·läw
laundry (place) *mosoda* maw·shaw·do
laundry (room) *mosóhelyiség*
maw·shäw·he·yi·shayg
law *törvény* teur·vayn'
law (study, profession) *jog* yawg
lawyer *jogász* yaw·gaas
laxative *hashajtó* hosh·ho·y·täw
lazy *lusta* lush·to
leader *vezető* ve·ze·tёü
leaf *levél* le·vayl
learn *tanul* to·nul
leather *bőr* bёür
lecturer *egyetemi oktató*
e·dye·te·mi awk·to·täw

ledge *perem* pe·rem
leek *póréhagyma* päw·ray·hoj·mo
left (direction) *balra* bol·ro
left luggage (office) *csomagmegőrző*
chaw·mog·meg·ёür·zёü
left-wing *baloldali* bol·awl·do·li
leg *láb* laab
legal *törvényes* teur·vay·nyesh
legislation *törvényhozás*
teur·vayn'·haw·zaash
legume *hüvelyes* hew·ve·yesh
lemon *citrom* tsit·rawm
lemonade *limonádé* li·maw·naa·day
lens *lencse* len·che
lentil *lencse* len·che
lesbian ⓝ *leszbikus* les·bi·kush
less *kevésbé* ke·vaysh·bay
letter (mail) *levél* le·vayl
lettuce *saláta* sho·laa·to
liar *hazug* ho·zug
library *könyvtár* keun'v·taar
lice *tetvek* tet·vek
licence *engedély* en·ge·day·y
license plate number
*rendszám* rend·saam
lie (not stand) *fekszik* fek·sik
life *élet* ay·let
life jacket *mentőmellény*
men·tёü·mel·layn'
lift (elevator) *lift* lift
light ⓝ *fény* fayn'
light (colour) *világos* vi·laa·gawsh
light (not heavy) *könnyű* keun'·nyёw
light bulb *égő* ay·gёü
light meter *fénymérő* fayn'·may·rёü
lighter *öngyújtó* eun·dyü·y·täw
like ⓥ *szeret* se·ret
lime (fruit) *apró zöld citrom*
op·räw zeuld tsit·rawm
linen (material) *lenvászon* len·vaa·sawn
linen (sheets etc) *vászonneműk*
vaa·sawn·ne·mёwk
lip balm *ajakbalzsam* o·yok·bol·zhom
lips *ajak* o·yok
lipstick *rúzs* rüj
liquor store *szeszes italokat árusító üzlet*
se·sesh i·to·law·kot aa·ru·shee·täw
ewz·let
listen *hallgat* holl·got
little (quantity) *kevés* ke·vaysh
little (size) *kicsi* ki·chi
Little Plain *Kisalföld* kish·ol·feuld

live ⓥ *lakik* lo·kik
liver *máj* maa·y
lizard *gyík* dyeek
local *helyi* he·yi
lock ⓝ *zár* zaar
lock ⓥ *bezár* be·zaar
locked *be van zárva* be von zaar·vo
lollies *nyalóka* nyo·láw·ko
long *hosszú* haws·sū
look ⓥ *néz* nayz
look after *gondját viseli*
  gawnd·yaat vi·she·li
look for *keres* ke·resh
lookout *kilátó* ki·laa·taw
loose *laza* lo·zo
loose change *aprópénz* op·rāw·paynz
lose *elveszít* el·ve·seet
lost *elveszett* el·ve·sett
lost property office *talált tárgyak*
  *hivatala* to·laalt taar·dyok hi·vo·to·lo
(a) lot *sok* shawk
loud *hangos* hon·gawsh
love ⓝ *szerelem* se·re·lem
love ⓥ *szeret* se·ret
lover *szerető* se·re·tēū
low *alacsony* o·lo·chawn'
lubricant *kenőanyag* ke·nēū·o·nyog
luck *szerencse* se·ren·che
lucky *szerencsés* se·ren·chaysh
luggage *poggyász* pawd'·dyaas
luggage lockers *poggyászmegőrző*
  *automata* pawd'·dyaas·meg·ēūr·zēū
  o·u·taw·mo·to
luggage tag *poggyászcímke*
  pawd'·dyaas·tseem·ke
lump *csomó* chaw·máw
lunch *ebéd* e·bayd
lung *tüdő* tew·dēū
luxury *a luxus* luk·sush

# M

machine *gép* gayp
Madam *asszonyom* os·saw·nyawm
magazine *képes folyóirat*
  kay·pesh faw·yāw·i·rot
mail ⓝ *posta* pawsh·to
mailbox *postaláda* pawsh·to·laa·do
main *fő* fēū
main road *főút* fēū·ūt
make *csinál* chi·naal
make-up *smink* shmink

mammogram *mammogram*
  mom·maw·grom
man (male) *férfi* fayr·fi
manager (team) *menedzser* me·ne·jer
manager (business) *üzletvezető*
  ewz·let·ve·ze·tēū
mandarin *mandarin* mon·do·rin
mango *mangó* mon·gáw
manor house *udvarház* ud·vor·haaz
mansion *urasági kastély*
  u·ro·shaa·gi kosh·tay
manual worker *kétkezi munkás*
  kayt·ke·zi mun·kaash
many *sok* shawk
map (of country) *térkép* tayr·kayp
map (of town) *várostérkép*
  vaa·rawsh·tayr·kayp
March *március* maar·tsi·ush
margarine *margarin* mor·go·rin
marijuana *marihuána* mo·ri·hu·aa·no
marital status *családi állapot*
  cho·laa·di aal·lo·pawt
market *piac* pi·ots
marmalade *narancslekvár*
  no·ronch·lek·vaar
marriage *házasság* haa·zawsh·shaag
married (for a man) *nős* nēūsh
married (for a woman) *férjezett*
  fayr·ye·zett
marry (for a man) *megnősül*
  meg·nēū·shewl
marry (for a woman) *férjhez megy*
  fayr·y·hez mej
martial arts *küzdősportok*
  kewz·dēū·shpawr·tawk
mass (Catholic) *mise* mi·she
massage *masszázs* mos·saazh
masseur *masszőr* mos·sēūr
masseuse *masszőrnő* mos·sēūr·nēū
mat *gyékény* dyay·kayn'
match (sports) *meccs* mech
matches (for lighting) *gyufa* dyu·fo
mattress *matrac* mot·rots
May *május* maa·yush
maybe *talán* to·laan
mayonnaise *majonéz* mo·yaw·nayz
mayor *polgármester* pawl·gaar·mesh·ter
me *én/engem/nekem/velem*
  ayn/en·gem/ne·kem/ve·lem
meal *étkezés* ayt·ke·zaysh
measles *kanyaró* ko·nyo·ráw
meat *hús* hūsh

mechanic *szerelő* se·re·lêû
media *média* may·di·o
medicine (medication) *orvosság*
  awr·vawsh·shaag
medicine (profession) *orvostudomány*
  awr·vawsh·tu·daw·maan'
meditation *meditálás* me·di·taa·laash
meet *találkozik* to·laal·kaw·zik
melon *dinnye* din'·nye
member *tag* tog
memorial *emlékmű* em·layk·mêw
menstruation *menstruáció*
  mensht·ru·aa·tsi·âw
menu *étlap* ayt·lop
message *üzenet* ew·ze·net
metal ⓝ *fém* faym
metre *méter* may·ter
metro (train) *metró* met·râw
metro station *metróállomás*
  met·râw·aal·law·maash
microwave (oven) *mikrohullámú sütő*
  mik·raw·hul·laa·mû shew·têû
midday *dél* dayl
midnight *éjfél* ay·fayl
migraine *migrén* mig·rayn
military ⓝ *hadsereg* hod·she·reg
military service *katonai szolgálat*
  ko·taw·no·i sawl·gaa·lot
milk *tej* te·y
millimetre *milliméter* mil·li·may·ter
million *millió* mil·li·âw
mince ⓝ *darálthús* do·raalt·hûsh
mineral water *ásványvíz* aash·vaan'·veez
minute *perc* perts
mirror *tükör* tew·keur
miscarriage *spontán vetélés*
  shpawn'·taan ve·tay·laysh
Miss *Kisasszony* kish·os·sawn'
miss (feel absence of) *hiányzik neki*
  hi·aan'·zik ne·ki
mistake ⓝ *hiba* hi·bo
mix ⓥ *összekever* eus·se·ke·ver
mobile phone *mobil telefon*
  maw·bil te·le·fawn
modem *modem* maw·dem
modern *modern* maw·dern
moisturiser *hidratáló készítmény*
  hid·ro·taa·lâw kay·seet·mayn'
monastery *kolostor*
  kaw·lawsh·tawr
Monday *hétfő* hayt·fêû
money *pénz* paynz

monk *szerzetes* ser·ze·tesh
Montenegro *Montenegro*
  mawn·te·neg·râw
month *hónap* hâw·nop
monument *emlékmű* em·layk·mêw
moon *hold* hawld
more *több* teubb
morning *reggel* reg·gel
morning sickness *reggeli rosszullét*
  reg·ge·li raws·sul·layt
mosque *mecset* me·chet
mosquito *szúnyog* sü·nyawg
motel *motel* maw·tel
mother *anya* o·nyo
mother-in-law *anyós* o·nyâwsh
motorbike *motor* maw·tawr
motorboat *motorcsónak*
  maw·tawr·châw·nok
motorcycle *motorbicikli*
  maw·tawr·bi·tsik·li
motorway *autópálya* o·u·tâw·paa·yo
mountain bike *hegyikerékpár*
  he·dyi·ke·rayk·paar
mountain path *hegyi ösvény*
  he·dyi eush·vayn'
mountain range *hegylánc* hed'·laants
mountaineering *hegymászás*
  hed'·maa·saash
mouse *egér* e·gayr
mouth *száj* saa·y
movie *film* film
Mr *Úr* ür
Mrs *Asszony* os·sawn'
mud *sár* shaar
muesli *müzli* mewz·li
mum *anyu* o·nyu
mumps *mumpsz* mumps
murder ⓝ *meggyilkol* meg·dyil·kawl
murder ⓥ *gyilkosság* dyil·kawsh·shaag
muscle *izom* i·zawm
museum *múzeum* mû·ze·um
mushroom *gomba* gawm·bo
music *zene* ze·ne
music shop *zeneműbolt*
  ze·ne·mêw·bawlt
musician *zenész* ze·nays
Muslim *muszlim* mus·lim
mussel *kagyló* koj·lâw
mustard *mustár* mush·taar
mute *néma* nay·mo
my *-m/-vowel+m* ·m/·(vowel)+m

# N

**nail clippers** *körömvágó* keu·reum·vaa·gáw
**name** *név* nayv
**name (family)** *családnév* cho·laad·nayv
**name (first/given)** *keresztnév* ke·rest·nayv
**napkin** *szalvéta* sol·vay·to
**nappy** *pelenka* pe·len·ko
**nappy rash** *kipállás* ki·paal·laash
**national park** *nemzeti park* nem·ze·ti pork
**nationality** *nemzetiség* nem·ze·ti·shayg
**nature** *természet* ter·may·set
**naturopathy** *természetgyógyászat* ter·may·set·dyáw·dyaa·sot
**nausea** *hányinger* haan'·in·ger
**near** *közelében* keu·ze·lay·ben
**nearby** *a közelben* o keu·zel·ben
**nearest** *a legközelebbi* o leg·keu·ze·leb·bi
**necessary** *szükséges* sewk·shay·gesh
**neck** *nyak* nyok
**necklace** *nyaklánc* nyok·laants
**nectarine** *sima héjú őszibarack* shi·mo hay·yū ēū·si·bo·rotsk
**need** ⓥ *szüksége van* sewk·shay·ge von
**needle (sewing)** *varrótű* vor·rāw·tēw
**needle (syringe)** *injekciós tű* in·yek·tsi·āwsh tēw
**negative** ⓐ *negatív* ne·go·teev
**neither** *sem* shem
**net** *háló* haa·lāw
**Netherlands** *Hollandia* hawl·lon·di·o
**never** *soha* shaw·ho
**new** *új* ū·y
**New Year's Day** *újév napja* ū·y·ayv nop·yo
**New Year's Eve** *szilveszter* sil·ves·ter
**New Zealand** *Új-Zéland* ū·y·zay·lond
**news** *hírek* hee·rek
**newsagency** *újságárus* ū·y·shaag·aa·rush
**newspaper** *újság* ū·y·shaag
**newsstand** *újságárus* ū·y·shaag·aa·rush
**next (month)** *jövő (hónap)* yeu·vēū (hāw·nop)
**next to** *mellett* mel·lett
**nice** *szép* sayp
**nickname** *becenév* be·tse·nayv
**night** *éjszaka* ay·so·ko
**night out** *éjszakai szórakozás* ay·so·ko·i sāw·ro·kaw·zaash
**nightclub** *éjszakai mulatóhely* ay·so·ko·i mu·lo·tāw·he·y

**no** *nem* nem
**no vacancy** *nincs üres szoba* ninch ew·resh saw·bo
**noisy** *zajos* zo·yawsh
**none** *egy sem* ej shem
**nonsmoking** *nemdohányzó* nem·daw·haan'·zāw
**noodles** *metélt* me·taylt
**noon** *dél* dayl
**north** *észak* ay·sok
**Norway** *Norvégia* nawr·vay·gi·o
**nose** *orr* awrr
**not** *nem* nem
**notebook** *jegyzetfüzet* yej·zet·few·zet
**nothing** *semmi* shem·mi
**November** *november* naw·vem·ber
**now** *most* mawsht
**nuclear energy** *atomenergia* o·tawm·e·ner·gi·o
**nuclear testing** *atomkísérletek* o·tawm·kee·shayr·le·tek
**nuclear waste** *radioaktív hulladék* raa·di·āw·ok·teev hul·lo·dayk
**number** *szám* saam
**numberplate** *rendszámtábla* rend·saam·taab·lo
**nun** *apáca* o·paa·tso
**nurse** *ápolónő* aa·paw·lāw·nēū
**nut** *dió* di·āw

# O

**oats** *zab* zob
**ocean** *óceán* āw·tse·aan
**October** *október* awk·tāw·ber
**off (spoiled)** *megromlott* meg·rawm·lawtt
**office** *iroda* i·raw·do
**office worker** *irodai dolgozó* i·raw·do·i dawl·gaw·zāw
**often** *gyakran* dyok·ron
**oil** *olaj* aw·lo·y
**oil (fuel)** *kőolaj* kēū·aw·lo·y
**old (person)** *öreg* eu·reg
**old (thing)** *régi* ray·gi
**olive** *olajbogyó* aw·lo·y·baw·dyāw
**olive oil** *olívaolaj* aw·lee·vo·aw·lo·y
**Olympic Games** *olimpiai játékok* aw·lim·pi·o·i yaa·tay·kawk
**omelette** *omlett* awm·lett
**on** *-on/-ön/-en* -awn/-eun/-en
**on time** *időben* i·dēū·ben
**once** *egyszer* ej·ser

one *egy* ej
one-way (ticket) *csak oda* chok aw·do
onion *hagyma* hoj·mo
only *csak* chok
open (person) ⓐ *nyitott* nyi·tawtt
open (location) ⓐ *nyitva* nyit·vo
open ⓥ *kinyit* ki·nyit
open air museum *szabadtéri múzeum*
    so·bod·tay·ri mü·ze·um
opening hours *nyitvatartás*
    nyit·vo·tor·taash
opera *opera* aw·pe·ro
opera house *operaház* aw·pe·ro·haaz
operation (medical) *műtét* mëw·tayt
operator *operátor* aw·pe·raa·tawr
opinion *vélemény* vay·le·mayn'
opposite *ellenkező* el·len·ke·zëü
optometrist *szemész* se·mays
or *vagy* voj
orange (colour) *narancssárga*
    no·ronch·shaar·go
orange (fruit) *narancs* no·ronch
orange juice *narancslé* no·ronch·lay
orchestra *zenekar* ze·ne·kor
order ⓝ *sorrend* shawr·rend
order ⓥ *rendel* ren·del
ordinary *közönséges*
    keu·zeun·shay·gesh
orgasm *orgazmus* awr·goz·mush
original *eredeti* e·re·de·ti
other *másik* maa·shik
our -nk/vowel+nk ·nk/-(vowel)+nk
out of order *nem működik*
    nem mëw·keu·dik
outing *kiruccanás* ki·ruts·tso·naash
outside *kint* kint
ovarian cyst *petefészek-ciszta*
    pe·te·fay·sek·tsis·to
ovary *petefészek* pe·te·fay·sek
oven *sütő* shew·tëü
overcoat *kabát* ko·baat
overdose *túladagolás*
    túl·o·do·gaw·laash
overnight *egész éjjel* e·gays ay·yel
overseas *a tengeren túl* o ten·ge·ren túl
owe *tartozik* tor·taw·zik
owner *tulajdonos* tu·loy·daw·nawsh
oxygen *oxigén* awk·si·gayn
oyster *osztriga* awst·ri·go
ozone layer *ózonréteg*
    ãw·zawn·ray·teg

# P

pacemaker *szívritmusszabályozó*
    seev·rit·mush·so·baa·yaw·zãw
pacifier (dummy) *cumi* tsu·mi
package *csomag* chaw·mog
packet *csomag* chaw·mog
padlock *lakat* lo·kot
page *oldal* awl·dol
pain ⓝ *fájdalom* faa·y·do·lawm
painful *fájdalmas* faa·y·dol·mosh
painkiller *fájdalomcsillapító*
    faa·y·do·lawm·chil·lo·pee·tãw
painter *festő* fesh·tëü
painting (a work) *festmény* fesht·mayn'
painting (the art) *festészet* fesh·tay·set
pair (couple) *pár* paar
palace *palota* po·law·to
pan *serpenyő* sher·pe·nyëü
pants (trousers) *nadrág* nod·raag
panty liners *egészségügyi betét*
    e·gays·shayg·ew·dyi be·tayt
pantyhose *harisnyanadrág*
    ho·rish·nyo·nod·raag
pap smear *méhnyakrák-szűrővizsgálat*
    mayh·nyok·raak·sëw·rëü·vizh·gaa·lot
paper *papír* po·peer
paperwork *papírmunka*
    po·peer·mun·ko
paprika *paprika* pop·ri·ko
paraplegic *deréktől lefelé bénult*
    de·rayk·tãwl le·fe·lay bay·nult
parcel *csomag* chaw·mog
parents *szülők* sew·lëük
park ⓝ *park* pork
park (a car) ⓥ *parkol* por·kawl
parliament *parlament* por·lo·ment
parlour *szalon* so·lawn
part (component) *rész* rays
part-time *részmunkaidős*
    rays·mun·ko·i·dëüsh
party (night out) *parti* por·ti
party (politics) *párt* paart
pass ⓥ *átmegy* aat·mej
passenger *utas* u·tosh
passionfruit *golgotavirág gyümölcse*
    gawl·gaw·to·vi·raag dyew·meul·che
passport *útlevél* üt·le·vayl
passport number *útlevél száma*
    üt·le·vayl saa·mo
past ⓝ *múlt* múlt
pasta *tészta* tays·to

pastry *cukrászsütemény* tsuk·raas·shew·te·mayn'
path *ösvény* eush·vayn'
pay ⊙ *fizet* fi·zet
payment *kifizetés* ki·fi·ze·taysh
pea *borsó* bawr·shâw
peace *béke* bay·ke
peach *őszibarack* ēū·si·bo·rotsk
peak (mountain) *csúcs* chûch
peanut *földi mogyoró* feul·di maw·dyaw·râw
pear *körte* keur·te
pedal ⊙ *pedál* pe·daal
pedestrian *gyalogos* dyo·law·gawsh
pedestrian crossing *zebra* ze·bro
pen *golyóstoll* gaw·yâwsh·tawll
pencil *ceruza* tse·ru·zo
penis *pénisz* pay·nis
penknife *bicska* bich·ko
pensioner *nyugdíjas* nyug·dee·yosh
people *emberek* em·be·rek
pepper (bell) *paprika* pop·ri·ko
pepper (black) *bors* bawrsh
per cent *százalék* saa·zo·layk
perfect *tökéletes* teu·kay·le·tesh
performance *előadás* tel·ye·sheet·mayn'
perfume *parfüm* por·fewm
period pain *menstruációs hasfájás* mensht·ru·aa·tsi·âwsh hosh·faa·yaash
permission *engedély* en·ge·day
permit *engedély* en·ge·day
person *személy* se·may
petition *kérvény* kayr·vayn'
petrol *benzin* ben·zin
petrol station *benzinkút* ben·zin·kút
pharmacist *gyógyszerész* dyâwj·se·raysh
pharmacy *gyógyszertár* dyâwj·ser·taar
phone book *telefonkönyv* te·le·fawn·keun'v
phone box *telefonfülke* te·le·fawn·fewl·ke
phonecard *telefonkártya* te·le·fawn·kaar·tyo
photo *fénykép* fayn'·kayp
(take a) photo *fényképez* fayn'·kay·pez
photographer *fényképész* fayn'·kay·pays
photography *fényképezés* fayn'·kay·pe·zaysh
phrasebook *kifejezésgyűjtemény* ki·fe·ye·zaysh·dyêw·y·te·mayn'
pickaxe *csákány* chaa·kaan'
pickles *savanyúságok* sho·vo·nyû·shaa·gawk

pickpocket *zsebtolvaj* zheb·tawl·vo·y
picnic *piknik* pik·nik
pie *pástétom* paash·tay·tawm
piece *darab* do·rob
pier *móló* mâw·lâw
pig *disznó* dis·nâw
pill *tabletta* tob·let·to
the pill *fogamzásgátló tabletta* faw·gom·zaash·gaat·lâw tob·let·to
pillow *párna* paar·no
pillowcase *párnahuzat* paar·no·hu·zot
pineapple *ananász* o·no·naas
pink *rózsaszín* râw·zho·seen
pistachio *pisztácia* pis·taa·tsi·o
place *hely* he·y
place of birth *születési hely* sew·le·tay·shi he·y
plane *repülőgép* re·pew·lêû·gayp
planet *bolygó* baw·y·gâw
plant ⊙ *növény* neu·vayn'
plastic *műanyag* mêw·o·nyog
plate *tányér* taa·nyayr
plateau *fennsík* fenn·sheek
platform *peron* pe·rawn
play (theatre) *színdarab* seen·do·rob
play cards *kártyázik* kaar·tyaa·zik
play guitar *gitározik* gi·taa·raw·zik
plug *dugó* du·gâw
plum *szilva* sil·vo
PO box *postafiók* pawsh·to·fi·awk
poached egg *mindkét oldalán megsütött tükörtojás* mind·kayt awl·do·laan meg·shew·teutt tew·keur·taw·yaash
pocket *zseb* zheb
pocket knife *zsebkés* zheb·kaysh
poetry *költészet* keul·tay·set
point ⊙ *pont* pawnt
point ⊙ *mutat* mu·tot
poisonous *mérgező* mayr·ge·zēū
Poland *Lengyelország* len·dyel·awr·saag
police *rendőrség* rend·êūr·shayg
police officer *rendőr* rend·êūr
police headquarters *rendőr-főkapitányság* rend·êūr fêû·ko·pi·taan'·shaag
police station *rendőrség* rend·êūr·shayg
policy *politika* paw·li·ti·ko
politician *politikus* paw·li·ti·kush
politics *politika* paw·li·ti·ko
pollen *virágpor* vi·raag·pawr
pollution *szennyezés* sen'·nye·zaysh

pool (game) *biliárd* bi·li·aard
pool (swimming) *úszómedence*
    ū·săw·me·den·tse
poor *szegény* se·gayn'
popular *népszerű* nayp·se·rēw
pork *disznóhús* dis·nāw·hūsh
pork sausage
    *disznóhúsból készült kolbász*
    dis·nāw·hūsh·bāwl kay·sewlt kawl·baas
port *kikötő* ki·keu·tēū
positive *pozitív* paw·zi·teev
possible *lehetséges* le·het·shay·gesh
postage *postaköltség*
    pawsh·to·keult·shayg
postcard *levelezőlap* le·ve·le·zēū·lop
postcode *postai irányítószám*
    pawsh·to·i i·raa·nyee·tāw·saam
poster *plakát* plo·kaat
post office *postahivatal* pawsh·to·hi·vo·tol
pot (cooking) *edény* e·dayn'
potato *krumpli* krump·li
pottery *fazekasáru* fo·ze·kosh·aa·ru
pound (money, weight) *font* fawnt
poverty *szegénység* se·gayn'·shayg
powder *por* pawr
Prague *Prága* praa·go
prawn *garnélarák* gor·nay·lo·raak
prayer *ima* i·mo
prayer book *imakönyv* i·mo·keun'v
prefer *jobban szeret* yawb·bon se·ret
pregnancy test kit *terhességi teszt*
    ter·hesh·shay·gi test
pregnant *terhes* ter·hesh
premenstrual tension *menstruáció előtti*
    *feszültség* mensht·ru·aa·tsi·āw e·lēūt·ti
    fe·sewlt·shayg
prepare *készít* kay·seet
prescription *recept* re·tsept
present (gift) *ajándék* o·yaan·dayk
present (time) *jelen* ye·len
president *elnök* el·neuk
pressure *nyomás* nyaw·maash
pretty *csinos* chi·nawsh
price *ár* aar
priest *pap* pop
prime minister *miniszterelnök*
    mi·nis·ter·el·neuk
printer (computer) *nyomtató*
    nyawm·to·tāw
prison *börtön* beur·teun
prisoner *rab* rob
private *magán* mo·gaan

problem *probléma* prawb·lay·mo
produce ⓥ *termel* ter·mel
profit ⓝ *haszon* ho·sawn
program *program* prawg·rom
prohibited *tilos* ti·lawsh
projector *vetítő* ve·tee·tēū
promenade *sétány* shay·taan'
promise ⓥ *megígér* meg·ee·gayr
prostitute *prostituált* prawsh·ti·tu·aalt
protect *megvéd* meg·vayd
protected species *védett faj* vay·dett fo·y
protest ⓝ *tiltakozás* til·to·kaw·zaash
protest ⓥ *tiltakozik* til·to·kaw·zik
provisions *élelmiszer* ay·lel·mi·ser
prune ⓝ *aszalt szilva* o·solt sil·va
pub *pub* pob
public gardens *nyilvános park*
    nyil·vaa·nawsh pork
public relations *közönséggel való*
    *kapcsolattartás* keu·zeun·shayg·gel
    vo·lāw kop·chaw·lot·tor·taash
public telephone *nyilvános telefon*
    nyil·vaa·nawsh te·le·fawn
public toilet *nyilvános vécé*
    nyil·vaa·nawsh vay·tsay
publishing *könyvkiadás* keun'v·ki·o·daash
pull *húz* hūz
pump ⓝ *szivattyú* si·vot'·tyū
pumpkin *tök* teuk
puncture ⓝ *defekt* de·fekt
pure *tiszta* tis·to
purple *sötétlila* sheu·tayt·li·lo
purse *pénztárca* paynz·taar·tso
push ⓥ *tol* tawl
put *tesz* tes

# Q

quadriplegic *teljesen béna*
    tel·ye·shen bay·no
qualifications *képesítések*
    kay·pe·shee·tay·shek
quality *minőség* mi·nēū·shayg
quarantine *karantén* ko·ron·tayn
quarter *negyed* ne·dyed
quay *rakpart* rok·port
queen *királynő* ki·raa·y·nēū
question ⓝ *kérdés* kayr·daysh
queue ⓝ *sor* shawr
quick *gyors* dyawrsh
quiet *csendes* chen·desh
quit *felmond* fel·mawnd

# R

**rabbit** *nyúl* nyül
**race (sport)** *verseny* ver·shen'
**racetrack** *versenypálya* ver·shen'·paa·yo
**racing bike** *versenybicikli*
 ver·shen'·bi·tsik·li
**racism** *fajgyűlölet* fo·y·dyёw·leu·let
**racquet** *ütő* ew·tёū
**radiator** *fűtőtest* fёw·tёū·tesht
**radio** *rádió* raa·di·āw
**radish** *retek* re·tek
**railway station** *vasútállomás*
 vo·shūt·aal·law·maash
**rain** *eső* e·shёū
**raincoat** *esőkabát* e·shёū·ko·baat
**raisin** *mazsola* mo·zhaw·lo
**rally** *nagygyűlés* noj·dyёw·laysh
**ranch** *állattenyésztő-telep*
 aal·lot·te·nyays·tёū·te·lep
**rape** (n) *nemi erőszak* ne·mi e·rёū·sok
**rape** (v) *megerőszakol* meg·e·rёū·so·kawl
**rare (food)** *véres* vay·resh
**rare (uncommon)** *ritka* rit·ko
**rash** *kiütés* ki·ew·taysh
**raspberry** *málna* maal·no
**rat** *patkány* pot·kaan'
**rave** (n) *rave buli* rayv bu·li
**raw** *nyers* nyersh
**razor** *borotva* baw·rawt·vo
**razor blade** *borotvapenge*
 baw·rawt·vo·pen·ge
**read** *olvas* awl·vosh
**reading** *olvasás* awl·vo·shaash
**ready** *kész* kays
**real estate agent** *ingatlanügynök*
 in·got·lon·ewj·neuk
**realistic** *realisztikus* re·o·lis·ti·kush
**rear (location)** *hátsó* haat·shāw
**reason (explanation)** *ok* awk
**receipt** *nyugta* nyug·to
**recently** *nemrég* nem·rayg
**recommend** *ajánl* o·yaanl
**record** (v) *feljegyez* fel·ye·dyez
**recording** *felvétel* fel·vay·tel
**recyclable** *újrafelhasználható*
 ū·y·ro·fel·hos·naal·ho·tāw
**recycle** *újrafelhasznál* ū·y·ro·fel·hos·naal
**red** *piros* pi·rawsh
**red wine** *vörösbor* veu·reush·bawr
**referee** *bíró* bee·rāw
**reference** *referencia* re·fe·ren·tsi·o

**reflexology** *reflexológia*
 ref·lek·saw·lāw·gi·o
**refrigerator** *fridzsider* fri·ji·der
**refugee** *menekült* me·ne·kewlt
**refund** (n) *visszatérítés* vis·so·tay·ree·taysh
**refuse** (v) *visszautasít* vis·so·u·to·sheet
**regional** *regionális* re·gi·o·naa·lish
**(by) registered mail** *ajánlott levél*
 o·yaan·lawtt le·vayl
**rehydration salts** *folyadékpótló sók*
 faw·yo·dayk·pāwt·lāw shāwk
**reiki** *reiki* re·i·ki
**relationship** *kapcsolat* kop·chaw·lot
**relax** *lazít* lo·zeet
**relic** *ereklye* e·rek·ye
**religion** *vallás* vol·laash
**religious** *vallásos* vol·laa·shawsh
**remote** *távoli* taa·vaw·li
**remote control** *távirányító*
 taav·i·raa·nyee·tāw
**rent** (v) *bérel* bay·rel
**repair** (v) *megjavít* meg·yo·veet
**republic** *köztársaság* keuz·taar·sho·shaag
**reservation (booking)** *foglalás*
 fawg·lo·laash
**rest** (v) *pihen* pi·hen
**restaurant** *étterem* ayt·te·rem
**résumé (CV)** *szakmai önéletrajz*
 sok·mo·i eun·ay·let·royz
**retired** *nyugalmazott* nyu·gol·mo·zawtt
**return (come back)** *visszatér* vis·so·tayr
**return (ticket)** *oda-vissza* aw·do·vis·so
**reverse-charge call** *'R' beszélgetés*
 er be·sayl·ge·taysh
**review** (n) *áttekintés* aat·te·kin·taysh
**rhythm** *ritmus* rit·mush
**rib** *borda* bawr·do
**rice** *rizs* rizh
**rich (wealthy)** *gazdag* goz·dog
**ride** (n) *lovaglás* law·vog·laash
**ride (horse)** (v) *lovagol* law·vo·gawl
**right (correct)** *helyes* he·yesh
**right (direction)** *jobbra* yawbb·ro
**right-wing** *jobboldali* yawbb·awl·do·li
**ring (on finger)** *gyűrű* dyёw·rёw
**ring (phone)** (v) *cseng* cheng
**ring road** *körgyűrű* keur·dyёw·rёw
**rip-off** *kifosztás* ki·faws·taash
**risk** (n) *kockázat* kawts·kaa·zot
**river** *folyó* faw·yāw
**road** *út* ūt
**road map** *térkép* tayr·kayp

**rob** *kirabol* ki·ro·bawl
**rock** ⓝ *szikla* sik·lo
**rock music** *rock* rawk
**rock climbing** *sziklamászás*
   sik·lo·maa·saash
**rock group** *rockegyüttes*
   raw·ke·dyewt·tesh
**rockmelon** *kantalupdinnye*
   kon·to·lup·din'·nye
**roll (bread)** *zsemle* zhem·le
**rollerblading** *görkorcsolyázás*
   geur·kawr·chaw·yaa·zaash
**Roma** *roma* raw·mo
**Roma music** *cigányzene* tsi·gaan'·ze·ne
**Romania** *Románia* raw·maa·ni·o
**romantic** *romantikus* raw·mon·ti·kush
**room** *szoba* saw·bo
**room number** *szobaszám* saw·bo·saam
**rope** *kötél* keu·tayl
**round** ⓐ *kerek* ke·rek
**roundabout** *körforgalom*
   keur·fawr·go·lawm
**route** *útvonal* üt·vaw·nol
**rowing** *evezés* e·ve·zaysh
**rubbish** *szemét* se·mayt
**rubella** *rubeola* ru·be·aw·lo
**rug** *szőnyeg* sēū·nyeg
**rugby** *rögbi* reug·bi
**ruins** *romok* raw·mawk
**rule** ⓝ *szabály* so·baa·y
**rum** *rum* rum
**run** ⓥ *fut* fut
**running** *futás* fu·taash
**runny nose** *nátha* naat·ho
**Russia** *Oroszország* aw·raws·awr·saag

# S

**sad** *szomorú* saw·maw·rū
**saddle** *nyereg* nye·reg
**safe** ⓝ *páncélszekrény* paan·tsayl·sek·rayn'
**safe** ⓐ *biztonságos* biz·tawn·shaa·gawsh
**safe sex** *biztonságos szex*
   biz·tawn·shaa·gawsh seks
**saint** *szent* sent
**salad** *saláta* sho·laa·to
**salami** *szalámi* so·laa·mi
**salary** *fizetés* fi·ze·taysh
**sale** *kiárusítás* ki·aa·ru·shee·taash
**sales tax** *forgalmi adó* fawr·gol·mi o·dāw
**salmon** *lazac* lo·zots
**salt** *só* shāw

**same** *ugyanaz* u·dyon·oz
**sand** *homok* haw·mawk
**sandal** *szandál* son·daal
**sanitary napkin** *egészségügyi törlőkendő*
   e·gays·shayg·ew·dyi teur·lēū·ken·dēū
**sardine** *szardínia* sor·dee·ni·o
**Saturday** *szombat* sawm·bot
**sauce** *szósz* sāws
**saucepan** *nyeles serpenyő*
   nye·lesh sher·pe·nyēū
**sauna** *szauna* so·u·no
**sausage (thick)** *kolbász* kawl·baas
**sausage (thin)** *virsli* virsh·li
**say** ⓥ *mond* mawnd
**scalp** *fejbőr* fe·y·bēūr
**scarf** *sál* shaal
**school** *iskola* ish·kaw·lo
**science** *tudomány* tu·daw·maan'
**scientist** *természettudós*
   ter·may·set·tu·dāwsh
**scissors** *olló* awl·lāw
**score** ⓥ *pontot szerez* pawn·tawt se·rez
**scoreboard** *eredményjelző tábla*
   e·red·mayn'·yel·zēū taab·lo
**Scotland** *Skócia* shkāw·tsi·o
**scrambled** *habart* ho·bort
**sculpture** *szobrászat* sawb·raa·sot
**sea** *tenger* ten·ger
**seasick** *tengeribeteg* ten·ge·ri·be·teg
**seaside** *tengerpart* ten·ger·port
**season** *évszak* ayv·sok
**seat** *ülés* ew·laysh
**seatbelt** *biztonsági öv*
   biz·tawn·shaa·gi euv
**second** ⓝ *pillanat* pil·lo·not
**second** ⓐ *második* maa·shaw·dik
**second class** *másodosztály*
   maa·shawd·aws·taa·y
**second-hand** *használt* hos·naalt
**second-hand shop**
   *használtcikk kereskedés*
   hos·naalt·tsikk ke·resh·ke·daysh
**secretary** *titkár* ⓜ tit·kaar
   *titkárnő* ⓕ tit·kaar·nēū
**see** *lát* laat
**self-employed** *önálló* eun·aal·lāw
**selfish** *önző* eun·zēū
**self-service** *önkiszolgáló*
   eun·ki·sawl·gaa·lāw
**sell** *elad* el·od
**send** *küld* kewld
**sensible** *értelmes* ayr·tel·mesh

sensual *érzéki* ayr·zay·ki
separate *külön* kew·leun
September *szeptember* sep·tem·ber
Serbia *Szerbia* ser·bi·o
serious *komoly* kaw·maw·y
service *kiszolgálás* ki·sawl·gaa·laash
service charge *kiszolgálási díj*
ki·sawl·gaa·laa·shi dee·y
service station *benzinkút* ben·zin·kût
serviette *szalvéta* sol·vay·to
several *több* teubb
sew *varr* vorr
sex (activity) *szex* seks
sex (gender) *nem* nem
sexism *szexizmus* sek·siz·mush
sexy *szexi* sek·si
shade *árnyék* aar·nyayk
shadow *árnyék* aar·nyayk
shampoo *sampon* shom·pawn
shape ⓝ *forma* fawr·mo
share (a dorm etc) *egy …ben/ban lakik*
ej …·ben/·ban lo·kik
share (with) *osztozik* aws·taw·zik
shave ⓥ *borotválkozik*
baw·rawt·vaal·kaw·zik
shaving cream *borotvakrém*
baw·rawt·vo·kraym
she *ő* êû
sheep *birka* bir·ko
sheet (bed) *lepedő* le·pe·dêû
shelf *polc* pawlts
shiatsu *siacu* shi·o·tsu
shingles (illness) *övsömör* euv·sheu·meur
ship *hajó* ho·yâw
shirt *ing* ing
shoe *cipő* tsi·pêû
shoe shop *cipőbolt* tsi·pêû·bawlt
shoes *cipők* tsi·pêûk
shoot *lő* lêû
shop ⓝ *üzlet* ewz·let
shop ⓥ *vásárol* vaa·shaa·rawl
shopping *vásárlás* vaa·shaar·laash
shopping centre *bevásárlóközpont*
be·vaa·shaar·lâw·keuz·pawnt
short (height) *alacsony* o·lo·chawn'
shortage *hiány* hi·aan'
shorts *sort* shawrt
shoulder *váll* vaall
shout ⓥ *kiabál* ki·o·baal
show ⓝ *show* shâw
show ⓥ *mutat* mu·tot
shower *zuhany* zu·hon'

shrine *szentély* sen·tay
shut ⓐ *be van zárva* be von zaar·vo
shy *szégyenlős* say·dyen·lêûsh
sick *beteg* be·teg
side *oldal* awl·dol
sign ⓝ *felirat* fel·i·rot
signature *aláírás* o·laa·ee·raash
silk *selyem* she·yem
silver ⓝ *ezüst* e·zewsht
SIM card *SIM-kártya* sim·kaar·tyo
similar *hasonló* ho·shawn·lâw
simple *egyszerű* ej·se·rêw
since … (time) … *óta* … âw·to
sing *énekel* ay·ne·kel
Singapore *Szingapúr* sin·go·pûr
singer *énekes/énekesnő* ⓜ/ⓕ
ay·ne·kesh/ay·ne·kesh·nêû
single (person) *egyedülálló*
e·dye·dewl·aal·lâw
single room *egyágyas szoba*
ej·aa·dyosh saw·bo
singlet *trikó* tri·kâw
sister (older) *nővér* nêû·vayr
sister (younger) *húg* hûg
sit *ül* ewl
size *méret* may·ret
skate ⓥ *korcsolyázik* kawr·chaw·yaa·zik
skate ⓝ *korcsolya* kawr·chaw·yo
skateboarding *gördeszkázás*
geur·des·kaa·zaash
ski ⓥ *síel* shee·el
skiing *síelés* shee·e·laysh
skim milk *sovány tej* shaw·vaan' te·y
skin *bőr* bêûr
skirt *szoknya* sawk·nyo
skull *koponya* kaw·paw·nyo
sky *ég* ayg
sleep ⓥ *alszik* ol·sik
sleeping bag *hálózsák* haa·lâw·zhaak
sleeping berth *fekhely* fek·he·y
sleeping car *hálókocsi* haa·lâw·kaw·chi
sleeping pills *altató* ol·to·tâw
sleepy *álmos* aal·mawsh
slice *szelet* se·let
slide film *diafilm* di·o·film
Slovakia *Szlovákia* slaw·vaa·ki·o
Slovenia *Szlovénia* slaw·vay·ni·o
slow *lassú* losh·shû
slowly *lassan* losh·shon
small *kicsi* ki·chi
smaller *kisebb* ki·shebb
smallest *legkisebb* leg·ki·shebb

smell ⓝ *szag* sog
smile ⓥ *mosolyog* maw-shaw-yawg
smoke ⓥ *dohányzik* daw-haan'-zik
snack *snack* snekk
snack bar *falatozó* fo-lo-taw-zāw
snail *csiga* chi-go
snake *kígyó* kee-dyāw
snorkelling *légzőcsöves
könnyűbúvárkodás* layg-zēū-cheu-vesh
keun'-nyēw-bū-vaar-kaw-daash
snow ⓝ *hó* hāw
snow pea *hóbogyó* hāw-baw-dyāw
snowboarding *hódeszkázás*
hāw-des-kaa-zaash
soap *szappan* sop-pon
soap opera *szappanopera*
sop-pon-aw-pe-ro
soccer *futball* fut-boll
social welfare *társadalmi jólét*
taar-sho-dol-mi yāw-layt
socialist *szocialista* saw-tsi-o-lish-to
sock *zokni* zawk-ni
socks *zoknik* zawk-nik
soft drink *üdítőital* ew-dee-tēū-i-tol
soft-boiled *lágy* laaj
soldier *katona* ko-taw-no
some *néhány* nay-haan'
someone *valaki* vo-lo-ki
something *valami* vo-lo-mi
sometimes *néha* nay-ho
son *fiú* fi-ū
song *dal* dol
soon *hamarosan* ho-mo-raw-shon
sore ⓐ *fájós* faa-yāwsh
soup *leves* le-vesh
sour cream *tejföl* te-y-feul
south *dél* dayl
souvenir *szuvenír* su-ve-neer
souvenir shop *ajándékbolt*
o-yaan-dayk-bawlt
Soviet Union *Szovjetunió* sov-yet-u-ni-āw
soy milk *szójatej* sāw-yo-te-y
soy sauce *szójaszósz* sāw-yo-sāws
spa *gyógyfürdő* dyāwj-fewr-dēū
space (room) *hely* he-y
Spain *Spanyolország*
shpo-nyawl-awr-saag
sparkling wine *habzóbor* hob-zāw-bawr
speak *beszél* be-sayl
special ⓐ *különleges* kew-leun-le-gesh
specialist *specialista* shpe-tsi-o-lish-to
speed (velocity) *sebesség* she-besh-shayg

speed limit *megengedett sebességhatár*
meg-en-ge-dett she-besh-shayg-ho-taar
speedometer *sebességmérő*
she-besh-shayg-may-rēū
spider *pók* pāwk
spinach *spenót* shpe-nāwt
spoiled (gone off) *elrontott*
el-rawn-tawtt
spoke ⓝ *küllő* kewl-lēū
spoon *kanál* ko-naal
sport *sport* shpawrt
sports store/shop *sportbolt*
shpawrt-bawlt
sportsperson *sportoló* shpawr-taw-lāw
sprain ⓝ *ficam* fi-tsom
spring (coil) *rugó* ru-gāw
spring (season) *tavasz* to-vos
square (town) *tér* tayr
stadium *stadion* shto-di-awn
stairway *lépcső* layp-chēū
stale *állott* aal-lawtt
stamp ⓝ *bélyeg* bay-yeg
stand-by ticket *készenléti jegy*
kay-sen-lay-ti yej
star ⓝ *csillag* chil-log
(four-)star *(négy)csillagos*
(nayj-)chil-lo-gawsh
start ⓝ *kezdet* kez-det
start ⓥ *elkezd* el-kezd
station *állomás* aal-law-maash
stationer *papírbolt* po-peer-bawlt
statue *szobor* saw-bawr
stay (at a hotel) ⓥ *lakik* lo-kik
stay (in one place) ⓥ *marad* mo-rod
steak (beef) *pecsenye* pe-che-nye
steal *lop* lawp
steep *meredek* me-re-dek
step *lépés* lay-paysh
stereo *sztereó* ste-re-āw
still water *állóvíz* aal-lāw-veez
stock (food) *(élelmiszer)készlet*
(ay-lel-mi-ser-)kays-let
stockings *harisnya* ho-rish-nyo
stolen *ellopták* el-lawp-taak
stomach *gyomor* dyaw-mawr
stomachache *gyomorfájás*
dyaw-mawr-faa-yaash
stone *kő* kēū
stoned (drugged) *be van lőve*
be von lēū-ve
stop (bus, tram etc) *megálló* meg-aal-lāw
stop (cease) *abbahagy* ob-bo-hoj

stop (prevent) *megakadályoz*
meg·o·ko·daa·yawz
storm *vihar* vi·hor
story *történet* teur·tay·net
stove *tűzhely* tēwz·he·y
straight *egyenes* e·dye·nesh
strange *furcsa* fur·cho
stranger *idegen* i·de·gen
strawberry *eper* e·per
stream *patak* po·tok
street *utca* ut·tso
street market *utcai piac* ut·tso·i pi·ots
strike ⓥ *sztrájk* straa·y·k
string *zsinór* zhi·nāwr
stroke (health) *agyvérzés*
oj·vayr·zaysh
stroller *gyerekkocsi* dye·rek·kaw·chi
strong *erős* e·rēũsh
stubborn *makacs* mo·koch
student *diák* di·aak
studio *stúdió* shtū·di·āw
stupid *buta* bu·to
style *stílus* shtee·lush
subtitles *felirat* fel·i·rot
suburb *városrész* vaa·rawsh·rays
subway (pedestrian) *aluljáró*
o·lul·yaa·rāw
subway (train) *metró* met·rāw
sugar *cukor* tsu·kawr
suitcase *bőrönd* bēū·reund
sultana *mazsola* mo·zhaw·lo
summer *nyár* nyaar
sun *nap* nop
sunblock *napolaj* nop·aw·lo·y
sunburn *leégés* le·ay·gaysh
Sunday *vasárnap* vo·shaar·nop
sunglasses *napszemüveg*
nop·sem·ew·veg
sunny *napos* no·pawsh
sunrise *napkelte* nop·kel·te
sunset *napnyugta* nop·nyug·to
sunstroke *napszúrás* nop·sū·raash
supermarket *élelmiszer-áruház*
ay·lel·mi·ser·aa·ru·haaz
superstition *babona* bo·baw·no
supporter (politics) *támogató*
taa·maw·go·tāw
supporter (sport) *szurkoló* sur·kaw·lāw
surf ⓥ *szörf* seurf
surface mail (land)
*vonattal szállított posta*
vaw·not·tol saal·lee·tawtt pawsh·to

surface mail (sea) *hajóval szállított posta*
ho·yāw·vol saal·lee·tawtt pawsh·to
surfboard *szörfdeszka* seurf·des·ko
surfing *szörfölés* seur·feu·laysh
surname *vezetéknév* ve·ze·tayk·nayv
surprise ⓝ *meglepetés* meg·le·pe·taysh
sweater *pulóver* pu·lāw·ver
Sweden *Svédország* shvayd·awr·saag
sweet ⓐ *édes* ay·desh
sweets *édességek* ay·desh·shay·gek
swelling *duzzanat* duz·zo·not
swim ⓥ *úszik* ū·sik
swimming *úszás* ū·saash
swimming pool *uszoda* u·saw·do
swimsuit *fürdőruha* fewr·dēū·ru·ho
Switzerland *Svájc* shvaa·y·ts
synagogue *zsinagóga* zhi·no·gāw·go
synthetic *szintetikus* sin·te·ti·kush
syringe *fecskendő* fech·ken·dēū

# T

table *asztal* os·tol
table tennis *pingpong* ping·pawng
tablecloth *asztalterítő* os·tol·te·ree·tēū
tail *farok* fo·rawk
tailor *szabó* so·bāw
take *vesz* ves
talk ⓥ *beszél* be·sayl
tall *magas* mo·gosh
tampon *tampon* tom·pawn
tanning lotion *barnító krém*
bor·nee·tāw kraym
tap *csap* chop
tap water *csapvíz* chop·veez
tasty *finom* fi·nawm
tax *adó* o·dāw
taxi *taxi* tok·si
taxi stand *taxiállomás*
tok·si·aal·law·maash
tea *tea* te·o
teacher ⓜ *tanár* to·naar
teacher ⓕ *tanárnő* to·naar·nēū
team *csapat* cho·pot
teaspoon *teáskanál* te·aash·ko·naal
technique *technika* teh·ni·ko
teeth *fogak* faw·gok
telegram *távirat* taav·i·rot
telephone ⓝ *telefon* te·le·fawn
telephone ⓥ *telefonál* te·le·faw·naal
telephone box *telefonfülke*
te·le·fawn·fewl·ke

telephone centre *telefonközpont* te·le·fawn·keuz·pawnt
telescope *távcső* taav·chéū
television *televízió* te·le·vee·zi·áw
tell *mond* mawnd
temperature (fever) *hőmérséklet* héū·mayr·shayk·let
temple (body) *halánték* ho·laan·tayk
tennis *tenisz* te·nis
tennis court *teniszpálya* te·nis·paa·yo
tent *sátor* shaa·tawr
tent peg *sátorcövek* shaa·tawr·tseu·vek
terrible *borzalmas* bawr·zol·mosh
test ⓝ *teszt* test
thank *megköszön* meg·keu·seun
that (one) *az* oz
theatre *színház* seen·haaz
theatre performance *előadás* e·lëū·daash
their *-k/-vowel+k* k/-(vowel)+k
there *ott* awtt
there isn't *nincs* ninch
there aren't *nincsenek* nin·che·nek
thermal bath *termálfürdő* ter·maal·fewr·déū
thermal spring *melegvízű forrás* me·leg·vee·zéw fawr·raash
these *ezek* e·zek
they *ők* éūk
thick *vastag* vosh·tog
thief *tolvaj* tawl·vo·y
thin *vékony* vay·kawn'
think *gondol* gawn·dawl
third *harmadik* hor·mo·dik
thirsty *szomjas* sawm·yosh
this (one) *ez* ez
those *azok* o·zawk
thread *fonal* faw·nol
throat *torok* taw·rawk
thrush (health) *hüvelygomba* hew·ve·y·gawm·bo
thunderstorm *zivatar* zi·vo·tor
Thursday *csütörtök* chew·teur·teuk
ticket *jegy* yej
ticket collector *jegyszedő* yej·se·déū
ticket dispenser *sorszámkiadó automata* shawr·saam·ki·o·dáw o·u·taw·mo·to
ticket machine *jegykiadó automata* yej·ki·o·dáw o·u·taw·mo·to
ticket office *jegypénztár* yej·paynz·taar
tide *árapály* aar·o·paa·y
tight *szoros* saw·rawsh

time ⓝ *idő* i·déū
time difference *időeltolódás* i·déū·el·taw·láw·daash
timetable *menetrend* me·net·rend
tin (can) *doboz* daw·bawz
tin opener *konzervnyitó* kawn·zerv·nyi·táw
tiny *pici* pi·tsi
tip (gratuity) *borravaló* bawr·ro·vo·láw
tired *fáradt* faa·rott
tissues *szövetek* seu·ve·tek
to *-hez/-hoz/-höz/-nak/-nek* ·hez/·hawz/·heuz/·nok/·nek
toast ⓝ *pirítós* pi·ree·táwsh
toaster *kenyérpirító* ke·nyayr·pi·ree·táw
tobacco *dohány* daw·haan'
tobacconist *dohánybolt* daw·haan'·bawlt
toboganning *bobozás* baw·baw·zaash
today *ma* mo
toe *lábujj* laab·uyy
tofu *szójababsajt* sáw·yo·bob·shoyt
together *együtt* e·dyewtt
toilet *vécé* vay·tsay
toilet paper *vécépapír* vay·tsay·po·peer
token *érmet* ayr·mayt
tollway *fizető autópálya* fi·ze·téū o·u·táw·paa·yo
tomato *paradicsom* po·ro·di·chawm
tomato sauce *ketchup* ke·cheup
tomorrow *holnap* hawl·nop
tomorrow afternoon *holnap délután* hawl·nop dayl·u·taan
tomorrow evening *holnap este* hawl·nop esh·te
tomorrow morning *holnap reggel* hawl·nop reg·gel
tongue *nyelv* nyelv
tonight *ma este* mo esh·te
too *túl* tül
tooth *fog* fawg
toothache *fogfájás* fawg·faa·yaash
toothbrush *fogkefe* fawg·ke·fe
toothpaste *fogkrém* fawg·kraym
toothpick *fogpiszkáló* fawg·pis·kaa·láw
torch (flashlight) *zseblámpa* zheb·laam·po
touch ⓥ *megérint* meg·ay·rint
tour ⓝ *túra* tü·ro
tourist *turista* tu·rish·to
tourist office *turistairoda* tu·rish·to·i·raw·do
towards *felé* fe·lay
towel *törülköző* teu·rewl·keu·zéū
tower *torony* taw·rawn'

town hall *városháza* vaa·rawsh·haa·zo
toxic waste *toxikus hulladék* tawk·si·kush *hul*·lo·dayk
toy shop *játékbolt* yaa·tayk·bawlt
track (path) *ösvény* eush·vayn'
track (sport) *versenypálya* ver·shen'·paa·yo
trade ⓝ *kereskedelem* ke·resh·ke·de·lem
tradesperson *kereskedő* ke·resh·ke·dēū
traffic *forgalom* fawr·go·lawm
traffic light *közlekedési lámpa* keuz·le·ke·day·shi *laam*·po
trail ⓝ *csapás* cho·paash
train ⓝ *vonat* vaw·not
train station *vasútállomás* vo·shūt·aal·law·maash
tram *villamos* vil·lo·mawsh
transit lounge *tranzitváró* tron·zit·vaa·rāw
translate *fordít* fawr·deet
transport ⓝ *közlekedés* keuz·le·ke·daysh
travel ⓥ *utazás* u·to·zaash
travel agency *utazási iroda* u·to·zaa·shi *i*·raw·do
travellers cheque *utazási csekk* u·to·zaa·shi chekk
travel sickness *tengeribetegség* ten·ge·ri·be·teg·shayg
treasury *kincstár* kinch·taar
tree *fa* fo
trip (journey) *utazás* u·to·zaash
trolley *kocsi* kaw·chi
trousers *nadrág* nod·raag
truck *kamion* ko·mi·awn
trust *bizalom* bi·zo·lawm
try ⓥ *megpróbál* meg·prāw·baal
T-shirt *póló ing* pāw·lāw·ing
tube (tyre) *gumitömlő* gu·mi·teum·lēū
Tuesday *kedd* kedd
tumour *daganat* do·go·not
tuna *tonhal* tawn·hol
tune ⓝ *dallam* dol·lom
turkey *pulyka* pu·y·ko
turn ⓥ *fordul* fawr·dul
TV *tévé* tay·vay
tweezers *csipesz* chi·pes
twice *kétszer* kayt·ser
twin beds *két ágy* kayt aaj
twins *ikrek* ik·rek
two *kettő* ket·tēū
two (of something) *két* kayt
type ⓝ *típus* tee·push
typical *tipikus* ti·pi·kush
tyre *autógumi* o·u·tāw·gu·mi

# U

Ukraine *Ukrajna* uk·ro·y·no
ultrasound *ultrahang* ult·ro·hong
umbrella *esernyő* e·sher·nyēū
uncomfortable *kényelmetlen* kay·nyel·met·len
understand *megért* meg·ayrt
underwear *alsónemű* ol·shāw·ne·mēw
unemployed *munkanélküli* mun·ko·nayl·kew·li
unfair *igazságtalan* i·goz·shaag·to·lon
uniform ⓝ *egyenruha* e·dyen·ru·ho
universe *világegyetem* vi·laag·e·dye·tem
university *egyetem* e·dye·tem
unleaded *ólomentes* āw·lawm·men·tesh
unsafe *nem biztonságos* nem *biz*·tawn·shaa·gawsh
until *-ig* ·ig
unusual *szokatlan* saw·kot·lon
up *fel* fel
uphill *felfelé* fel·fe·lay
urgent *sürgős* shewr·gēūsh
urinary infection *húgyhólyaggyulladás* hūj·hāw·yog·dyul·lo·daash
USA *USA* u·sho
useful *hasznos* hos·nawsh
uterus *méh* mayh

# V

vacancy *üresedés* ew·re·she·daysh
vacant *üres* ew·resh
vacation *vakáció* vo·kaa·tsi·āw
vaccination *oltás* awl·taash
vagina *hüvely* hew·ve·y
validate *érvényesít* ayr·vay·nye·sheet
valley *völgy* veulj
valuable a *értékes* ayr·tay·kesh
value ⓝ *érték* ayr·tayk
van *kis csukott teherautó* kish *chu*·kawtt te·her·o·u·tāw
VAT (valued added tax) *ÁFA (áruforgalmi adó)* aa·fo (aa·ru·fawr·gol·mi o·dāw)
veal *borjúhús* bawr·yū·hūsh
vegetable ⓝ *zöldség* zeuld·shayg
vegetarian ⓝ *vegetáriánus* ve·ge·taa·ri·aa·nush
vein *véna* vay·no

venereal disease *nemi betegség*
ne·mi be·teg·shayg
venue *hely* he·y
very *nagyon* no·dyawn
video recorder *videorekorder*
vi·de·āw·re·kawr·der
video tape *videokazetta*
vi·de·āw·ko·zet·to
Vienna *Bécs* baych
view ⓝ *kilátás* ki·laa·taash
village *falu* fo·lu
vine *szőlőtő* sēū·lēū·tēū
vinegar *ecet* e·tset
vineyard *szőlő* sēū·lēū
virus *vírus* vee·rush
visa *vízum* vee·zum
visit ⓥ *látogatás* laa·taw·go·taash
vitamins *vitaminok* vi·to·mi·nawk
vodka *vodka* vawd·ko
voice *hang* hong
Voivodina *Vajdaság* vo·y·do·shaag
volleyball *röplabda* reup·lob·do
volume (quantity) *mennyiség*
men'·nyi·shayg
volume (sound) *hangerő* hong·e·rēū
vote ⓥ *szavaz* so·voz

# W

wage *munkabér* mun·ko·bayr
wait for *vár* vaar
waiter *pincér* pin·tsayr
waiting room *várószoba* vaa·rāw·saw·bo
wake up *felébreszt* fel·ayb·rest
walk ⓥ *sétál* shay·taal
wall *fal* fol
want *akar* o·kor
war *háború* haa·baw·rü
wardrobe *ruhásszekrény*
ru·haash·sek·rayn'
warm *meleg* me·leg
warn *figyelmeztet* fi·dyel·mez·tet
wash (oneself) *mosakszik* maw·shok·sik
wash (something) *megmos* meg·mawsh
washing machine *mosógép*
maw·shāw·gayp
watch ⓝ *óra* āw·ro
watch ⓥ *néz* nayz
water *víz* veez
water (medicinal) *gyógyvíz*
dyāwj·veez
water bottle *vizesüveg* vi·zesh·ew·veg

water bottle (hot) *melegvizes üveg*
me·leg·vi·zesh ew·veg
waterfall *vízesés* veez·e·shaysh
watermelon *görögdinnye*
geu·reug·din'·nye
waterproof *vízhatlan* veez·hot·lon
water-skiing *vizisíelés* vee·zi·shee·e·laysh
wave (beach) *hullám* hul·laam
way *út* üt
we *mi* mi
weak *gyenge* dyen·ge
wealthy *vagyonos* vo·dyaw·nawsh
wear *visel* vi·shel
weather *időjárás* i·dēū·yaa·raash
wedding *esküvő* esh·kew·vēū
wedding cake *esküvői torta*
esh·kew·vēū·i tawr·to
wedding present *nászajándék*
naas·o·yaan·dayk
Wednesday *szerda* ser·do
week *hét* hayt
(this) week *(ezen a) héten*
(e·zen o) hay·ten
weekend *hétvége* hayt·vay·ge
weigh *megmér* meg·mayr
weight *súly* shü·y
weights *súlyok* shü·yawk
welcome *üdvözöl* ewd·veu·zeul
welfare *jólét* yāw·layt
well ⓐ *jól* yāwl
west *nyugat* nyu·got
wet ⓐ *nedves* ned·vesh
what *mi* mi
wheel *kerék* ke·rayk
wheelchair *rokkantkocsi*
rawk·kont·kaw·chi
when *mikor* mi·kawr
where *hol* hawl
which *melyik* me·yik
whisky *whisky* vis·ki
white *fehér* fe·hayr
white wine *fehérbor* fe·hayr·bawr
who *ki* ki
wholemeal bread
*korpás lisztből készült kenyér*
kawr·paash list·bēūl kay·sewlt ke·nyayr
why *miért* mi·ayrt
wide *széles* say·lesh
wife *feleség* fe·le·shayg
win ⓥ *nyer* nyer
wind ⓝ *szél* sayl
window *ablak* ob·lok

**windscreen** *szélvédő sayl*·vay·dēŭ
**windsurfing** *szörfözés seur*·feu·zaysh
**wine** *bor* bawr
**wine cellar** *borpince bawr*·pin·tse
**wings** *szárny* saarn'
**winner** *győztes dyēŭz*·tesh
**winter** *tél* tayl
**wire** ⓝ *drót* drāwt
**wish** ⓥ *kíván kee*·vaan
**with** *-val/-vel* ·vol/·vel
**within (an hour)** *(egy órán) belül*
(ej *āw*·raan) *be*·lewl
**without** *nélkül nayl*·kewl
**wok** *wok* vawk
**woman** *nő* nēŭ
**wonderful** *csodálatos*
*chaw*·daa·lo·tawsh
**wood** *fa* fo
**wool** *gyapjú dyop*·yŭ
**word** *szó* sāw
**work** ⓝ *munka mun*·ko
**work** ⓥ *dolgozik dawl*·gaw·zik
**work experience** *szakmai gyakorlat*
*sok*·mo·i *dyo*·kawr·lot
**workout** ⓝ *erőedzés e*·rēŭ·ed·zaysh
**work permit** *munkavállalási engedély*
*mun*·ko·vaal·lo·laa·shi *en*·ge·day·y
**workshop** *műhely mēw*·he·y
**world** *világ vi*·laag
**World Cup** *Világbajnokság*
*vi*·laag·bo·y·nawk·shaag
**worms** *férgek fayr*·gek
**(be) worried** *aggódik og*·gāw·dik

**worship** ⓥ *imád i*·maad
**wrist** *csukló chuk*·lāw
**write** *ír* eer
**writer** *író ee*·rāw
**wrong** *rossz* rawss

# Y

**year** *év* ayv
**(this) year** *(ebben az) évben*
(*eb*·ben oz) *ayv*·ben
**yellow** *sárga shaar*·go
**yes** *igen i*·gen
**yesterday** *tegnap teg*·nop
**(not) yet** *(még) nem* (mayg) nem
**yoga** *jóga yāw*·go
**yogurt** *joghurt yawg*·hurt
**you** sg inf *te* te
**you** pl inf *ti* ti
**you** sg pol *Ön* eun
**you** pl pol *Önök eu*·neuk
**young** *fiatal fi*·o·tol
**your** sg inf *-d/-vowel+d* ·d/·(vowel)+d
**youth hostel** *ifjúsági szálló*
*if*·yŭ·shaa·gi *saal*·lāw

# Z

**zip/zipper** *cipzár tsip*·zaar
**zodiac** *állatöv aal*·lot·euv
**zoo** *állatkert aal*·lot·kert
**zucchini** *cukkini tsuk*·kee·ni

Words which have different masculine and feminine forms are marked with ⓜ or ⓕ. You'll also find the English words marked as adjective ⓐ, noun ⓝ, verb ⓥ, singular sg, plural pl, informal inf and polite pol where necessary.

## A, Á

**abbahagy** ob·bo·hoj *stop (cease)*
**ablak** ob·lok *window*
**ács** aach *carpenter*
**ad** od *give*
**adó** o·dáw *tax*
**ÁFA (áruforgalmi adó)**
    aa·fo (aa·ru·fawr·gol·mi o·dáw)
    *VAT (valued added tax)*
**aggódik** og·gáw·dik *(be) worried*
**agyrázkódás** oj·raaz·káw·daash
    *concussion*
**agyvérzés** oj·vayr·zaysh *stroke (health)*
**ágy** aaj *bed*
    **—felszerelés** aaj·fel·se·re·laysh *bedding*
    **—nemű** aaj·ne·méw *bed linen*
**ajak** o·yok *lips*
**ajándék** o·yaan·dayk *gift*
    **—bolt** o·yaan·dayk·bawlt
    *souvenir shop*
**ajánl** o·yaanl *recommend*
**ajánlott levél** o·yaan·lawtt le·vayl
    *registered mail*
**ajtó** oy·táw *door*
**akar** o·kor *want*
**akkumulátor** ok·ku·mu·laa·tawr
    *car battery*
**aktuális ügyek** ok·tu·aa·lish ew·dyek
    *current affairs*
**alacsony** o·lo·chawn *low • short*
**aláírás** o·laa·ee·raash *signature*
**áldozás** aal·daw·zaash *communion*
**alj** oly *bottom (position)*
**alkalmi munka** ol·kol·mi mun·ko
    *casual work*
**állampolgárság**
    aal·lom·pawl·gaar·shaag *citizenship*
**állás** aal·laash *job*
**állat** aal·lot *animal*
    **—kert** aal·lot·kert *zoo*
    **—öv** aal·lot·euv *zodiac*

**állkapocs** aall·ko·pawch *jaw*
**állomás** aal·law·maash *station*
**állóvíz** aal·láw·veez *still water*
**alma** ol·mo *apple*
**álmos** aal·mawsh *sleepy*
**álom** aa·lawm *dream* ⓝ
**alsónemű** ol·sháw·ne·méw *underwear*
**alszik** ol·sik *sleep* ⓥ
**altató** ol·to·táw *sleeping pills*
**aluljáró** o·lul·yaa·ráw *pedestrian subway*
**Anglia** ong·li·o *England*
**angol** on·gawl *English*
**anya** o·nyo *mother*
**anyós** o·nyàwsh *mother-in-law*
**anyu** o·nyu *mum*
**apa** o·po *father*
**apáca** o·paa·tso *nun*
**ápolónő** aa·paw·láw·néw *nurse*
**após** o·páwsh *father-in-law*
**április** aap·ri·lish *April*
**apró** op·ráw *change (money)*
**apró zöld citrom** op·ráw zeuld tsit·rawm
    *lime (fruit)*
**apu** o·pu *dad*
**ár** aar *price*
**áram** aa·rom *current (electricity)*
**arany** o·ron *gold*
**árapály** aar·o·paa·y *tide*
**arc** orts *face (body)*
**árengedmény** aar·en·ged·mayn *discount*
**árnyék** aar·nyayk *shade • shadow*
**ártatlan** aar·tot·lon *innocent*
**áruház** aa·ru·haaz *department store*
**árvíz** aar·veez *flood*
**asszony** os·sawn *married woman*
**Asszonyom** os·saw·nyawm *Madam*
**ásványvíz** aash·vaan'·veez *mineral water*
**aszalt szilva** o·solt sil·va *prune (fruit)*
**aszpirin** os·pi·rin *aspirin*
**asztal** os·tol *table*
    **—terítő** os·tol·te·ree·téw *tablecloth*
**át** aat *across*

**atmoszféra** *ot·maws·fay·ro atmosphere*
**atomkísérletek** *o·tawm·kee·shayr·le·tek nuclear testing*
**áttekintés** *aat·te·kin·taysh review* ⓥ
**átváltási árfolyam** *aat·vaal·taa·shi aar·faw·yom exchange rate*
**augusztus** *a·u·gus·tush August*
**autó** *o·u·tāw car*
　**—bérelés** *o·u·tāw·bay·re·laysh car hire*
　**—gumi** *o·u·tāw·gu·mi tyre*
　**—pálya** *o·u·tāw·paa·yo motorway*
**autó tulajdonlapja** *o·u·tāw tu·lo·y·dawn·lop·yo car owner's title*
**az** *oz it · that (one)*
**azok** *o·zawk those*

# B

**bab** *bob bean*
**baba** *bo·bo baby · doll*
　**—eledel** *bo·bo·e·le·del baby food*
　**—hintőpor** *bo·bo·hin·tēū·pawr baby powder*
**bajnokság** *bo·y·nawk·shaag championships*
**bakancsok** *bo·kon·chawk boots*
**baleset** *bol·e·shet accident*
**baloldali** *bol·awl·do·li left-wing*
**balra** *bol·ro left (direction)*
**bank** *bonk bank (institution)*
　**—automata** *bonk·o·u·taw·mo·to automated teller machine (ATM)*
　**—jegy** *bonk·yej banknote*
　**—számla** *bonk·saam·lo bank account*
**bár** *baar bar*
　**—ban végzett munka** *baar·bon vayg·zett mun·ko bar work*
　**—pult** *baar·pult counter (at bar)*
**bárány** *baa·raan' lamb*
**bárányhimlő** *baa·raan'·him·lēū chicken pox*
**barát** *bo·raat friend* ⓜ *· boyfriend*
**barátnő** *bo·raat·nēū friend* ⓕ *· girlfriend*
**bármilyen** *baar·mi·yen any*
**barna** *bor·no brown*
**báty** *baat' older brother*
**bead injekcióban** *be·od in·yek·tsi·āw·bon inject*
**becenév** *be·tse·nayv nickname*
**Bécs** *baych Vienna*
**becsuk** *be·chuk close* ⓥ
**beenged** *be·en·ged admit · let in*
**befejez** *be·fe·yez finish* ⓥ
**befejezés** *be·fe·ye·zaysh finish* ⓝ

**bejárat** *be·yaa·rot entry*
**bejelentkezés** *be·ye·lent·ke·zaysh check-in (procedure)*
**béke** *bay·ke peace*
**beleértve** *be·le·ayrt·ve included*
**belép** *be·layp enter*
**belépő** *be·lay·pēū admission (price)*
**belül** *be·lewl within*
**bélyeg** *bay·yeg stamp*
**bent** *bent inside*
**benzin** *ben·zin gas · petrol*
　**—kút** *ben·zin·kūt petrol/service station*
**bérel** *bay·rel hire* ⓥ *· rent* ⓥ
**beszállókártya** *be·saal·lāw·kaar·tyo boarding pass*
**beszél** *be·sayl speak · talk*
**beszélgetés** *be·sayl·ge·taysh interview*
**beteg** *be·teg ill · sick*
**betegség** *be·teg·shayg disease*
**bevált csekket** *be·vaalt chek·ket cash a cheque*
**bevándorlás** *be·vaan·dawr·laash immigration*
**be van lőve** *be von lēū·ve stoned (drugged)*
**be van zárva** *be von zaar·vo locked · shut*
**bevásárlóközpont** *be·vaa·shaar·lāw·keuz·pawnt shopping centre*
**bezár** *be·zaar lock* ⓥ
**bicikli** *bi·tsik·li bicycle*
　**—bolt** *bi·tsik·li·bawlt bike shop*
　**—lánc** *bi·tsik·li·laants bike chain*
　**—sta** *bi·tsik·lish·to cyclist*
　**—út** *bi·tsik·li·ūt bike path*
　**—zár** *bi·tsik·li·zaar bike lock*
　**—zés** *bi·tsik·li·zaysh cycling*
　**—zik** *bi·tsik·li·zik cycle* ⓥ
**bicska** *bich·ko penknife*
**bika** *bi·ko bull*
**billentyűzet** *bil·len·tyēw·zet keyboard*
**birka** *bir·ko sheep*
**bíró** *bee·rāw judge · referee*
**bíróság** *bee·rāw·shaag court (legal)*
**bírság** *beer·shaag fine* ⓝ
**bizalom** *bi·zo·lawm trust*
**biztonsági öv** *biz·tawn·shaa·gi euv seatbelt*
**biztonságos** *biz·tawn·shaa·gawsh safe* ⓐ
**biztonságos szex** *biz·tawn·shaa·gawsh seks safe sex*
**biztosítás** *biz·taw·shee·taash insurance*
**bobozás** *baw·baw·zaash tobogganing*
**boka** *baw·ko ankle*
**boldog** *bawl·dawg happy*

**bolhapiac** *bawl·ho·pi·ots fleamarket*
**bolygó** *baw·y·gâw planet*
**bor** *bawr wine*
**borbély** *bawr·bay barber*
**borda** *bawr·do rib*
**boríték** *baw·ree·tayk envelope*
**borjúhús** *bawr·yū·hūsh veal*
**borotva** *baw·rawt·vo razor*
  **—krém** *baw·rawt·vo·kraym shaving cream*
**borotvalkozás utáni arcszesz**
  *baw·rawt·vaal·kaw·zaash u·taa·ni orts·ses aftershave*
**borpince** *bawr·pin·tse wine cellar*
**borravaló** *bawr·ro·vo·lâw tip (gratuity)*
**bors** *bawrsh pepper (black)*
**borsó** *bawr·shâw pea*
**borzalmas** *bawr·zol·mosh awful • terrible*
**botanikus kert** *baw·to·ni·kush kert botanic garden*
**bölcsőde** *beul·chēū·de crèche*
**bőr** *bēūr leather • skin*
**bőrönd** *bēū·reund suitcase*
**börtön** *beur·teun jail • prison*
**busz** *bus bus*
  **—állomás** *bus·aal·law·maash bus station*
  **—megálló** *bus·meg·aal·lâw bus stop*
**buta** *bu·to stupid*
**bútor** *bū·tawr furniture*
**bűnös** *bēw·neush guilty*

# C

**CD-lemez** *tsay·day·le·mez CD-ROM*
**cékla** *tsayk·lo beetroot*
**ceruza** *tse·ru·zo pencil*
**cigány** *tsi·gaan' Roma*
**cigányzene** *tsi·gaan'·ze·ne Roma music*
**cím** *tseem address*
**cipőbolt** *tsi·pēū·bawlt shoe shop*
**cipők** *tsi·pēūk shoes*
**cipzár** *tsip·zaar zip • zipper*
**citrom** *tsit·rawm lemon*
**cukkini** *tsuk·kee·ni courgette • zucchini*
**cukor** *tsu·kawr sugar*
**cukorbetegség** *tsu·kawr·be·teg·shayg diabetes*
**cukorka** *tsu·kawr·ko candy*
**cukrászda** *tsuk·raas·do cake shop*
**cukrászsütemény**
  *tsuk·raas·shew·te·mayn' pastry*
**cumi** *tsu·mi dummy • pacifier*

# Cs

**csak** *chok only*
**csak oda** *chok aw·do one-way (ticket)*
**csákány** *chaa·kaan' pickaxe*
**család** *cho·laad family*
  **—i állapot** *cho·laa·di aal·lo·pawt marital status*
  **—név** *cho·laad·nayv family name*
**csaló** *cho·lâw cheat*
**csap** *chop faucet • tap*
  **—víz** *chop·veez tap water*
**csapás** *cho·paash trail*
**csapat** *cho·pot team*
**csatorna** *cho·tawr·no canal*
**Csehország** *che·awr·saag Czech Republic*
**csekk** *chekk check • cheque*
**csemegeüzlet** *che·me·ge·ewz·let delicatessen*
**csendes** *chen·desh quiet*
**cseng** *cheng ring (phone)* ⊙
**cseresznye** *che·res·nye cherry*
**csésze** *chay·se cup*
**csicseriborsó** *chi·che·ri·bawr·shâw chickpea*
**csili** *chi·li chilli*
  **—szósz** *chi·li·sâws chilli sauce*
**csillag** *chil·log star*
**csinál** *chi·naal do • make*
**csinos** *chi·nawsh pretty*
**csípés** *chee·paysh bite* ⓝ
**csipesz** *chi·pes tweezers*
**csipke** *chip·ke lace*
**csirkehús** *chir·ke·hūsh chicken (meat)*
**csodálatos** *chaw·daa·lo·tawsh wonderful*
**csók** *châwk kiss (intimate)* ⓝ
**csokoládé** *chaw·kaw·laa·day chocolate*
**csomag** *chaw·mog package • packet*
  **—megőrző** *chaw·mog·meg·ēūr·zēū left-luggage office*
**csónak** *châw·nok boat (small)*
**csont** *chawnt bone*
**csoportos utazás** *chaw·pawr·tawsh u·to·zaash guided tour*
**csukló** *chuk·lâw wrist*
**csütörtök** *chew·teur·teuk Thursday*

# D

**daganat** *do·go·not tumour*
**dal** *dol song*
**Dánia** *daa·ni·o Denmark*
**darab** *do·rob piece*
**darálthús** *do·raalt·hūsh mince*

**E**

datolya *do·taw·yo date (fruit)*
dátum *daa·tum date (day)*
de *de but*
december *de·tsem·ber December*
defekt *de·fekt puncture* ⓝ
dél *dayl midday • south*
délután *dayl·u·taan afternoon*
deréktól lefelé bénult *de·rayk·tāwl le·fe·lay bay·nult paraplegic*
dezodor *de·zaw·dawr deodorant*
diafilm *di·o·film slide film*
diák *di·aak student*
dinnye *din'·nye melon*
dió *di·āw nut*
disznó *dis·nāw pig*
—hús *dis·nāw·hūsh pork*
—húsból készült kolbász *dis·nāw·hūsh·bāwl kay·sewlt kawl·baas pork sausage*
divat *di·vot fashion*
doboz *daw·bawz box • can • tin*
dohány *daw·haan' tobacco*
—bolt *daw·haan'·bawlt tobacconist*
dohányzik *daw·haan'·zik smoke* ⓥ
dokumentumfilm *daw·ku·men·tum·film documentary*
dolgozik *dawl·gaw·zik work*
domb *dawmb hill*
drága *draa·go expensive*
drót *drāwt wire*
drótkötélpálya-kabin *drāwt·keu·tayl·paa·yo·ko·bin cable car*
dugó *du·gāw plug*
dupla *dup·lo double*
dupla ágy *dup·lo aaj double bed*
duplaágyas szoba *dup·lo·aa·dyosh saw·bo double room*
duzzanat *duz·zo·not swelling*

# E, É

ebéd *e·bayd lunch*
ébresztőóra *ayb·res·tēū·āw·ro alarm clock*
edény *e·dayn' cooking pot • dish*
édes *ay·desh sweet* ⓐ
édességek *ay·desh·shay·gek sweets*
ég *ayg burn* ⓥ
ég *ayg sky*
egész éjjel *e·gays ay·yel overnight*
egészség *e·gays·shayg health*
egészségügyi törlőkendő *e·gays·shayg·ew·dyi teur·lēū·ken·dēū sanitary napkin*

égő *ay·gēū light bulb*
egy *ej a/an • one*
egyágyas szoba *ej·aa·dyosh saw·bo single room*
egydülálló *e·dye·dewl·aal·lāw single (person)* ⓐ
egyedül *e·dye·dewl alone*
egyenes *e·dye·nesh straight*
egyenesleg *e·dyen·leg balance (account)*
egyenlőség *e·dyen·lēū·shayg equality*
egyetem *e·dye·tem college • university*
egyetért *e·dyet·ayrt agree*
egy sem *ej shem none*
egyszer *ej·ser once*
egyszerű *ej·se·rēw simple*
együtt *e·dyewtt together*
éhes *ay·hesh hungry*
éjfél *ay·fayl midnight*
éjszaka *ay·so·ko night*
—i mulatóhely *ay·so·ko·i mu·lo·tāw·he·y nightclub*
—i szórakozás *ay·so·ko·i sāw·ro·kaw·zaash night out*
ékszerek *ayk·se·rek jewellery*
ékszíj *ayk·see·y fanbelt*
elad *el·od sell*
elég *e·layg enough*
elektromos szaküzlet *e·lekt·raw·mawsh sok·ewz·let electrical store*
élelmiszer *ay·lel·mi·ser provisions*
—bolt *ay·lel·mi·ser·bawlt grocery store*
élelmiszer-áruház *ay·lel·mi·ser·aa·ru·haaz supermarket*
elem *e·lem battery (general)*
élet *ay·let life*
elfelejt *el·fe·le·yt forget*
elfoglalt *el·fawg·lolt busy*
eljegyzés *el·yej·zaysh engagement (wedding)*
elkezd *el·kezd start* ⓥ
ellenkező *el·len·ke·zēū opposite*
ellenőriz *el·len·ēū·riz check* ⓥ
ellenőrzőpont *el·len·ēūr·zēū·pawnt checkpoint*
ellopták *el·lawp·taak (be) stolen*
elmegy szórakozni *el·mej sāw·ro·kawz·ni go out*
elmegy vásárolni *el·mej vaa·shaa·rawl·ni go shopping*
elnök *el·neuk president*
előadás *e·lēū·o·daash play (theatre)*
előcsarnok *e·lēū·chor·nawk foyer*
előre *e·lēū·re ahead*
előszoba *e·lēū·saw·bo anteroom*

**E** / **232** / DICTIONARY

**előtt** *e·lêütt* before • in front of
**előző** *e·lêü·zëü* last (previous)
**elromlott** *el·rawm·lawtt* broken down • spoiled
**első** *el·shêü* first
**első osztály** *el·shêü aws·taa·y* first class ⓝ
**elsősegély-láda** *el·shêü·she·gay·laa·do* first-aid kit
**elutazik** *el·u·to·zik* depart
**elvált** *el·vaalt* divorced
**el van dugulva** *el von du·gul·vo* blocked
**elveszett** *el·ve·sett* lost
**emberek** *em·be·rek* people
**emberi erőforrások** *em·be·ri e·rêü·fawr·raa·shawk* human resources
**emberi jogok** *em·be·ri yaw·gawk* human rights
**emelet** *e·me·let* floor • storey
**emlékmű** *em·layk·mêw* memorial • monument
**én** *ayn* I
**énekel** *ay·ne·kel* sing
**énekes** *ay·ne·kesh* singer ⓜ
**énekesnő** *ay·ne·kesh·nêü* singer ⓕ
**engedély** *en·ge·day·y* licence • permission • permit
**engem** *en·gem* me
**ennivaló** *en·ni·vo·lâw* food
**eper** *e·per* strawberry
**építész** *ay·pee·tays* architect
**építészet** *ay·pee·tay·set* architecture
**építőmester** *ay·pee·têü·mesh·ter* builder
**épület** *ay·pew·let* building
**érdekes** *ayr·de·kesh* interesting
**erdő** *er·dêü* forest
**erdőirtás** *er·dêü·ir·taash* deforestation
**eredeti** *e·re·de·ti* original
**eredményjelző tábla** *e·red·mayn'·yel·zêü taab·lo* scoreboard
**erkély** *er·kay* balcony
**érkezés** *ayr·ke·zaysh* arrivals
**érkezik** *ayr·ke·zik* arrive
**érmet** *ayr·mayt* token (public transport)
**erőedzés** *e·rêü·ed·zaysh* workout
**erős** *e·rêüsh* strong
**értékes** *ayr·tay·kesh* valuable
**értekezlet** *ayr·te·kez·let* conference (small)
**értelmes** *ayr·tel·mesh* sensible
**érvényesít** *ayr·vay·nye·sheet* validate
**érzelmek** *ayr·zel·mek* feelings
**és** *aysh* and
**esély** *e·shay* chance
**esernyő** *e·sher·nyêü* umbrella
**esés** *e·shaysh* fall (down)

**esküvő** *esh·kew·vêü* wedding
— **i torta** *esh·kew·vêü·i tawr·to* wedding cake
**eső** *e·shêü* rain
— **kabát** *e·shêü·ko·baat* raincoat
**este** *esh·te* evening
**észak** *ay·sok* north
**eszik** *e·sik* eat
**etet** *e·tet* feed
**etetőszék** *e·te·têü·sayk* highchair
**étkezés** *ayt·ke·zaysh* meal
**étkezőkocsi** *ayt·ke·zêü·kaw·chi* dining car
**étlap** *ayt·lop* menu
**étterem** *ayt·te·rem* restaurant
**év** *ayv* year
**evezés** *e·ve·zaysh* rowing
**evőeszközök** *e·vêü·es·keu·zeuk* cutlery
**évszak** *ayv·sok* season
**expressz** *eks·press* express ⓐ
**ez** *ez* this (one)
**ezek** *e·zek* these
**ezelőtt** *ez·e·lêütt* ago
**ezüst** *e·zewsht* silver
**ezen a héten** *e·zen o hay·ten* this week

## F

**fa** *fo* tree • wood
**fagy** *foj* frost
**fagyaszt** *faw·dyost* freeze
**fagyasztott** *fo·jos·tawtt* frozen
**fagylalt** *foj·lolt* ice cream
**fájdalom** *faa·y·do·lawm* pain
**fájdalomcsillapító** *faa·y·do·lawm·chil·lo·pee·tâw* painkiller
**fájós** *faa·yâwsh* sore ⓐ
**fajgyűlölet** *fo·y·dyêw·leu·let* racism
**fal** *fol* wall
**falu** *fo·lu* village
**fáradt** *faa·rott* tired
**farmer** *for·mer* jeans
**fasor** *fo·shawr* avenue
**fax** *foks* fax (machine or message)
**február** *feb·ru·aar* February
**fecskendő** *fech·ken·dêü* syringe
**fedett** *fe·dett* indoor
**fehér** *fe·hayr* white
**fehérbor** *fe·hayr·bawr* white wine
**fej** *fe·y* head
**fejbőr** *fe·y·bêür* scalp
**fejfájás** *fe·y·faa·yaash* headache
**fék** *fayk* brakes
**fekete** *fe·ke·te* black

F

hungarian–english

233

**fekete-fehér** fe·ke·te·fe·hayr *B&W (film)*
**fekhely** fek·he·y *sleeping berth*
**fekszik** fek·sik *lie (not stand)*
**fel** fel *up*
**fél** fayl *half*
**felé** fe·lay *towards*
**felébreszt** fel·ayb·rest *wake (someone) up*
**feleség** fe·le·shayg *wife*
**felhív** felh·heev *call* ⓥ
**felhő** fel·hēū *cloud*
　**—s** fel·hēūsh *cloudy*
**felirat** fel·i·rot *sign • subtitles*
**felmond** fel·mawnd *quit*
**felnőtt** fel·nēūtt *adult*
**felszáll** fel·saall *board (plane, ship etc)*
**felszerelés** fel·se·re·laysh *equipment*
**féltékeny** fayl·tay·ken' *jealous*
**felvétel** fel·vay·tel *recording (film/music)*
**fém** faym *metal*
**fenék** fe·nayk *bottom (body)*
**fény** fayn' *light* ⓝ
　**—érzékenység**
　fayn'·ayr·zay·ken'·shayg *film speed*
　**—mérő** fayn'·may·rēū *light meter*
　**—szórók** fayn'·sáw·rāwk *headlights*
**fénykép** fayn'·kayp *photo*
**fényképész** fayn'·kay·pays *photographer*
**fényképez** fayn'·kay·pez *(take a) photo*
**fényképezés** fayn'·kay·pe·zaysh *photography*
**fényképezőgép** fayn'·kay·pe·zēū·gayp *camera*
**fényképezőgép-bolt**
　fayn'·kay·pe·zēū·gayp·bawlt
　*camera shop*
**férfi** fayr·fi *man*
**férj** fayr·y *husband*
**férjezett** fayr·ye·zett *married (for a woman)*
**férjhez megy** fayr·y·hez mej
　*marry (for a woman)*
**fertőzés** fer·tēū·zaysh *infection*
**festészet** fesh·tay·set *painting (the art)*
**festmény** fesht·mayn' *painting (a work)*
**festő** fesh·tēū *painter*
**fésű** fay·shēw *comb* ⓝ
**fiatal** fi·o·tol *young*
**ficam** fi·tsom *sprain*
**figyelmeztet** fi·dyel·mez·tet *warn*
**Finnország** finn·awr·saag *Finland*
**finom** fi·nawm *tasty*
**fiú** fi·ū *boy • son*
**fizet** fi·zet *pay* ⓥ
**fizetés** fi·ze·taysh *salary*
**fizető autópálya**
　fi·ze·tēū o·u·tāw·paa·yo *tollway*

**fodrász** fawd·raas *hairdresser*
**fogadás** faw·go·daash *bet*
**fogadó** faw·go·dāw *inn*
**fog** fawg *tooth*
　**—ak** faw·gok *teeth*
　**—fájás** fawg·faa·yaash *toothache*
　**—kefe** fawg·ke·fe *toothbrush*
　**—krém** fawg·kraym *toothpaste*
　**—orvos** fawg·awr·vawsh *dentist*
**fogamzásgátló** faw·gom·zaash·gaat·lāw
　*contraceptives*
**fogamzásgátló hurok**
　faw·gom·zaash·gaat·lāw hu·rawk *IUD*
**fogamzásgátló tabletta**
　faw·gom·zaash·gaat·lāw tob·let·to
　*the pill*
**foglalás** fawg·lo·laash *reservation (booking)*
**foglaló** fawg·lo·lāw *deposit*
**foglalt** fawg·lolt *engaged (telephone)*
**fok** fawk *degrees (temperature)*
**fokhagyma** fawk·hoj·mo *garlic*
**folyó** faw·yāw *river*
**folyosó** faw·yaw·shāw *aisle • corridor*
**font** fawnt *pound (money, weight)*
**fontos** fawn·tawsh *important*
**fordít** fawr·deet *translate*
**fordul** fawr·dul *turn* ⓥ
**forgalmi adó** fawr·gol·mi o·dāw *sales tax*
**forgalom** fawr·go·lawm *traffic*
**forralt** fawr·rolt *boiled*
**forró** fawr·rāw *hot*
**forróság** fawr·rāw·shaag *heat*
**forró víz** fawr·rāw veez *hot water*
**Franciaország** fron·tsi·o·awr·saag
　*France*
**friss** frish *fresh*
**furcsa** fur·cho *strange*
**fut** fut *run* ⓥ
**futás** fu·taash *running*
**fő** fēū *main*
**Föld** feuld *Earth*
**föld** feuld *land*
　**—szint** feuld·sint *ground floor*
**fölött** feu·leutt *above*
**főút** fēū·ūt *main road*
**főváros** fēū·vaa·rawsh *capital city*
**főz** fēūz *cook* ⓥ
**főzés** fēū·zaysh *cooking*
**fű** fēw *grass*
**füge** few·ge *fig*
**függőség** fewg·gēū·shayg *addiction*
**fül** fewl *ear*
**fülbevaló** fewl·be·va·lāw *earrings*
**füldugó** fewl·du·gāw *earplugs*

**fürdő** *fewr·dēū* bath
—**ruha** *fewr·dēū·ru·ho swimsuit*
—**szoba** *fewr·dēū·saw·bo bathroom*
**fűtés** *féw·taysh heating*
**fűtőtest** *féw·tēū·tesht radiator*

# G

**garantált** *go·ron·taalt guaranteed*
**garnélarák** *gor·nay·lo·raak prawn*
**gáz** *gaaz gas*
—**patron** *gaaz·pot·rawn gas cartridge*
**gazda** *goz·do farmer*
—**ság** *goz·do·shaag farm*
**gazdag** *goz·dog rich (wealthy)*
**gép** *gayp machine*
**gesztenye** *ges·te·nye chestnut*
**géz** *gayz gauze*
**gimnázium** *gim·naa·zi·um high school*
**gól** *gāwl goal (scored)*
**golflabda** *gawlf·lob·do golf ball*
**golfpálya** *gawlf·paa·yo golf course*
**golyóstoll** *gaw·yāwsh·tawll ballpoint pen*
**gomba** *gawm·bô mushroom*
**gondol** *gawn·dawl think*
**gördeszkázás** *geur·des·kaa·zaash skateboarding*
**görkorcsolyázás** *geur·kawr·chaw·yaa·zaash rollerblading*
**görögdinnye** *geu·reug·din'·nye watermelon*
**gratulálok** *gro·tu·laa·lawk congratulations*

# Gy

**gyakran** *dyok·ron often*
**gyalogos** *dyo·law·gawsh pedestrian*
**gyalogösvény** *dyo·lawg·eush·vayn' footpath*
**gyapjú** *dyop·yū wool*
**gyár** *dyaar factory*
**gyári munkás** *dyaa·ri mun·kaash factory worker*
**gyékény** *dyay·kayn' mat*
**gyenge** *dyen·ge weak*
**gyerek** *dye·rek child*
—**kocsi** *dye·rek·kaw·chi pram• pushchair • stroller*
—**ülés** *dye·rek·ew·laysh child seat*
**gyermekmegőrzés** *dyer·mek·meg·ēūr·zaysh childminding*
**gyertya** *dyer·tyo candle*
**gyilkosság** *dyil·kawsh·shaag murder ⓝ*

**gyógyfű** *dyāwj·féw herb*
—**kereskedő** *dyāwj·féw·ke·resh·ke·dēū herbalist*
**gyógyfürdő** *dyāwj·fewr·dēū spa*
**gyógyszerész** *dyāwj·se·raysh pharmacist*
**gyógyszertár** *dyāwj·ser·taar pharmacy*
**gyógyvíz** *dyāwj·veez medicinal water*
**gyomor** *dyaw·mawr stomach*
—**fájás** *dyaw·mawr·faa·yaash stomachache*
**gyomor-bél hurut** *dyaw·mawr·bayl hu·rut gastroenteritis*
**gyors** *dyawrsh fast ⓐ*
**győztes** *dyēūz·tesh winner*
**gyufa** *dyu·fo matches (for lighting)*
**gyulladás** *dyul·lo·daash inflammation*
**gyümölcs** *dyew·meulch fruit*
**gyümölcslé** *dyew·meulch·lay juice*
**gyűrű** *dyēw·rēw ring (on finger)*

# H

**ha** *ho if*
**habart** *ho·bort scrambled*
**háború** *haa·baw·rū war*
**habzóbor** *hob·zāw·bawr sparkling wine*
**hadsereg** *hod·she·reg military*
**hagyma** *hoj·mo onion*
**haj** *ho·y hair*
—**ápoló szer** *ho·y·aa·paw·lāw ser conditioner*
—**kefe** *ho·y·ke·fe hairbrush*
**hajlékonylemez** *ho·y·lay·kawn'·le·mez floppy disk*
**hajléktalan** *ho·y·layk·to·lon homeless*
**hajnal** *ho·y·nol dawn*
**hajó** *ho·yāw boat (big)*
**hajóval szállított posta** *ho·yāw·vol saal·lee·tawtt pawsh·to surface mail (sea)*
**hajvágás** *ho·y·vaa·gaash haircut*
**hal** *hol fish ⓝ*
—**as** *ho·losh fish shop*
—**ászat** *ho·laa·sot fishing*
**halánték** *ho·laan·tayk temple (body)*
**hálás** *haa·laash grateful*
**hall** *holl hear*
—**gat** *holl·got listen*
—**ókészülék** *hol·lāw·kay·sew·layk hearing aid*
**háló** *haa·lāw net*
**hálókocsi** *haa·lāw·kaw·chi sleeping car*
**hálószoba** *haa·lāw·saw·bo bedroom*

**halott** *ho·lawtt dead*
**hálózsák** *haa·lãw·zhaak sleeping bag*
**hamarosan** *ho·mo·raw·shon soon*
**hamutartó** *ho·mu·tor·tãw ashtray*
**hang** *hong voice*
**hangerő** *hong·e·rēū volume (sound)*
**hangos** *hon·gawsh loud*
**hányinger** *haan'·in·ger nausea*
**harisnya** *ho·rish·nyo stockings*
　**—nadrág** *ho·rish·nyo·nod·raag pantyhose*
**harmadik** *hor·mo·dik third* Ⓐ
**hashajtó** *hosh·ho·y·tāw laxative* Ⓝ
**hasmenés** *hosh·me·naysh diarrhoea*
**hasonló** *ho·shawn·lãw similar*
**használt** *hos·naalt second-hand*
　**—cikk kereskedés** *hos·naalt·tsikk ke·resh·ke·daysh second-hand shop*
**hasznos** *hos·nawsh useful*
**haszon** *ho·sawn profit*
**hát** *haat back (body)*
**hátgerincmasszázzsal gyógyító** *haat·ge·rints·mos·saazh·zhol dyãw·dyee·tãw chiropractor*
**hátizsák** *haa·ti·zhaak backpack*
**hátsó** *haat·shāw rear (location)*
**hatalmas** *ho·tol·mosh huge*
**határ** *ho·taar border*
**határidőnapló** *ho·taar·i·dēū·nop·lāw diary*
**ház** *haaz house*
　**—asság** *haa·zosh·shaag marriage*
　**—i munka** *haa·zi mun·ko housework*
　**—tartásbeli** *haaz·tor·taash·be·li homemaker*
　**—tulajdonos** *haaz·tu·loy·daw·nawsh landlord*
　**—tulajdonosnő** *haaz·tu·loy·daw·nawsh·nēū landlady*
**hazug** *ho·zug liar*
**hegyikerékpár** *he·dyi·ke·rayk·paar mountain bike*
**hegymászás** *hed'·maa·saash mountaineering*
**hely** *he·y place • space • venue*
**helyes** *he·yesh right (correct)*
**helyi** *he·yi local* Ⓐ
**hentes** *hen·tesh butcher*
**hét** *hayt week*
　**—vége** *hayt·vay·ge weekend*
**hétfő** *hayt·fēū Monday*
**hiány** *hi·aan' shortage*
**hiba** *hi·bo (someone's) fault • mistake* Ⓝ
**hibás** *hi·baash faulty*

**hideg** *hi·deg cold* Ⓝ&Ⓐ
**hidratáló készítmény** *hid·ro·taa·lāw kay·seet·mayn' moisturiser*
**hímzés** *heem·zaysh embroidery*
**hirdetés** *hir·de·taysh advertisement*
**hírek** *hee·rek news*
**híres** *hee·resh famous*
**hitel** *hi·tel credit*
**hitelkártya** *hi·tel·kaar·tyo credit card*
**hó** *hãw snow*
　**—bogyó** *hãw·baw·dyãw snow pea*
　**—deszkázás** *hãw·des·kaa·zaash snow-boarding*
**hogyan** *haw·dyon how*
**hoki** *haw·ki hockey*
**hol** *hawl where*
**hold** *hawld moon*
**holnap** *hawl·nop tomorrow*
**holnap délután** *hawl·nop dayl·u·taan tomorrow afternoon*
**holnap este** *hawl·nop esh·te tomorrow evening*
**holnap reggel** *hawl·nop reg·gel tomorrow morning*
**holnapután** *hawl·nop·u·taan day after tomorrow*
**hólyag** *hãw·yog blister*
**homok** *haw·mawk sand*
**hónap** *hãw·nop month*
**Horvátország** *hawr·vaat·awr·saag Croatia*
**horzsolás** *hawr·zhaw·laash bruise* Ⓝ
**hosszú** *haws·sū long*
**hosszú repülőút okozta fáradtság** *haws·sū re·pew·lēū·ūt aw·kawz·to faa·rott·shaag jet lag*
**hoz** *hawz bring*
**hőmérséklet** *hēū·mayr·shayk·let temperature (weather)*
**hörghurut** *heurg·hu·rut bronchitis*
**húg** *hūg younger sister*
**húgyhólyag** *hūj·hãw·yog bladder*
**húgyhólyaggyulladás** *hūj·hãw·yog·dyul·lo·daash cystitis • urinary infection*
**hullám** *hul·laam wave (beach)*
**humán tudományok** *hu·maan tu·daw·maa·nyawk humanities*
**hús** *hūsh meat*
**húsvét** *hūsh·vayt Easter*
**hülye** *hew·ye idiot*
**hüvely** *hew·ve·y vagina*
　**—gomba** *hew·ve·y·gawm·bo thrush (health)*
**hüvelyes** *hew·ve·yesh legume*
**hűvös** *hēw·veush cool (temperature)*

# I, Í

idegen *i*-de-gen *stranger*
—vezető *i*-de-gen-ve-ze-tēū *guide* ⓝ
idő *i*-dēū *time* ⓝ
—ben *i*-dēū-ben *on time*
—eltolódás *i*-dēū-el-taw-lāw-daash *time difference*
időjárás *i*-dēū-yaa-raash *weather*
ifjúsági szálló *if*-yū-shaa-gi *saal*-lāw *youth hostel*
igazgató *i*-goz-go-tāw *director*
igazságtalan *i*-goz-shaag-to-lon *unfair*
igen *i*-gen *yes*
ikrek *ik*-rek *twins*
ima *i*-mo *prayer*
imád *i*-maad *worship* ⓥ
indítókábel *in*-dee-tāw-kaa-bel *jumper leads*
indulás *in*-du-laash *departure*
indulási kapu *in*-du-laa-shi *ko*-pu *departure gate*
informatika *in*-fawr-mo-ti-ko *IT*
ing *ing shirt*
ingatlanügynök *in*-got-lon-ewj-neuk *estate agent*
—ség *in*-got-lon-ewj-neuk-shayg *estate agency*
ingyenes *in*-dye-nesh *free (no price)*
ingyen szállítható poggyász *in*-dyen *saal*-leet-ho-tāw pawd'-dyaas *baggage allowance*
injekciós tű *in*-yek-tsi-āwsh tēw *hypodermic needle*
ipar *i*-por *industry*
ír eer *write*
irány *i*-raan' *direction*
—tű *i*-raan'-tēw *compass*
író *ee*-rāw *writer*
iroda *i*-raw-do *office*
—i dolgozó *i*-raw-do-i *dawl*-gaw-zāw *office worker*
Írország *eer*-awr-saag *Ireland*
is ish *also*
iskola *ish*-kaw-lo *school*
ismer *ish*-mer *know (be acquainted with)*
isten *ish*-ten *god (general)*
iszik *i*-sik *drink* ⓥ
iszlám rítus szerint levágott *is*-laam *ree*-tush se-rint le-vaa-gawtt *halal food*
ital *i*-tol *drink* ⓝ
itt itt *here*
izom *i*-zawm *muscle*

# J

január *yo*-nu-aar *January*
jár valakivel yaar *vo*-lo-ki-vel *date • go out with*
játszma yaats-mo *game (sport)*
jég yayg *ice*
—csákány *yayg*-chaa-kaan' *ice axe*
—hoki *yayg*-haw-ki *ice hockey*
jegy yej *ticket*
—kiadó automata *yej*-ki-o-dāw o-u-taw-mo-to *ticket machine*
—pénztár *yej*-paynz-taar *ticket office*
jelen ye-len *present (time)*
jó yāw *good*
jobb yawbb *better*
jobboldali *yawbb*-awl-do-li *right-wing*
jobbra *yawbb*-ro *right (direction)*
jog yawg *law (study, profession)*
jogász *yaw*-gaas *lawyer*
jóga *yāw*-go *yoga*
jogosítvány *yaw*-gaw-sheet-vaan' *drivers licence*
jóképű *yāw*-kay-pēw *handsome*
jól yāwl *fine* ⓐ *• well* ⓐ
jól érzi magát yāwl *ayr*-zi mo-gaat *have fun*
jólét *yāw*-layt *welfare*
jó mulatság yāw *mu*-lot-shaag *fun*
jön yeun *come*
jövedelemadó *yeu*-ve-de-lem-o-dāw *income tax*
jövő *yeu*-vēū *future*
jövő (hónap) *yeu*-vēū (*hāw*-nop) *next (month)*
július *yū*-li-ush *July*
június *yū*-ni-ush *June*
jutalék *yu*-to-layk *commission*

# K

kabát *ko*-baat *coat • overcoat*
kábítószerek *kaa*-bee-tāw-se-rek *drugs (illicit)*
kábítószer-függőség *kaa*-bee-tāw-ser-fewg-gēū-shayg *drug addiction*
kábítószer-kereskedelem *aa*-bee-tāw-ser-ke-resh-ke-de-lem *drug trafficking*
kábítószer-kereskedő *kaa*-bee-tāw-ser-ke-resh-ke-dēū *drug dealer*
kalap *ko*-lop *hat*
kamion *ko*-mi-awn *truck*
kanál *ko*-naal *spoon*

**kantalupdinnye** kon·to·lup·din'·nye
 cantaloupe • rockmelon
**kantin** kon·tin canteen (place)
**kanyaró** ko·nyo·rāw measles
**kap** kop get • receive
**kapcsolat** kop·chaw·lot
 connection • relationship
**káposzta** kaa·paws·to cabbage
**kapu** ko·pu gate (airport etc) • goal (sport)
**kapus** ko·push goalkeeper
**kar** kor arm (body)
**karácsony** ko·raa·chawn' Christmas
**karácsonyeste** koo·raa·chawn'·esh·te
 Christmas Eve
**karácsony napja** koo·raa·chawn' nop·yo
 Christmas Day
**karantén** ko·ron·tayn quarantine
**karfiol** kor·fi·awl cauliflower
**kartondoboz** kor·tawn·daw·bawz carton
**kártyázás** kaar·tyaa·zaash playing cards
**katona** ko·taw·no soldier
 —i szolgálat ko·taw·no·i sawl·gaa·lot
 military service
**kávé** kaa·vay coffee
**kávézó** kaa·vay·zāw café
**kecske** kech·ke goat
**kedd** kedd Tuesday
**kedves** ked·vesh kind (nice)
**kefe** ke·fe brush
**kék** kayk blue
**keksz** keks biscuit
**kelet** ke·let east
**kemény** ke·mayn' hard (not soft)
 —re főtt ke·mayn'·re feütt hard-boiled
**kemping** kem·ping camp ground
 —ezik kem·pin·ge·zik camp ⓥ
 —felszerelést árusító üzlet
 kem·ping·fel·se·re·laysht aa·ru·shee·tāw
 ewz·let camping store
**kenőanyag** ke·nēū·o·nyog lubricant
**kenőpénz** ke·nēū·paynz bribe ⓥ
**kényelmes** kay·nyel·mesh comfortable
**kényelmetlen** kay·nyel·met·len
 uncomfortable
**kenyér** ke·nyayr bread
**képes** kay·pesh can (be able)
**képes folyóirat** kay·pesh faw·yāw·i·rot
 magazine
**képesítések** kay·pe·shee·tay·shek
 qualifications
**kérdés** kayr·daysh question ⓝ
**kerek** ke·rek round ⓐ
**kerék** ke·rayk wheel
**keres** ke·resh earn • look for

**kereskedelem** ke·resh·ke·de·lem trade ⓝ
**kereskedő** ke·resh·ke·dēū tradesperson
**kereszt** ke·rest cross ⓝ
**keresztelő** ke·res·te·lēū baptism
**keresztény** ke·res·tayn' Christian
**keresztnév** ke·rest·nayv
 Christian/given name
**kert** kert garden
 —ész ker·tays gardener
 —észkedés ker·tays·ke·daysh gardening
**kerül** ke·rewl cost ⓥ
**kerület** ke·rew·let city district
**kés** kaysh knife
**keserű** ke·she·rēw bitter
**késés** kay·shaysh delay
**késő** kay·shēū late
**később** kay·shēūbb later
**kész** kays ready
**készenléti jegy** kay·sen·lay·ti yej
 stand-by ticket
**készít** kay·seet prepare
**készlet** kays·let stock (food)
**készpénz** kays·paynz cash ⓝ
**kesztyűk** kes·tyēwk gloves
**két** kayt two (of something)
**két ágy** kayt aaj twin beds
**két hét** kayt hayt fortnight
**kétkezi munkás** kayt·ke·zi mun·kaash
 manual worker
**kétszer** kayt·ser twice
**kettő** ket·tēū two
**kevés** ke·vaysh few • little
 —bé ke·vaysh·bay less
**kéz** kayz hand
**kézbesít** kayz·be·sheet deliver
**kézitáska** kay·zi·taash·ko handbag
**kézművesség** kayz·mēw·vesh·shayg
 crafts • handicrafts
**kézzel gyártott** kayz·zel dyaar·tawtt
 handmade
**kezdet** kez·det start
**ki** ki who
**kiabál** ki·o·baal shout
**kiállítás** ki·aal·lee·taash exhibition
**kiárusítás** ki·aa·ru·shee·taash sale
**kicsi** ki·chi small
**kifejezésgyűjtemény**
 ki·fe·ye·zaysh·dyēw·y·te·mayn'
 phrasebook
**kifizetés** ki·fi·ze·taysh payment
**kifosztás** ki·faws·taash rip-off
**kígyó** kee·dyāw snake
**kijárat** ki·yaa·rot exit ⓝ
**kikötő** ki·keu·tēū harbour • port

**kilátó** *ki·laa·taw* lookout
**kint** *kint* outside
**kinyit** *ki·nyit* open ⓥ
**kipállás** *ki·paal·laash* nappy rash
**kipufogó** *ki·pu·faw·gaw* car exhaust
**kirabol** *ki·ro·bawl* rob
**király** *ki·raa·y* king
**királynő** *ki·raa·y·nēū* queen
**kirándul** *ki·raan·dul* hike
  **—ás** *ki·raan·du·laash* hiking
**Kisalföld** *kish·ol·feuld* Little Plain
**Kisasszony** *kish·os·sawn'* Miss
**kis csukott teherautó**
  *kish chu·kawtt te·her·o·u·tāw* van
**kisebb** *ki·shebb* smaller
**kiszolgálás** *ki·sawl·gaa·laash* service
  **—i díj** *ki·sawl·gaa·laa·shi dee·y*
  service charge
**kitűnő** *ki·tēw·nēū* excellent
**kiütés** *ki·ew·taysh* rash
**kizsákmányolás** *ki·zhaak·maa·nyaw·laash*
  exploitation
**kocka** *kawts·ko* dice
**kockázat** *kawts·kaa·zot* risk ⓝ
**kocogás** *kaw·tsaw·gaash* jogging
**kocsi** *kaw·chi* carriage • trolley
**kókuszdió** *kāw·kus·di·āw* coconut
**kolbász** *kawl·baas* sausage (thick)
**koldus** *kawl·dush* beggar
**kolléga** *kawl·lay·go* colleague
**kolostor** *kaw·lawsh·tawr*
  cloister • convent • monastery
**komoly** *kaw·maw·y* serious
**komp** *kawmp* ferry
**kontaktlencse-oldat** *kawn·tokt·len·che·*
  *awl·dot* contact lens solution
**konyha** *kawn'·ho* kitchen
**konzulátus** *kawn·zu·laa·tush* consulate
**koponya** *kaw·paw·nyo* skull
**kor** *kawr* age ⓝ
**korán** *kaw·raan* early
**korcsolya** *kawr·chaw·yo* skate ⓝ
**korcsolyázik** *kawr·chaw·yaa·zik* skate ⓥ
**kórház** *kāwr·haaz* hospital
**kormány** *kawr·maan'* government
**kosár** *kaw·shaar* basket
  **—labda** *kaw·shaar·lob·do* basketball
**kóser** *kāw·sher* kosher
**kő** *kēū* stone
**ködös** *keu·deush* foggy
**köhög** *keu·heug* cough
  **—és elleni szer** *keu·heu·gaysh*
  *el·le·ni ser* cough medicine
**kölcsönkér** *keul·cheun·kayr* borrow

**költészet** *keul·tay·set* poetry
**költségvetés** *keult·shayg·ve·taysh*
  budget
**könnyű** *keun'·nyēw* easy • light (weight)
**könyv** *keun'v* book
  **—esbolt** *keun'·vesh·bawlt* bookshop
  **—tár** *keun'v·taar* library
**kőolaj** *kēū·aw·lo·y* oil (petrol)
**környezet** *keur·nye·zet* environment
**körte** *keur·te* pear
**kötél** *keu·tayl* rope
**kötés** *keu·taysh* bandage
**kötőhártya-gyulladás** *keu·tēū·haar·tyo·*
  *dyul·lo·daash* conjunctivitis
**kövér** *keu·vayr* fat
**követ** *keu·vet* follow
**közelében** *keu·ze·lay·ben* near
**közlekedés** *keuz·le·ke·daysh* transport
**közlekedési lámpa** *keuz·le·ke·day·shi*
  *laam·po* traffic light
**kozmetikai szalon** *kawz·me·ti·ko·i*
  *so·lawn* beauty salon
**közönséges** *keu·zeun·shay·gesh* ordinary
**között** *keu·zeutt* between
**központ** *keuz·pawnt* centre ⓝ
**köztársaság** *keuz·taar·sho·shaag* republic
**közvetlen tárcsázás** *keuz·vet·len*
  *taar·chaa·zaash* direct-dial
**krumpli** *krump·li* potato
**kukorica** *ku·kaw·ri·tso* corn
**kulcs** *kulch* key
**küld** *kewld* send
**külföldi** *kewl·feul·di* foreign
**külföldön** *kewl·feul·deun* abroad
**különböző** *kew·leun·beu·zēū* different
**különleges** *kew·leun·le·gesh* special
**kuplung** *kup·lung* clutch (car)
**kutya** *ku·tyo* dog
**küzdősportok** *kewz·dēū·shpawr·tawk*
  martial arts

## L

**láb** *laab* leg
  **—fej** *laab·fe·y* foot
  **—ujj** *laab·uy* toe
**labda** *lob·do* ball (sport)
**lágy** *laaj* soft-boiled
**lakás** *lo·kaash* apartment
**lakat** *lo·kot* padlock
**lakik** *lo·kik* stay (at a hotel)
**lakik** *lo·kik* live (somewhere)
**lakókocsi** *la·kāw·kaw·chi* caravan

**lány** *laan'* daughter • girl
**lapos** *lo-pawsh* flat
**lassú** *losh-shū* slow
**lát** *laat* see
**látogatás** *laa-taw-go-taash* visit
**láz** *laaz* fever
**lazac** *lo-zots* salmon
**lazít** *lo-zeet* relax
**leégés** *le-ay-gaysh* sunburn
**lefoglal** *le-fawg-lol* book ⓥ
**légiposta** *lay-gi-pawsh-to* airmail
**légitársaság** *lay-gi-taar-sho-shaag* airline
**legjobb** *leg-yawbb* best
**legkisebb** *leg-ki-shebb* smallest
**légkondicionált** *layg-kawn-di-tsi-aw-naalt* air-conditioned
**legközelebbi** *leg-keu-ze-leb-bi* nearest
**legnagyobb** *leg-no-dyawbb* biggest
**lehetetlen** *le-he-tet-len* impossible
**lehetséges** *le-het-shay-gesh* possible
**lélegzik** *lay-leg-zik* breathe
**lencse** *len-che* lens • lentil
**Lengyelország** *len-dyel-awr-saag* Poland
**lenni** *len-ni* be
**lent** *lent* down (location)
**lenvászon** *len-vaa-sawn* linen (material)
**lépcső** *layp-chēū* stairway
**lepedő** *le-pe-dēū* sheet (bed)
**lépés** *lay-paysh* step ⓝ
**leszáll** *le-saall* get off (train etc)
**leszármazott** *le-saar-mo-zawtt* descendent
**leszbikus** *les-bi-kush* lesbian ⓝ
**leszólít** *le-sāw-leet* chat up
**letartóztatás** *le-tor-tāwz-to-taash* arrest
**le van zárva** *le von zaar-vo* blocked (road)
**levegő** *le-ve-gēū* air
**levél** *le-vayl* leaf • letter (mail)
**levelezőlap** *le-ve-le-zēū-lop* postcard
**leves** *le-vesh* soup
**libegő** *li-be-gēū* chairlift (scenic)
**liszt** *list* flour
**ló** *lāw* horse
**lop** *lawp* steal
**lovaglás** *law-vog-laash* horse riding • ride ⓝ
**lovaglóiskola** *law-vog-lāw-ish-kaw-lo* horse-riding school
**lő** *lēū* shoot ⓥ
**lusta** *lush-to* lazy
**luxus** *luk-sush* luxury ⓐ

# M

**ma** *mo* today
**ma este** *mo esh-te* tonight
**macska** *moch-ko* cat

**madár** *mo-daar* bird
**magán** *mo-gaan* private
**magas** *mo-gosh* high • tall
**magasság** *mo-gosh-shaag* altitude
**magyar** *mo-dyor* Hungarian
**Magyarország** *mo-dyor-awr-saag* Hungary
**máj** *maa-y* liver
**majdnem** *moyd-nem* almost
**májgyulladás** *maa-y-dyul-lo-daash* hepatitis
**május** *maa-yush* May
**málna** *maal-no* raspberry
**mandula** *mon-du-lo* almond
**mangó** *mon-gāw* mango
**már** *maar* already
**marad** *mo-rod* stay (in one place)
**március** *maar-tsi-ush* March
**marhahús** *mor-ho-hūsh* beef
**másik** *maa-shik* another • other
**második** *maa-shaw-dik* second ⓐ
**másodosztály** *maa-shawd-aws-taa-y* second class ⓝ
**mászik** *maa-sik* climb ⓥ
**matrac** *mot-rots* mattress
**meccs** *mech* game • match
**mecset** *me-chet* mosque
**meditálás** *me-di-taa-laash* meditation
**megálló** *meg-aal-lāw* stop (bus, tram etc)
**megbeszélt időpont** *meg-be-saylt i-dēū-pawnt* appointment
**megcsókol** *meg-chāw-kawl* kiss (intimate) ⓥ
**megengedett sebességhatár** *meg-en-ge-dett she-besh-shayg-ho-taar* speed limit
**megérint** *meg-ay-rint* touch ⓥ
**megerősít** *meg-e-rēū-sheet* confirm (booking)
**megerőszakol** *meg-e-rēū-so-kawl* rape ⓥ
**megért** *meg-ayrt* understand
**meg van fázva** *meg von faaz-vo* have a cold
**meggyilkol** *meg-dyil-kawl* murder ⓥ
**meghal** *meg-hol* die
**meghív** *meg-heev* invite
**megint** *me-gint* again
**megjavít** *meg-yo-veet* repair ⓥ
**megköszön** *meg-keu-seun* thank
**megkülönböztetés** *meg-kew-leun-beuz-te-taysh* discrimination
**meglepetés** *meg-le-pe-taysh* surprise ⓝ
**megmér** *meg-mayr* weigh
**megmos** *meg-mawsh* wash (something)

még nem *mayg* nem *not yet*

megnősül *meg·nēū·shewl* marry (for a man)

megölel *meg·eu·lel* hug ⓥ

megpróbál *meg·prāw·baal* try ⓥ

megpuszil *meg·pu·sil* kiss (friendly) ⓥ

megsért *meg·shayrt* hurt

megtölt *meg·teult* fill

megvéd *meg·vayd* protect

megy *mej* go

megye *me·dye* county

méh *mayh* bee • uterus

méhnyakrák-szűrővizsgálat *mayh·nyok·raak·sēw·rēū·vizh·gaa·lot* pap smear

meleg *me·leg* warm • gay

melegvizes üveg *me·leg·vi·zesh* en·veg hot water bottle

melegvízű forrás *me·leg·vee·zēw fawr·raash* thermal spring

mell *mell* breast (body)

—kas *mell·kosh* chest (body)

—tartó *mell·tor·tāw* bra

mellett *mel·lett* beside

mély *may·y* deep

melyik *me·yik* which

menekült *me·ne·kewlt* refugee

menetrend *me·net·rend* timetable

mennyi *men'·nyi* how much

—ség *men'·nyi·shayg* volume (quantity)

menstruáció *mensht·ru·aa·tsi·āw* menstruation

menstruációs hasfájás *mensht·ru·aa·tsi·āwsh hosh·faa·yaash* period pain

mentő *men·tēū* ambulance

—mellény *men·tēū·mel·layn'* life jacket

menyasszony *men'·os·sawn'* engaged (for a woman) • fiancée

meredek *me·re·dek* steep

méret *may·ret* size

mérges *mayr·gesh* angry

mérgező *mayr·ge·zēū* poisonous

mérnök *mayr·neuk* engineer ⓝ

mert *mert* because

messze *mes·se* far

metélt *me·taylt* noodles

metró *met·rāw* metro • subway

—állomás *met·rāw·aal·law·maash* metro/subway station

méz *mayz* honey

mezőgazdaság *me·zēū·goz·do·shaag* agriculture

mi *mi* we • what

miért *mi·ayrt* why

mikor *mi·kawr* when

mikrohullámú sütő *mik·raw·hul·laa·mū shew·tēū* microwave ⓝ

millió *mil·li·āw* million

minden *min·den* all • each • every

—ki *min·den·ki* everyone

minden hely foglalt *min·den he·y fawg·lolt* booked out

mindig *min·dig* always

mindkét *mind·kayt* both

mindkét oldalán megsütött tükörtojás *mind·kayt awl·do·laan meg·shew·teutt tew·keur·taw·yaash* poached egg

mindkettő *mind·ket·tēū* both

miniszterelnök *mi·nis·ter·el·neuk* prime minister

minőség *mi·nēū·shayg* quality

mirigyláz *mi·rij·laaz* glandular fever

mise *mi·she* Catholic mass

mobil telefon *maw·bil te·le·fawn* cellphone • mobile phone

mogyoró *maw·dyaw·rāw* hazelnut

móló *māw·lāw* pier

mond *mawnd* say • tell

mosakszik *maw·shok·sik* wash (oneself)

mosnivaló *mawsh·ni·vo·lāw* laundry (clothes)

mosoda *maw·shaw·do* laundry (place)

mosógép *maw·shāw·gayp* washing machine

mosóhelyiség *maw·shāw·he·yi·shayg* laundry (room)

mosolyog *maw·shaw·yawg* smile ⓥ

most *mawsht* now

motorcsónak *maw·tawr·chāw·nok* motorboat

mozgássérült *mawz·gaash·shay·rewlt* physically disabled

mozgólépcső *mawz·gāw·layp·chēū* escalator

mozi *maw·zi* cinema

mögött *meu·geutt* behind

mulatságos *mu·lot·shaa·gawsh* funny

múlt *mūlt* past ⓝ

múlt héten *mūlt hay·ten* last week

munka *mun·ko* work

—bér *mun·ko·bayr* wage

—nélküli *mun·ko·nayl·kew·li* unemployed

—nélküli-segély *mun·ko·nayl·kew·li she·gay* dole

—vállalási engedély *mun·ko·vaal·lo·laa·shi* en·ge·day·y work permit

—vállaló *mun·ko·vaal·lo·lāw* employee

# N

**munkáltató** mun·kaal·to·tāw employer
**munkás** mun·kaash labourer
**mutat** mu·tot point • show
**mutató** mu·to·tāw indicator (car)
**műanyag** mēw·o·nyog plastic ⓐ
**műhely** mēw·he·y workshop
**műszaki tudományok** mēw·so·ki
  tu·daw·maa·nyawk engineering
**műtét** mēw·tayt operation
**művész** mēw·vays artist
**—et** mēw·vay·set art

# N

**nadrág** nod·raag pants • trousers
**nagy** noj big
  **—mama** noj·mo·mo grandmother
  **—néni** noj·nay·ni aunt
  **—obb** no·dyawbb bigger
  **—on** no·dyawn very
  **—papa** noj·po·po grandfather
  **—szerű** noj·se·rēw great (fantastic)
**Nagyalföld** noj·ol·feuld Great Plain
**nagykövet** noj·keu·vet ambassador
  **—ség** noj·keu·vet·shayg embassy
**nap** nop day • sun
  **—kelte** nop·kel·te sunrise
  **—nyugta** nop·nyug·to sunset
  **—olaj** nop·aw·lo·y sunblock
  **—onta** no·pawn·to daily
  **—os** no·pawsh sunny
  **—szemüveg** nop·sem·ew·veg
    sunglasses
  **—szúrás** nop·sū·raash sunstroke
  **—tár** nop·taar calendar
**narancs** no·ronch orange (fruit)
  **—lé** no·ronch·lay orange juice
  **—sárga** no·ronch·shaar·go
    orange (colour)
**nászajándék** naas·o·yaan·dayk
    wedding present
**nászút** naas·ūt honeymoon
**nátha** naat·ho runny nose
**nedves** ned·vesh wet
**negyed** ne·dyed quarter
**néha** nay·ho sometimes
**néhány** nay·haan some
**nehéz** ne·hayz difficult • heavy
**nekem** ne·kem for me • to me
**nem** nem no • not
**nem** nem sex (gender)
**nem biztonságos** nem
    biz·tawn·shaa·gawsh unsafe

**nemdohányzó** nem·daw·haan'·zāw
    nonsmoking
**nem működik** nem mēw·keu·dik
    out of order
**néma** nay·mo mute
**Németország** nay·met·awr·saag Germany
**nemi betegség** ne·mi be·teg·shayg
    venereal disease
**nemi erőszak** ne·mi e·rēū·sok rape ⓝ
**nemzeti park** nem·ze·ti pork national park
**nemzetiség** nem·ze·ti·shayg nationality
**nemzetközi** nem·zet·keu·zi international
**népi tánc** nayp·i taants folk dancing
**népművészet** nayp·mēw·vay·set folk art
**népszerű** nayp·se·rēw popular
**név** nayv name ⓝ
**nevet** ne·vet laugh ⓥ
**néz** nayz look • watch
**nincs benne** ninch ben·ne excluded
**nincs üres szoba** ninch ew·resh saw·bo
    no vacancy
**Norvégia** nawr·vay·gi·o Norway
**november** naw·vem·ber November
**nő** nēū grow
**nő** nēū woman
  **—gyógyász** nēū·dyāw·dyaas
    gynaecologist
  **—nemű** nēū·ne·mēw female
**nős** nēūsh married (for a man)
**növény** neu·vayn' plant
**nővér** nēū·vayr older sister

# Ny

**nyak** nyok neck
**nyaklánc** nyok·laants necklace
**nyár** nyaar summer
**nyeles serpenyő**
    nye·lesh sher·pe·nyēū saucepan
**nyelv** nyelv language • tongue
**nyer** nyer win ⓥ
**nyers** nyersh raw
**nyilvános park** nyil·vaa·nawsh pork
    public gardens
**nyilvános telefon** nyil·vaa·nawsh
    te·le·fawn public telephone
**nyilvános vécé** nyil·vaa·nawsh vay·tsay
    public toilet
**nyitva** nyit·vo open (location)
**nyitvatartás** nyit·vo·tor·taash
    opening hours
**nyomtató** nyawm·to·tāw
    printer (computer)

**nyugalmazott** *nyu·gol·mo·zawtt* retired
**nyugat** *nyu·got* west
**nyugdíjas** *nyug·dee·yosh* pensioner
**nyugta** *nyug·to* receipt

# O, Ó

**oda-vissza** *aw·do·vis·so* return (ticket)
**ok** *awk* reason (explanation)
**oktatás** *awk·to·taash* education
**oktató** *awk·to·taw* instructor
**október** *awk·tāw·ber* October
**olaj** *aw·lo·y* oil
**olajbogyó** *aw·lo·y·baw·dyāw* olive
**Olaszország** *o·los·awr·saag* Italy
**olcsó** *awl·chāw* cheap
**oldal** *awl·dol* page · side
**olívaolaj** *aw·lee·vo·aw·lo·y* olive oil
**olló** *awl·lāw* scissors
**ólommentes** *āw·lawm·men·tesh* unleaded
**oltár** *awl·taar* altar
**oltás** *awl·taash* vaccination
**olvas** *awl·vosh* read
  **—ás** *awl·vo·shaash* reading
**opera** *aw·pe·ro* opera
  **—ház** *aw·pe·ro·haaz* opera house
**operátor** *aw·pe·raa·tawr* operator
**óra** *āw·ro* clock · hour · watch ⓘ
**Oroszország** *aw·raws·awr·saag* Russia
**orr** *awrr* nose
**ország** *awr·saag* country
**országút** *awr·saag·ût* highway
**orvos** *awr·vawsh* doctor
  **—i rendelő** *awr·vaw·shi ren·de·lēū* doctor's surgery
  **—ság** *awr·vawsh·shaag* medication
  **—tudomány** *awr·vawsh·tu·daw·maan'* medicine (study, profession)
**osztály** *aws·taa·y* class (rank)
  **—rendszer** *aws·taa·y·rend·ser* class system
**osztozik** *aws·taw·zik* share (with)
**Osztrák-Magyar Monarchia** *awst·raak·mo·dyor maw·nor·hi·o* Austro-Hungarian Empire
**osztriga** *awst·ri·go* oyster
**óta** *āw·to* since
**ott** *awtt* there
**otthon** *awtt·hawn* home
**óvoda** *āw·vaw·do* kindergarten
**óvszer** *āwv·ser* condom
**ózonréteg** *āw·zawn·ray·teg* ozone layer

# Ö, Ő

**ő** *ēū* he · she
**öcs** *euch* younger brother
**ők** *ēūk* they
**Ön** *eun* you sg pol
**önálló** *eun·aal·lāw* self-employed
**öngyújtó** *eun·dyū·y·tāw* cigarette lighter
**önkiszolgáló** *eun·ki·sawl·gaa·lāw* self-service
**önkiszolgáló mosószalon** *eun·ki·sawl·gaa·lāw maw·shāw·so·lawn* launderette
**Önök** *eu·neuk* you pl pol
**önző** *eun·zēū* selfish
**öreg** *eu·reg* old (person)
**örökre** *eu·reuk·re* forever
**összekever** *eus·se·ke·ver* mix ⓥ
**összeütközés** *eus·se·ewt·keu·zaysh* crash ⓝ
**ösvény** *eush·vayn'* path
**ősz** *ēūs* autumn · fall
**őszibarack** *ēū·si·bo·rotsk* peach
**őt** *ēūt* her · him
**övé** *eu·vay* his
**övsömör** *euv·sheu·meur* shingles

# P

**padlizsán** *pod·li·zhaan* aubergine · eggplant
**padló** *pod·lāw* floor
**palota** *po·law·to* palace
**pamut** *po·mut* cotton
**panasz** *po·nos* complaint
**páncélszekrény** *paan·tsayl·sek·rayn'* safe ⓝ
**pap** *pop* priest
**papír** *po·peer* paper
  **—bolt** *po·peer·bawlt* stationer
**paprika** *pop·ri·ko* capsicum · bell pepper · paprika
**pár** *paar* pair (couple)
**paradicsom** *po·ro·di·chawm* tomato
**parkol** *por·kawl* park a car ⓥ
  **—ó** *por·kaw·lāw* car park
**párna** *paar·no* pillow
  **—huzat** *paar·no·hu·zot* pillowcase
**párt** *paart* party (politics)
**parti** *por·ti* party (night out)
**pástétom** *paash·tay·tawm* pie
**patak** *po·tok* stream
**pecsenye** *pe·che·nye* steak (beef)

O

243

**pékség** *payk·shayg* bakery
**példa** *payl·do* example
**pelenka** *pe·len·ko* diaper • nappy
**péntek** *payn·tek* Friday
**pénz** *paynz* money
—**érmék** *paynz·ayr·mayk* coins
—**tárca** *paynz·taar·tso* purse
—**tárgép** *paynz·taar·gayp* cash register
—**táros** *paynz·taa·rawsh* cashier
—**váltás** *paynz·vaal·taash* exchange money
**penzió** *pen·zi·āw* boarding house
**perc** *perts* minute
**peron** *pe·rawn* platform
**petefészek** *pe·te·fay·sek* ovary
**petefészek-ciszta** *pe·te·fay·sek·tsis·to* ovarian cyst
**pezsgő** *pezh·gēŵ* champagne
**piac** *pi·ots* market
**pici** *pi·tsi* tiny
**pihen** *pi·hen* rest ⓥ
**pillanat** *pil·lo·not* second ⓝ
**pillangó** *pil·lon·gāw* butterfly
**pincér** *pin·tsayr* waiter
**pincérnő** *pin·tsayr·nēŵ* waitress
**pirítós** *pi·ree·tāwsh* toast
**piros** *pi·rawsh* red
**piszkos** *pis·kawsh* dirty
**plakát** *plo·kaat* poster
**poggyász** *pawd'·dyaas* baggage • luggage
—**címke** *pawd'·dyaas·tseem·ke* luggage tag
—**kiadó** *pawd'·dyaas·ki·o·dāw* baggage claim
—**megőrző automata** *pawd'·dyaas·meg·ēŵr·zēŵ o·u·taw·mo·to* luggage lockers
**pók** *pāwk* spider
**polc** *pawlts* shelf
**polgárjogok** *pawl·gaar·yaw·gawk* civil rights
**polgármester** *pawl·gaar·mesh·ter* mayor
**politika** *paw·li·ti·ko* policy • politics
**politikus** *paw·li·ti·kush* politician
**pólóing** *pāw·lāw·ing* T-shirt
**pont** *pawnt* point (score) ⓝ
**pontosan** *pawn·taw·shon* exactly
**pontot szerez** *pawn·tawt se·rez* score ⓥ
**por** *pawr* powder
**póréhagyma** *pāw·ray·hoj·mo* leek

**posta** *pawsh·to* mail ⓝ
—**fiók** *pawsh·to fi·awk* PO box
—**hivatal** *pawsh·to·hi·vo·tol* post office
—**i irányítószám** *pawsh·to·i i·raa·nyee·tāw·saam* postcode
—**költség** *pawsh·to·keult·shayg* postage
—**láda** *pawsh·to·laa·do* mailbox
**próbafülke** *prāw·bo·fewl·ke* changing room (in shop)
**probléma** *prawb·lay·mo* problem
**programmagazin** *prawg·rom·mo·go·zin* entertainment guide
**prostituált** *prawsh·ti·tu·aalt* prostitute
**pulyka** *pu·y·ko* turkey
**puska** *push·ko* gun
**puszi** *pu·si* kiss (friendly) ⓝ

**'R' beszélgetés** *er be·sayl·ge·taysh* collect/reverse-charge call
**rab** *rob* prisoner
**radioaktív hulladék** *raa·di·āw·ok·teev hul·lo·dayk* nuclear waste
**ragasztó** *ro·gos·tāw* glue
**rágógumi** *raa·gāw·gu·mi* chewing gum
**ragtapasz** *rog·to·pos* Band-Aid
**ragyogó** *ro·dyaw·gāw* brilliant
**rák** *raak* cancer
**rakpart** *rok·port* quay
**randevú** *ron·de·vū* date (romantic)
**rave buli** *rayv bu·li* rave ⓝ
**recept** *re·tsept* prescription
**régészeti** *ray·gay·se·ti* archaeological
**reggel** *reg·gel* morning
—**i** *reg·ge·li* breakfast
—**ire fogyasztott gabonanemű** *reg·ge·li·re faw·dyos·tawtt go·baw·no·ne·mēŵ* cereal
—**i rosszullét** *reg·ge·li raws·sul·layt* morning sickness
**régi** *ray·gi* ancient • old (thing)
**rekeszizom** *re·kes·i·zawm* diaphragm
**rendel** *ren·del* order ⓥ
**rendőr** *rend·ēŵr* police officer
—**ség** *rend·ēŵr·shayg* police • police station
**rendőr-főkapitányság** *rend·ēŵr·fēŵ·ko·pi·taan'·shaag* police headquarters
**rendszám** *rend·saam* license plate number
**répa** *ray·po* carrot

**repül** re·pewl *fly* ⊙
—**őgép** re·pew·lēū·gayp *airplane*
—**őjárat** re·pew·lēū·yaa·rot *flight*
—**őtér** re·pew·lēū·tayr *airport*
—**őtéri adó** re·pew·lēū·tay·ri o·dāw *airport tax*
**rész** rays *part (component)*
**részmunkaidős** rays·mun·ko·i·dēūsh *part-time*
**részeg** ray·seg *drunk*
**retek** re·tek *radish*
**ritka** rit·ko *rare (uncommon)*
**rokkantkocsi** rawk·kont·kaw·chi *wheelchair*
**roma** raw·mo *Roma (people)*
**romok** raw·mawk *ruins*
**rossz** rawss *bad • wrong*
**rózsaszín** rāw·zho·seen *pink*
**röplabda** reup·lob·do *volleyball*
**rubeola** ru·be·aw·lo *rubella*
**rúg** rūg *kick* ⊙
**rugó** ru·gāw *spring (coil)*
**ruha** ru·ho *dress* ⊙
—**szárítókötél** ru·ho·saa·ree·tāw·keu·tayl *clothesline*
—**tár** ru·ho·taar *cloakroom*
**ruhásszekrény** ru·haash·sek·rayn' *wardrobe*
**ruházat** ru·haa·zot *clothing*
**rúzs** rūj *lipstick*

# S

**sajt** shoyt *cheese*
—**üzlet** shoyt·ewz·let *cheese shop*
**sakk** shokk *chess*
**sakktábla** shokk·taab·lo *chessboard*
**sál** shaal *scarf*
**saláta** sho·laa·to *lettuce • salad*
**sampon** shom·pawn *shampoo*
**sár** shaar *mud*
**sárga** shaar·go *yellow*
**sárgabarack** shaar·go·bo·rotsk *apricot*
**sarok** sho·rawk *corner*
**sátor** shaa·tawr *tent*
—**cövek** shaa·tawr·tseu·vek *tent peg*
**sebesség** she·besh·shayg *speed*
—**mérő** she·besh·shayg·may·rēū *speedometer*
**segít** she·geet *help* ⊙
**segítség** she·geet·shayg *help* ⓝ
**selyem** she·yem *silk*
**semmi** shem·mi *nothing*

**serpenyő** sher·pe·nyēū *frying pan*
**sérülés** shay·rew·laysh *injury*
**sétál** shay·taal *walk* ⊙
**síel** shee·el *ski* ⊙
—**és** shee·e·laysh *skiing*
**siet** shi·et *(be) in a hurry*
**sífelvonó** shee·fel·vaw·nāw *chairlift (ski)*
**sír** sheer *grave* ⓝ
**sír** sheer *cry* ⊙
**sisak** shi·shok *helmet*
**síszemüveg** shee·sem·ew·veg *goggles (ski)*
**sivatag** shi·vo·tog *desert*
**Skócia** shkāw·tsi·o *Scotland*
**smink** shmink *make-up*
**só** shāw *salt*
**soha** shaw·ho *never*
**sok** shawk *many*
**sokáig nyitvatartó vegyesbolt** shaw·kaa·ig nyit·vo·tor·tāw ve·dyesh·bawlt *convenience store*
**sonka** shawn·ko *ham*
**sor** shawr *queue* ⓝ
**sorrend** shawr·rénd *order* ⓝ
**sós keksz** shāwsh keks *cracker (biscuit)*
**sovány tej** shaw·vaan' te·y *skim milk*
**sötét** sheu·tayt *dark*
**sötétlila** sheu·tayt·li·lo *purple*
**sör** sheur *beer*
—**öző** sheu·reu·zēū *beer cellar*
**Spanyolország** shpo·nyawl·awr·saag *Spain*
**spárga** shpaar·go *asparagus*
**specialista** shpe·tsi·o·lish·to *specialist*
**spenót** shpe·nāwt *spinach*
**spontán vetélés** shpawn·taan ve·tay·laysh *miscarriage*
**sport** shpawrt *sport*
—**bolt** shpawrt·bawlt *sports store*
—**oló** shpawr·taw·lāw *sportsperson*
—**terem** shpawrt·te·rem *gym (room)*
**stílus** shtee·lush *style*
**stoppol** shtawp·pawl *hitchhike*
**strand** shtrond *beach*
—**on játszott röplabda** shtron·dawn yaat·sawtt reup·lob·do *beach volleyball*
**súlyok** shū·yawk *weights*
**süket** shew·ket *deaf*
**sürgős** shewr·gēūsh *urgent*
**süt** shewt *fry*
**sütemény** shew·te·mayn' *cake*
**sütő** shew·tēū *oven*
**Svájc** shvaa·y·ts *Switzerland*
**Svédország** shvayd·awr·saag *Sweden*

S

# Sz

szabad *so*·bod free (available)
—ság *so*·bod·shaag holidays • freedom
—téri múzeum *so*·bod·tay·ri mü·ze·um open air museum
szabály *so*·baa·y rule ⓝ
—talanság *so*·baa·y·to·lon·shaag foul ⓝ
szabó *so*·báw tailor
szag sog smell ⓝ
száj *saa*·y mouth
szakács *so*·kaach chef • cook
szakmai önéletrajz sok·mo·i eun·ay·let·royz CV • résumé
szalámi *so*·laa·mi salami
szállás *saal*·laash accommodation
szálloda *saal*·law·do hotel
szalonna *so*·lawn·no bacon
szalvéta *sol*·vay·to napkin • serviette
szám saam number
számítógép *saa*·mee·táw·gayp computer
számla *saam*·lo account • bill • check
számol *saa*·mawl calculate • count
számológép *saa*·maw·láw·gayp calculator
szappan *sop*·pon soap
—opera *sop*·pon·aw·pe·ro soap opera
száraz *saa*·roz dry ⓐ
szardínia sor·dee·ni·o sardine
szárít *saa*·reet dry (clothes) ⓥ
szárított *saa*·ree·tawtt dried
szárny saarn' wing
szauna *so*·u·no sauna
szavaz *so*·voz vote ⓥ
száz saaz hundred
—alék *saa*·zo·layk per cent
szédül *say*·dewl (be) dizzy
szegény se·gayn' poor
—ség se·gayn'·shayg poverty
szégyenlős *say*·dyen·lêüsh shy
szék sayk chair
székesegyház *say*·kesh·ej·haaz cathedral
székrekedés *sayk*·re·ke·daysh constipation
szekrény *sek*·rayn' cupboard
szél sayl wind
—védő sayl·vay·dêü windscreen
széles *say*·lesh wide
szem sem eye
—csepp *sem*·chepp eye drops
—ész se·mays optometrist
személy se·may person
—i igazolvány se·may·yi i·go·zawl·vaan' identification card (ID)

szemét se·mayt garbage • rubbish
—vödör se·mayt·veu·deur garbage can
szemüveg *sem*·ew·veg glasses (eye)
szénanátha *say*·no·naat·ho hay fever
szennyezés sen'·nye·zaysh pollution
szent sent saint
—ély sen·tay shrine
szép sayp beautiful • nice
szeptember sep·tem·ber September
szerda ser·do Wednesday
szerelem se·re·lem love (romantic)
szerelő se·re·lêü mechanic
szerencsés se·ren·chaysh lucky
szeret se·ret like • love
—ő se·re·têü lover
szerzetes ser·ze·tesh monk
szerződés ser·zêü·daysh contract
szeszes italokat árusító üzlet se·sesh i·to·law·kot aa·ru·shee·táw ewz·let liquor store
szex seks sex (activity)
—izmus sek·siz·mush sexism
sziget si·get island
szikla sik·lo cliff • rock
—mászás sik·lo·maa·saash rock climbing
szilva sil·vo plum
szilveszter sil·ves·ter New Year's Eve
szín seen colour
—darab seen·do·rob play (theatre)
—ház seen·haaz theatre
szív seev heart
—baj seev·bo·y heart condition
—leállás seev·le·aal·laash cardiac arrest
—roham seev·raw·hom heart attack
—ritmusszabályozó seev·rit·mush·so·b aa·yaw·záw pacemaker
szivar si·vor cigar
szó sáw word
szoba saw·bo room
—szám saw·bo·saam room number
szobor saw·bawr statue
szobrászat sawb·raa·sot sculpture
szójababsajt sáw·yo·bob·shoyt tofu
szójaszósz sáw·yo·sáws soy sauce
szójatej sáw·yo·te·y soy milk
szokás saw·kaash custom
szokatlan saw·kot·lon unusual
szoknya sawk·nyo skirt
szombat sawm·bot Saturday
szomjas sawm·yosh thirsty
szomorú saw·maw·rú sad
színész see·nays actor
színésznő see·nays·nêü actress
szoros saw·rawsh tight

szótár *sáw·taar* dictionary
Szovjetunió *sov·yet·u·ni·áw* Soviet Union
szőlő *sёü·lёü* grapes • vineyard
　—tő *sёü·lёü·tёü* vine
szörfözés *seur·feu·zaysh* windsurfing
sztrájk *straa·y·k* strike ⓥ
szúnyog *sū·nyawg* mosquito
szurkoló *sur·kaw·láw* fan (sport)
szüksége van *sewk·shay·ge von* need ⓥ
szükséges *sewk·shay·gesh* necessary
születési anyakönyvi kivonat
　*sew·le·tay·shi o·nyo·keun'·vi ki·vaw·not*
　birth certificate
születési hely *sew·le·tay·shi he·y* birthplace
születési idő *sew·le·tay·shi i·dёü* birthdate
születésnap *sew·le·taysh·nop* birthday
szülők *sew·lёük* parents
szünet *sew·net* break • intermission
szürke *sewr·ke* grey
szűrt *sёürt* filtered

# T

tabletta *tob·let·to* pill
táborhely *taa·bawr·he·y* camp site
tag *tog* member
takarítás *to·ko·ree·taash* cleaning
takaró *to·ko·ráw* blanket
tál *taal* bowl
talál *to·laal* find
találkozik *to·laal·kaw·zik* meet
talált tárgyak hivatala *to·laalt taar·dyok
　hi·vo·to·lo* lost-property office
talán *to·laan* maybe
tanács *to·naach* advice
tanár *to·naar* teacher ⓜ
tanárnő *to·naar·nёü* teacher ⓕ
tánc *taants* dancing
　—ház *taants·haaz* dance house
　—műhely *taants·mёw·he·y*
　dance workshop
　—ol *taan·tsawl* dance ⓥ
tanul *to·nul* learn
tányér *taa·nyayr* plate
tapasztalat *to·pos·to·lot* experience
tapogat *to·paw·got* feel (touch)
társ *taarsh* companion
társadalmi jólét *taar·sho·dol·mi yáw·layt*
　social welfare
társaság *taar·sho·shaag* company (firm)
tartozik *tor·taw·zik* owe
táska *taash·ko* bag

tavasz *to·vos* spring (season)
távirányító *taav·i·raa·nyee·táw*
　remote control
távirat *taav·i·rot* telegram
távoli *taa·vaw·li* remote
taxi *tok·si* taxi
　—állomás *tok·si·aal·law·maash* taxi stand
te *te* you sg inf
teáskanál *te·aash·ko·naal* teaspoon
tegnap *teg·nop* yesterday
　—előtt *teg·nop·e·lёütt*
　day before yesterday
tehén *te·hayn* cow
tej *te·y* milk
　—föl *te·y·feul* sour cream
　—szín *te·y·seen* cream
tél *tayl* winter
tele *te·le* full
telefon *te·le·fawn* telephone ⓝ
　—ál *te·le·faw·naal* telephone ⓥ
　—fülke *te·le·fawn·fewl·ke* phone box
　—kártya *te·le·fawn·kaar·tyo* phonecard
　—központ *te·le·fawn·keuz·pawnt*
　telephone centre
teljes munkaidejű *tel·yesh
　mun·ko·i·de·yёw* full-time
teljesen béna *tel·ye·shen bay·no*
　quadriplegic
temetés *te·me·taysh* funeral
temető *te·me·tёü* cemetery
templom *temp·lawm* church
tenger *ten·ger* sea
　—en túl *ten·ge·ren túl* overseas
　—ibeteg *ten·ge·ri·be·teg* seasick
　—ibetegség *ten·ge·ri·be·teg·shayg*
　travel sickness
　—part *ten·ger·port* coast • seaside
teniszpálya *te·nis·paa·yo* tennis court
tér *tayr* square (town)
térd *tayrd* knee
terhes *ter·hesh* pregnant
　—ségi teszt *ter·hesh·shay·gi test*
　pregnancy test kit
terítékért felszámolt díj *te·ree·tay·kayrt
　fel·saa·mawlt dee·y* cover charge
térkép *tayr·kayp* map
termálfürdő *ter·maal·fewr·dёü*
　thermal bath
termel *ter·mel* produce ⓥ
termés *ter·maysh* crop
természet *ter·may·set* nature
　—gyógyászat *ter·may·set·dyáw·dyaa·sot*
　naturopathy
　—tudós *ter·may·set·tu·dáwsh* scientist

test *tesht* body
tesz *tes* put
teszt *test* test ⓝ
tészta *tays·to* pasta
tételes *tay·te·lesh* itemised
tetvek *tet·vek* lice
tévé *tay·vay* TV
ti *ti* you pl inf
tilos *ti·lawsh* prohibited
tiltakozás *til·to·kaw·zaash* protest ⓝ
típus *tee·push* type
tiszta *tis·to* clean • pure
tisztít *tis·teet* clean ⓥ
titkár *tit·kaar* secretary ⓜ
titkárnő *tit·kaar·nēū* secretary ⓕ
tó *tāw* lake
tojás *taw·yaash* egg
tolmács *tawl·maach* interpreter
tolvaj *tawl·vo·y* thief
tonhal *tawn·hol* tuna
torna *tawr·no* gymnastics
—terem *tawr·no·te·rem* gym (hall)
torok *taw·rawk* throat
torony *taw·rawn'* tower
toxikus hulladék *tawk·si·kush hul·lo·dayk* toxic waste
több *teubb* more • several
tök *teuk* pumpkin
tökéletes *teu·kay·le·tesh* perfect
tömlő *teum·lēū* inner tube
törődik *teu·rēū·dik* care (for someone)
töröl *teu·reul* cancel
történelem *teur·tay·ne·lem* history
történelmi *teur·tay·nel·mi* historical
történet *teur·tay·net* story
törülköző *teu·rewl·keu·zēū* towel
törvény *teur·vayn'* law
törvényes *teur·vay·nyesh* legal
tranzitváró *tron·zit·vaa·rāw* transit lounge
trikó *tri·kāw* singlet
tucat *tu·tsot* dozen
tud *tud* know (a fact) • be able
tudomány *tu·daw·maan'* science
tükör *tew·keur* mirror
túl *tūl* too (much)
túladagolás *tūl·o·do·gaw·laash* overdose
tulajdonos *tu·lo·y·daw·nawsh* owner
túlsúly *tūl·shū·y* excess (baggage)
túra *tū·ro* tour
—bakancs *tū·ro·bo·konch* hiking boots
—útvonal *tū·ro·ūt·vaw·nol* hiking route
turista *tu·rish·to* tourist
—iroda *tu·rish·to·i·raw·do* tourist office
—osztály *tu·rish·to·aws·taa·y* economy class

uborka *u·bawr·ko* cucumber
udvarház *ud·vor·haaz* manor house
ugyanaz *u·dyon·oz* same
új *ū·y* new
újév napja *ū·y·ayv nop·yo* New Year's Day
ujj *u·y* finger
újrafelhasznál *ū·y·ro·fel·hos·naal* recycle
—ható *ū·y·ro·fel·hos·naal·ho·tāw* recyclable
újság *ū·y·shaag* newspaper
—árus *ū·y·shaag·aa·rush* newsagency • newsstand
—író *ū·y·shaag·ee·rāw* journalist
Új-Zéland *ū·y·zay·lond* New Zealand
ultrahang *ult·ro·hong* ultrasound
unalmas *u·nol·mosh* boring
unoka *u·naw·ko* grandchild
unott *u·nawtt* bored
Úr *ūr* Mr
urasági kastély *u·ro·shaa·gi kosh·tay* mansion
úszás *ū·saash* swimming (sport)
úszik *ū·sik* swim ⓥ
uszoda *u·saw·do* swimming centre
úszómedence *ū·sāw·me·den·tse* swimming pool
úszószemüveg *ū·sāw·sem·ew·veg* swimming goggles
út *ūt* road • way
után *u·taan* after
utas *u·tosh* passenger
utazás *u·to·zaash* journey • travel • trip
—i csekk *u·to·zaa·shi chekk* travellers cheque
—i iroda *u·to·zaa·shi i·raw·do* travel agency
utca *ut·tso* street
—i piac *ut·tso·i pi·ots* street market
úti cél *ū·ti tsayl* destination
útikönyv *ū·ti·keun'v* guidebook
útlevél *ūt·le·vayl* passport
útlevél száma *ūt·le·vayl saa·mo* passport number
útvonal *ūt·vaw·nol* itinerary • route

# Ü, Ű

**üdítőital** ew-dee-têû-i-tol *soft drink*
**üdvözöl** ewd-veu-zeul *welcome* ⓥ
**ügyfél** ewj-fayl *client*
**ül** ewl *sit*
**ülés** ew-laysh *seat (place)*
**ünneplés** ewn-nep-laysh *celebration*
**ünnepnap** ewn-nep-nop *holiday*
**üres** ew-resh *empty · vacant*
**üresedés** ew-re-she-daysh *vacancy*
**üveg** ew-veg *bottle · glass · jar*
**üzenet** ew-ze-net *message*
**üzlet** ewz-let *business · shop*
— **asszony** ewz-let-os-sawn' *businesswoman*
— **ember** ewz-let-em-ber *businessman*
— **i út** ewz-le-ti üt *business trip*
— **vezető** ewz-let-ve-ze-têû *manager (business)*

# V

**vacsora** vo-chaw-ro *dinner*
**vadászat** vo-daa-sot *hunting*
**vág** vaag *cut* ⓥ
**vágódeszka** vaa-gâw-des-ko *chopping board*
**vagy** voj *or*
**vagyonos** vo-dayw-nawsh *wealthy*
**vaj** vo-y *butter*
**Vajdaság** vo-y-do-shaag *Voivodina*
**vak** vok *blind*
— **vezető kutya** vok-ve-ze-têû ku-tyo *guide dog*
**vakáció** vo-kaa-tsi-âw *vacation*
**vakbél** vok-bayl *appendix (body)*
**valaki** vo-lo-ki *someone*
**valami** vo-lo-mi *something*
**válasz** vaa-los *answer* ⓝ
**választ** vaa-lost *choose*
**választás** vaa-los-taash *election*
**váll** vaall *shoulder*
**vallás** vol-laash *religion*
— **os** vol-laa-shawsh *religious*
**valutaátváltás** vo-lu-to-aat-vaal-taash *currency exchange*
**vám** vaam *customs*
**van neki** von ne-ki *have*
**vár** vaar *castle*
**vár** vaar *wait for*

**város** vaa-rawsh *city · town*
— **háza** vaa-rawsh-haa-zo *town hall*
— **központ** vaa-rawsh-keuz-pawnt *city centre*
— **rész** vaa-rawsh-rays *suburb*
— **térkép** vaa-rawsh-tayr-kayp *town map*
**váróroszoba** vaa-râw-saw-bo *waiting room*
**varr** vorr *sew*
**varrótű** vor-râw-têw *sewing needle*
**vas- és edénybolt** vosh aysh e-dayn'-bawlt *hardware store*
**vasaló** vo-sho-lâw *iron (for clothes)*
**vásárlás** vaa-shaar-laash *shopping*
**vasárnap** vo-shaar-nop *Sunday*
**vásárol** vaa-shaa-rawl *shop* ⓥ
**vastag** vosh-tog *thick*
**vasútállomás** vo-shût-aal-law-maash *railway station*
**vászonnemük** vaa-sawn-ne-mêwk *linen (sheets etc)*
**vécé** vay-tsay *toilet*
— **papír** vay-tsay-po-peer *toilet paper*
**védett faj** vay-dett fo-y *protected species*
**vég** vayg *end*
**vegetáriánus** ve-ge-taa-ri-aa-nush *vegetarian*
**vékony** vay-kawn' *thin*
**vélemény** vay-le-mayn' *opinion*
**velem** ve-lem *with me*
**vendégház** ven-dayg-haaz *guesthouse*
**vendéglátás** ven-dayg-laa-taash *hospitality*
**ventilátor** ven-ti-laa-tawr *fan (machine)*
**vér** vayr *blood*
— **csoport** vayr-chaw-pawrt *blood group*
— **nyomás** vayr-nyaw-maash *blood pressure*
— **szegénység** vayr-se-gayn'-shayg *anaemia*
— **vizsgálat** vayr-vizh-gaa-lot *blood test*
**verekedés** ve-re-ke-daysh *fight*
**véres** vay-resh *rare (food)*
**verseny** ver-shen' *race (sport)*
— **bicikli** ver-shen'-bi-tsik-li *racing bike*
— **pálya** ver-shen'-paa-yo *racetrack*
**vese** ve-she *kidney*
**vesz** ves *buy · take*
**veszélyes** ve-say-yesh *dangerous*
**veszélyeztetett faj** ve-say-yez-te-tett fo-y *endangered species*
**vészhelyzet** vays-he-y-zet *emergency*
**vezet** ve-zet *drive* ⓥ
**vezetéknév** ve-ze-tayk-nayv *surname*

vezető *ve*·ze·tēū *leader • guide*
vicc *vits joke* ⓘ
vidék *vi*·dayk *countryside*
vígjáték *veeg*·yaa·tayk *comedy*
vihar *vi*·hor *storm*
világ *vi*·laag *world*
　　—egyetem *vi*·laag·e·dye·tem *universe*
Világbajnokság *vi*·laag·bo·y·nawk·shaag
　　*World Cup*
világos *vi*·laa·gawsh *light (colour)*
villa *vil*·lo *fork*
villamos *vil*·lo·mawsh *tram*
villanófény *vil*·lo·nāw·fayn'
　　*flashlight • torch*
villany *vil*·lon' *electricity*
virág *vi*·raag *flower*
　　—por *vi*·raag·pawr *pollen*
virsli *virsh*·li *sausage (thin)*
visel *vi*·shel *wear*
vissza *vis*·so *back (position)*
　　—tér *vis*·so·tayr *return (come back)*
　　—térítés *vis*·so·tay·ree·taysh *refund*
　　—utasít *vis*·so·u·to·sheet *refuse* ⓥ
visz *vis carry*
viszketés *vis*·ke·taysh *itch* ⓘ
vitaminok *vi*·to·mi·nawk *vitamins*
vitatkozik *vi*·tot·kaw·zik *argue*
viteldíj *vi*·tel·dee·y *fare*
víz *veez water*
vízesés *veez*·e·shaysh *waterfall*
vizesüveg *vi*·zesh·ew·veg *water bottle*
vízhatlan *veez*·hot·lon *waterproof*
vízisíelés *vee*·zi·shee·e·laysh *waterskiing*
vízum *vee*·zum *visa*
　　—hosszabbítás *vee*·zum·haws·
　　sob·bee·taash *visa extension*
vonal *vaw*·nol *dial tone*
vonat *vaw*·not *train* ⓘ
vonattal szállított posta
　　*vaw*·not·tol saal·lee·tawtt *pawsh*·to
　　*surface mail (land)*

vödör *veu*·deur *bucket*
vőlegény *vēū*·le·gayn'
　　*engaged (for a man) • fiancé*
völgy *veulj valley*
vörösbor *veu*·reush·bawr *red wine*

# Z

zab *zob oats*
zajos *zo*·yawsh *noisy*
zaklatás *zok*·lo·taash *harassment*
zár *zaar lock* ⓘ
　　—va *zaar*·vo *closed*
zászló *zaas*·lāw *flag*
zavarban van *zo*·vor·bon von
　　*(be) embarrassed*
zene *ze*·ne *music*
　　—kar *ze*·ne·kor *orchestra*
zeneműbolt *ze*·ne·mēw·bawlt
　　*music shop*
zenész *ze*·nays *musician*
zivatar *zi*·vo·tor *thunderstorm*
zoknik *zawk*·nik *socks*
zöld *zeuld green*
zöldség *zeuld*·shayg *vegetable*
　　—es *zeuld*·shay·gesh *greengrocer*
zuhany *zu*·hon' *shower*

# Zs

zseb *zheb pocket*
　　—kendő *zheb*·ken·dēū *handkerchief*
　　—kés *zheb*·kaysh *pocket knife*
　　—tolvaj *zheb*·tawl·vo·y *pickpocket*
zsemle *zhem*·le *bread roll*
zsidó *zhi*·dāw *Jewish*
zsinór *zhi*·nāwr *string*
zsírban sült *zheer*·bon shewlt *fried*
zsúfolt *zhú*·fawlt *crowded*

## A

abbreviations ........................................ 10
accents ................................................. 13
accidents ............................................. 183
accommodation ...................... 53, 57, 89
addresses ....................................... 55, 125
addressing people ........................ 99, 189
adjectives (grammar) ............ 18, 111, 121
adverbs (grammar) ............................. 121
age ............................................... 95, 103
airport ................................................. 43
alcohol ............................... 102, 158, 165
allergies ........................... 173, 189, 194
alphabet ............................................. 13
ambulance ......................................... 183
amounts ............................................. 32
animals .......................................... 88, 156
architecture ....................................... 140
area codes (phone) ............................. 77
arranging to meet ............................. 127
art ..................................................... 139
articles (grammar) .............................. 15
asking someone out ........................... 129
assault ............................................... 184
ATMs ...................................... 38, 81, 84
automatic (car) .................................. 48

## B

babies ......................................... 93, 193
banking ............................................. 81
bar ........................................... 105, 165
bargaining ......................................... 69
basic language (food) ........................ 157
basic language (general) ..................... 97
beach ................................................. 155
beliefs ............................................... 137
be (verb) ............................................ 16
bicycle ............................................... 52
bill (restaurant) ................................. 159
birthday ............................................. 95
blind travellers ................................... 91
boat ................................................... 47

body diagram ..................................... 195
body language ................................... 107
booking (accommodation) ................... 58
booking (tickets) ................................ 40
books (shopping) ................................ 71
border crossing ................................... 53
breast-feeding ................................... 95
business ............................................. 89
bus ..................................................... 44

## C

calendar ............................................. 34
camera ............................................... 73
camping ............................... 57, 64, 153
cancelling (tickets) ............................. 42
car ..................................................... 48
caravan ............................................. 64
car diagram ....................................... 51
case (grammar) ................................. 22
CDs .................................................... 72
cellphone ........................................... 79
change rooms ........................... 144, 152
changing money ..................... 37, 43, 81
charges (admission) ........................... 86
charges (banking) .............................. 82
charges (beach) ................................ 155
charges (horse riding) ........................ 147
charges (medical) .............................. 188
charges (sport) .................................. 145
checking in (transport) ...................... 43
checking in (accommodation) ............. 58
checking out (accommodation) ........... 62
check (banking) ................................. 37
check (restaurant) ............................. 159
chemist ............................................. 196
cheques ............................................. 37
children ............................................. 93
cinema ..................................... 110, 123
circus ................................................. 124
closing time ....................................... 86
clothes ............................................... 69
coach station ..................................... 44
collect calls ....................................... 77
communications ................................. 75

comparing things (grammar) ............... 17
complaints (accommodation) ............. 62
complaints (general) ................ 38, 42, 48
complaints (photographs) ................... 74
complaints (restaurant) ..................... 160
complaints (shopping) ........................ 68
compliments (accommodation) ........ 63
compliments (flirting) ....................... 129
compliments (food) ........................... 164
computers .............................. 80, 90
concessions (prices) .................... 86, 93
conditions (health) ........................... 189
conferences ................................... 89
confirming (tickets) ............................ 42
consonant sounds ............................... 12
consulates ................................. 186
contact details ........................... 89,108
contraceptives ................................. 193
credit cards ................ 37, 68, 81, 185
culinary reader ........................... 175-82
cultural differences ......................... 137
cultural tips .............. 45, 66, 97, 99,
.................... 100, 102, 105, 114, 189
customs ............................... 54, 138
cycling ................................................. 52

drugs (illicit) ..................120, 128, 185
drugs (medical) ................................ 186
duty-free .............................. 44

## E

eating out ............................157
education ............................104
égesz ................................31
elevator ..............................59
email ..............................80
embassies ............................186
emergencies ......................183, 187
endearments ........................135
entertainment ......................123
entertainment guides .................71
environment ........................121
etiquette tips ............ see cultural tips
European Union ....................37, 120
euros ................................37
exchange rates ......................38
excuses (romance) ..................135
extreme sports ......................145

## D

dance house ............................ 112, 124
dancing ............................ 110, 125
dates (calendar) ............................. 35
days of the week ........................... 34
deaf travellers ................................ 91
debit cards ............................ 37, 68
decimals ............................ 31
declarations (customs) .......... 54, 76
delays (transport) ......................... 41
demonstratives (grammar) ............ 26
dentist ............................ 187, 197
destinations .......................... 44, 53
dictionary English–Hungarian .... 199-228
dictionary Hungarian–English ...... 229-50
digital photography ...................... 73
dining out ............................123
directions ............................55
disabled travellers ..................91
discounts ........................86, 93
diseases ............................188
doctor ............................183
double consonants ...................12
drinking ............102, 125, 158, 165, 168

## F

facilities (camping) ........................ 64
facilities (hotels) .......................... 59
false friends ..................132, 164, 172
family ............................98, 105
fares (taxi) ............................47
farewells ............. 99, 107, 136
feelings ............................115
film (photographic) ......................73
films (cinema) ..............109, 112, 123
fines ............................185
finger counting ............................32
Finno-Ugric languages ..................9
fishing ............................146
food ............................157-82
food (local specialities) ........157, 160
food (preparation) ......................164, 169
football (soccer) ............................149
foreign exchange ............................81
forints ............................37
formality (speech) ........................117
forms (customs) ............................53
four-wheel drive (hire) ..................48
fractions ............................31
fuel (car) ........................50, 52
future (grammar) ............................21
future (time) ............................36

# G

galleries .......................................... 139
garage (petrol station) .................... 50
gay travel ................................. 123, 184
getting closer (romance) ................. 132
glasses ............................................ 188
going out ................................. 110, 123
goodbyes .................................... 97, 136
goulash .......................................... 161
grammar ........................................... 15
greetings ......................................... 97
guarantee (shopping) ...................... 68
guesthouse ...................................... 57
guidebooks ............................... 72, 85
guides .............................. 85, 88, 154

# H

hairdressing ..................................... 70
halal (food) .................................... 171
have (verb) ........................................ 21
health (children) ............................. 95
health (general) ............................. 187
health (women) ..................... 187, 193
hiking ............................................ 153
hire (bicycle) ................................... 52
hire (car & motorbike) .................... 48
hire (mobile phone & cellphone) ... 79
hire (sporting equipment) ...... 145, 152
hobbies .......................................... 109
holidays ......................................... 102
homestays ................................. 65, 66
horse riding .................................... 147
hospital ................................... 187, 190
hotel ................................................ 57
hotel room diagram ......................... 61
Hungarian literature ........................ 10
Hungarian-speaking areas ................. 9

# I

ice-skating ..................................... 148
illness .................................... 168, 187
Illyés, Gyula ..................................... 10
injections .............................. 188, 194
injuries .......................................... 189
insurance (car & motorbike) ............ 49
insurance (health) .......................... 188
insurance (travel) ........................... 184

interests ......................................... 109
Internet .................................... 80, 90
introductions ................................... 97
invitations ............................. 125, 129

# K

keys (accommodation) ..................... 60
keys (car) ......................................... 51
kissing (greeting) ............................. 99
kitchenware .................................... 170
Klezmer music ................................ 112
kosher (food) .................................. 171

# L

language difficulties ......................... 27
language map ..................................... 8
lawyer ........................................... 186
leaving ........................................... 136
life jackets .............................. 47, 146
lift (elevator) .................................... 59
locals (staying with) ........................ 65
lost ......................................... 154, 184
love ....................................... 100, 134

# M

Magyars ............................................. 9
mail ................................................ 75
making conversation ...................... 100
manual (car) ..................................... 48
maps ..................... 49, 55, 85, 153
map (language) ................................... 8
markets ................................... 67, 169
measures ................................. 32, 169
medication (children) ....................... 94
medication (general) ....................... 187
meeting people ................................ 97
meeting up ..................................... 127
meetings (business) ......................... 89
menstruation .................................. 193
menu ............... 158, 162, 164, 175-82
messages (leaving & collecting) ......... 59
mobile phone ................................... 79
money .................. 37, 81, 100, 185
months ............................................ 34
Monty Python ................................. 108
motorbike ........................................ 48
museums ........................................ 139
music ...................... 72, 109, 123

## N

nationalities.................................................103
negative (grammar)..............................24
newspapers.......................................................72
nonsmoking (section)..........................159
nouns (grammar)..................18, 22, 26
numbers.........................................................29

## O

occupations....................................................104
one-way tickets............................................40
opening time.................................................86
opinions.......................................116, 117
ordering (food)..........................160, 171
ordering (taxi)..............................................47
outdoors...........................................................153

## P

*pálinka*...............................................................166
parking (car)..................................................50
parts of the body....................................195
party (entertainment)........................124
passports.........................................53, 63
past (time).......................................................35
payment (methods of)............37, 59, 68
*PestiEst & Pesti Műsor*...................71
petrol.............................................50, 52
pharmacist..............................187, 196
phone..............................................77, 183
photography.........................................73, 85
pick-up lines.................................................129
pill (the).............................................................193
plane...................................................................43
plays (theatre)..........................112, 124
plural (grammar)...........................18, 22
police...................................................................183
politics..............................................100, 118
possession (grammar)........................23
postage.............................................68, 75
poste restante...............................................76
post office........................................................75
postpositions (grammar)................25
pregnancy.......................................................193
prepositions (grammar)............22, 25
prescription (medical)......................186
present (time)................................................35
problems (banking)................................84
problems (car & motorbike)............51

problems (language)..........................27
problems (medical)..............................187
problems (phone)....................................78
problems (romance)............................135
pronouns (grammar)..........................23
pronunciation..............................................11
pub........................................................................165
public phone...................................................77
puppet theatre.............................................124

## Q

quantities (food).....................................169
questions (grammar)..........................25

## R

rape.....................................................................184
reading (books).........................71, 110
reading Hungarian..................................13
receipts.............................................68, 188
recommendations (accommodation)...57
recommendations (restaurant)........159
refunds................................................................69
rejections (romance)..........................131
religion...........................................100, 137
renting (accommodation)................65
repairs (bicycle).........................................52
repairs (camera)........................................70
repairs (car & motorbike)................51
repairs (general).........................................70
requests (accommodation)............59
reservations (accommodation)......58
reservations (restaurant)................158
responding to invitations................126
restaurants.....................................................105
return tickets..................................................40
reverse-charge calls..............................77
robbery.............................................................184
Roma..................................112, 120, 127, 138
romance............................................................129
room in private house..........................57
Rubik's Cube.................................................109
Rubik, Ernő....................................................109

## S

safe (securing valuables)................59
safe sex..............................................................133
school..................................................................95
scores (sports)...........................................143

seasons ............................................. 35
seating (cinema/theatre) .................. 114
seating (transport) ............................. 40
self-catering ...................................... 169
senior travellers .................................. 91
service station .................................... 50
sex ............................................. 133, 190
shaking hands ............................... 97, 99
shopping (general) ............................. 67
shopping (food) ................................ 169
sickness ..................................... 168, 187
sightseeing ......................................... 85
signs (accommodation) ...................... 59
signs (emergencies) .......................... 183
signs (general) .................................... 84
signs (immigration) ............................ 54
signs (road) ........................................ 49
signs (train) ........................................ 46
signs (water) ..................................... 155
SIM cards ............................................ 79
size (clothes) ...................................... 69
smoking section ................................ 159
soccer ............................................... 149
social issues ..................................... 118
souvenirs ............................................ 74
special diets ................ 161, 171, 173
speed limits ........................................ 50
sport ......................................... 109, 141
stamps ................................................ 75
street diagram .................................... 56
studying ........................................... 104
subtitles ........................................... 113
supermarket ............................... 67, 170
supplies (camping & walking) .......... 153
swimming ................................ 152, 155
syllables ............................................. 13
symptoms (medical) ......................... 189

## T

table setting diagram ...................... 163
taxi ............................... 47, 62, 168
taxi (disabled) .................................... 92
teachers .............................................. 96
telling the time ................................... 33
tennis ............................................... 151
thanking people .................................. 97
theatre ............................................. 110
theft ................................................. 185
tickets ................................................ 40
ticket dispensers (banking) ............... 83

titles (for people) ...................... 99, 189
toasts .......................................... 66, 168
toilets ...................................... 168, 184
tongue twisters .................................. 28
tourism ............................................... 85
tours ................................................... 87
tracks (walking) ............................... 153
train .................................................... 46
transferring money ............................. 82
transport ...................................... 39, 56
travellers cheques ......... 37, 68, 81, 185
trips .................................................... 87
two (number) ...................................... 30

## U

unikum .............................................. 166

## V

vacations .......................................... 102
vaccinations ..................................... 188
valuables ............................................ 63
vampires ........................................... 174
vegan ............................................... 172
vegetarian ........................................ 171
verbs (grammar) ................................. 18
visas ............................................. 53, 189
vowel harmony ............................. 14, 22
vowel sounds ...................................... 11

## W

water (drinkable) ....................... 64, 154
water sports ..................................... 152
weather ............................................ 155
weights (amounts) ............. 32, 169, 188
well-wishing ..................................... 106
wheelchairs ........................................ 91
wine .......................................... 74, 102, 167
withdrawing money ............................ 81
women travellers ............ 100, 144, 184
word endings ............... 14, 22, 25
word order ............................... 10, 26
word stress ......................................... 13
work ....................................... 100, 104
writing Hungarian ............................... 13

## Y

youth hostel ........................................ 57

# What kind of traveller are you?

**A.** You're eating chicken for dinner *again* because it's the only word you know.

**B.** When no one understands what you say, you step closer and shout louder.

**C.** When the barman doesn't understand your order, you point frantically at the beer.

**D.** You're surrounded by locals, swapping jokes, email addresses and experiences – other travellers want to borrow your phrasebook.

**If you answered A, B, or C, you NEED Lonely Planet's phrasebooks.**

- **Talk to everyone everywhere**
  Over 120 languages, more than any other publisher

- **The right words at the right time**
  Quick-reference colour sections, two-way dictionary, easy pronunciation, every possible subject

- **Lonely Planet Fast Talk** – essential language for short trips and weekends away

- **Lonely Planet Phrasebooks** – for every phrase you need in every language you want

*'Best for curious and independent travellers'* – *Wall Street Journal*

# Lonely Planet Offices

**Australia**
90 Maribyrnong St, Footscray,
Victoria 3011
☎ 03 8379 8000
fax 03 8379 8111
✉ talk2us@lonelyplanet.com.au

**USA**
150 Linden St, Oakland,
CA 94607
☎ 510 893 8555
fax 510 893 8572
✉ info@lonelyplanet.com

**UK**
72-82 Rosebery Ave,
London EC1R 4RW
☎ 020 7841 9000
fax 020 7841 9001
✉ go@lonelyplanet.co.uk

## www.lonelyplanet.com